Andreas Krause

DIE KLAVIERSONATEN FRANZ SCHUBERTS

Andreas Krause

DIE KLAVIERSONATEN FRANZ SCHUBERTS

Form · Gattung · Ästhetik

Mit einem Geleitwort von Peter Gülke

Bärenreiter Kassel · Basel · London · New York

Die Deutsche Bibliothek · CIP-Einheitsaufnahme

Krause, Andreas:
Die Klaviersonaten Franz Schuberts : Form – Gattung – Ästhetik / Andreas Krause. Mit einem Geleitwort von Peter Gülke. – Kassel; Basel; London; New York: Bärenreiter, 1992
Zugl.: Münster (Westfalen), Univ., Diss., 1991
ISBN 3-7618-1046-6
D 6

2. Auflage 1996

Umschlaggestaltung: Jörg Richter, Emstal-Sand, unter Verwendung des Gemäldes "Die Symphonie" von Moritz von Schwind, Bayerische Staatsgemäldesammlungen, Neue Pinakothek
Satz: Andreas Krause, Münster
Druck und buchbinderische Verarbeitung: Gulde-Druck, Tübingen
Printed in Germany
ISBN 3-7618-1046-6
ISMN M-006-30953-5

Inhalt

Geleitwort

Dies ist ein Buch nicht nur über Schuberts Klaviermusik, sondern über Schubert insgesamt - und darüberhinaus ein Buch nicht nur über ihn, weil es Grundfragen der Werkbetrachtung und -ästhetik neu stellt und fallweise beantwortet. "Fallweise" meint hier vor allem: streng sachbezogen, nie die Tuchfühlung zu Notentext bzw. musikalischem Erlebnis aufgebend und um dieser willen bei weittragenden Folgerungen Vorsicht übend. Das fällt besonders ins Gewicht, weil der Verfasser genug Erkenntnisse gewinnt, die solche Folgerungen fundieren könnten. Der - scheinbare - Abstand zwischen der diskreten Verfahrensweise und dem Gewicht dessen, was in der Untersuchung verhandelt wird, rechtfertigt am ehesten, ihr ein Geleitwort mitzugeben.

Die Zeiten, da man, mit Schuberts Klaviersonaten befaßt, im Zeichen einer fälligen "Ehrenrettung" antreten mußte, sind ebenso vorüber wie die der Distanzierung von Schwammerl und Dreimäderlhaus. Heute kommt nicht einmal mehr überraschend, daß ein amerikanischer Forscher Schubert einen der "three greatest architects in music" nennt - was immer von superlativischen Kennzeichnungen zu halten ist. Seit Arthur Schnabel bis hin zu Swjatoslaw Richter, Paul Badura-Skoda, Alfred Brendel usw. ist für Schuberts Sonatenwerk auf dem Konzertpodium viel getan worden, und nicht zufällig haben praktische Musiker, vorab Brendel, auch theoretisch Wichtiges beigetragen. Sie ganz besonders mußten die Diskrepanz zwischen den Dimensionen der musikalischen Erlebnisse und der einschlägigen Rechenschaft schmerzlich empfinden.

Bei dieser fiel schwer ins Gewicht, daß man mehr als irgendwosonst bei Schubert mit der Problematik angemessener, nicht von der Betrachtung seiner Vorgänger schlankweg übernommener Kategorien zu tun bekam. Diese Problematik spielt im vorliegenden Buch bei Erörterungen zum Werkcharakter ebenso mit wie u.a. bei der Unterscheidung logischer und teleologischer Momente. Den hierbei aufscheinenden ästhetischen Nachholbedarf hat nicht nur der Umstand verschuldet, daß man nur zu leicht der vorgeblichen Stimmigkeit von Kategorien erliegt, die dem verbal-logischen Diskurs benachbart sind oder entstammen - These, Antithese, Synthese, Folgerichtigkeit Kausalität - und denen Beethoven so überreichlich Material und Rechtfertigungen liefert, sondern, viel vordergründiger, schon die Überlieferungsgeschichte: Das Bild Schuberts als des Meister kleiner Formen war längst verfestigt, bevor man den "anderen", den Schubert der großen Instrumentalwerke auch nur halbwegs vollständig zur Kenntnis nehmen konnte.

Zur spezifischen, diskreten Sachlichkeit der Untersuchung gehört, daß sie sich dieser Problematik auf unspektakuläre Weise stellt und, obwohl ihrer stets bewußt, mit Verallgemeinerungen zugunsten einer so gewissenhaften wie phantasievoll einfühlenden Prüfung der Texte peinlich haushält. So bleibt Vieles weiterzudenken: eine neue These zum Abbruch der Arbeit an der *Unvollendeten* (25); die angesichts der positivistisch angeschauten Texte herausfordernde Auskunft, die beiden Fassungen der Sonate D 567 bzw. D 568 hätten "außer zahlreichen Noten ... fast nichts gemein" (28); Überlegungen zu einem auf den Sonatenzyklus blickenden Zusammenhang der Impromptus (40) oder zu Formverschränkungen, als welche Positionen einzelner Sonatensätze in der Anordnung mehrerer Sonaten zu einem Opus (gleichgültig, ob dieses als solches benannt ist) wiederkehren (36, 99); eine aus Schwinds Kolossalgemälde herausgelesene Spezifikation des Begriffs "Sinfonie"; tiefgreifende Parallelitäten zwischen Klavier- und Quartettsatz (63) oder Beobachtungen zweier konkurrierender Tonartensysteme in der Sonate D 850 (178) usw.

Weitaus am meisten riskiert die Untersuchung, einen "nicht auf die Werkindividualität zugespitzten Werkbegriff" zugrundelegend, "der sich sowohl aus den ganz anderen ästhetischen Vorbedingungen des musikalischen Denkens als auch aus den Eigenarten der Arbeitsweise Schuberts herleitet" (11), bei der Betrachtung fragmentarischer Werke - bis an die Folgerung herangehend, Werk- und Fragmentcharakter könnten, mindestens in einzelnen Fällen, nicht als gegensätzlich und einander ausschließend, das eine nur als Hinweg zum anderen, betrachtet werden. "Im Verzicht Schuberts auf die im Einzelfall leicht zu erlangende Komplettierung der Fragmente zeigt sich die Priorität der als formallogischer Prozeß begriffenen Werkidee über die teleologischen Prämissen der an die Vollendung der äußeren Gestalt im Sinne der Sonatenform gebundenen Werkindividualität" (115). An welche Art musikalischer Realität oder Realisierung kann dabei, wenn überhaupt, gedacht sein - an eine Aufführung, welche nach dem Abbruch eines Satzes zum nächsten fortgeht? Dies von vornherein abzuwehren und als erledigenden Einwand hinreichen zu sehen unter

Berufung auf das, was an Schuberts Musikertum ausgemacht praktisch und realistisch anmutet, bzw. darauf, daß es sich bei sinfonischer Musik ganz und gar verböte und Schubert überhaupt zu nichts weniger taugt als zum Vollstrecker ästhetischer Prämissen der Jenenser Romantik, wäre schnöde pragmatisch und griffe zu kurz. Von Hölderlinschen Hymnen, deren Überlieferung ein unfestgelegtes, offengehaltenes *work in progress* mindestens ebensosehr als beabsichtigt vermuten läßt wie die Stationen eines auf eine Endform hinzielenden Bemühens, konnte er nichts wissen. Solcher Anhalte indessen hätte es auch nicht bedurft - zu häufig (dies das Ergebnis etlicher jüngerer Betrachtung) überfliegt Schuberts Intention die Bannmeile eines Satzes oder Werkes und steht quer zu den Nötigungen, diese abzurunden und abzuschließen, als daß manche Fertigstellung nicht auch einen Beigeschmack von Zurücknahme und man zu fragen Anlaß hätte, inwiefern ein auf einen Abschluß hingezwungenes Werk nicht mindestens ebenso fragmentarisch sein könne wie ein "ehrlich" abgebrochenes.

Die in diesem Buch dokumentierten Beobachtungen - u.a. zu möglichen Attacca-Anschlüssen - legen eine Bewußtheit der Auseinandersetzung mit diesem Dilemma nahe, welche umso interessanter, folgenreicher, aufregender erscheint, als die Musik, anders als alle anderen Künste, für Zwischenlösungen zwischen Entwurf und klingender Realität keinen Platz läßt. Um diese Realität zu ermöglichen, muß die Spielvorlage funktionieren, sie muß fertiggestellt sein. Am ehesten mag die private, an die Persönlichkeit des Spielenden gebundene Klaviermusik zur Ansiedlung in der Grauzone zwischen Skizzierung und opus perfectum einladen - und am ehesten bei einem Musiker, der in seinerzeit unvergleichbarer Weise Hergestelltes und Herstellungsprozeß beieinanderhielt. Bei aller Notwendigkeit, Momente und Tragweite der ästhetisch waghalsigen Angelegenheit zu erkennen - hier gibt es nichts im Sinne eines Pro und Contra zu entscheiden, das von Schuberts Ingenium so souverän wie blind beiseite geschoben wird. Auch wäre es ein zuvörderst psychologisch-biographisches Interesse, welches nach bewußt verfolgten Intentionen der Autoren fragen würde, da die Intention, wie immer den angesprochenen Paradoxien ausgesetzt, so unverkennbar in der Sache liegt.

Peter Gülke

Vorwort

Lange Zeit standen die Klaviersonaten Franz Schuberts im Schatten der Klaviersonaten Ludwig van Beethovens, sowohl hinsichtlich ihrer pianistischen Ausdeutung im Konzertsaal als auch hinsichtlich ihrer analytischen Bewertung in der wissenschaftlichen Forschung. Obwohl bereits seit einigen Jahren Ansätze entwickelt wurden, die das Instrumentalschaffen Schuberts aus seiner Eigenart heraus zu begreifen suchen, stand eine umfassende Neubewertung der Leistungen Schuberts auf dem Gebiet der Klaviersonate bislang noch aus. Diese Lücke möchte die nachstehende Arbeit schließen.

Nicht nur die große Anzahl an Klaviersonaten oder 'sonatenverdächtigen' Klavierwerken Schuberts erschwerte diese Absicht. Durch die Besonderheiten des - anders als bei Beethoven - nicht auf die Werkindividualität zugespitzten Werkbegriffs bei Schubert, der sich sowohl aus den ganz anderen ästhetischen Vorbedingungen des musikalischen Denkens als auch aus den Eigenarten der Arbeitsweise Schuberts herleitet, erschien eine über das einzelne Werk, ja sogar über die Betrachtung von Werkgruppen und Produktivitätsphasen innerhalb der Gattung *Klaviersonate* hinausgehende Betrachtungsweise, die schließlich den Bogen vom Lied bis zur Sinfonie spannt, immer wieder als eine Grundvoraussetzung selbst zur Lösung von Detailfragen. Außerdem machte es das auf Expansion gerichtete Musikverständnis Schuberts notwendig, anstelle der immer wieder feststellbaren Dominanz von Kopfsatzanalysen den Satzzyklus als die dem Sonatendenken Schuberts zugrundeliegende Formeinheit anzunehmen. Erst von dieser aus wird Schuberts System der Verschachtelung in die Mikrostrukturen der Einzelsätze und Formteile bis hin zu einzelnen Klängen, die Erweiterung in die Makrostrukturen der Werkgruppen und der gattungsübergreifenden Experimente mit Werkkonzeptionen nachvollziehbar.

Dieses wie zwischen verschiedenen Dimensionen frei fluktuierende Schaffen Schuberts offenbart sich am deutlichsten an den erkennbaren Bruchstellen dieses Schaffens, in den Fragmenten der "Jahre der Krise" und in dem Ringen um die "große Sinfonie", kommt doch der Klaviersonate hier eine im Gesamtschaffen Schuberts entscheidende Bedeutung zu: Als ein Experimentierfeld auf der Suche nach neuen Ausdrucksqualitäten und zwischen dem frühen, auch in den Sinfonien vorwiegend kammermusikalisch geprägten Schaffen und dem späteren Drang zur Orchestralität vermittelnd. Letztlich ließ sich sogar erst aus dieser Bedeutung die Sinnfälligkeit ableiten, eine analytisch-ästhetische Untersuchung über das Sonatendenken Schuberts um die Gattung *Klaviersonate* zu zentrieren.

Schuberts künstlerisches Wirken, dies beweist die Rückbindung einiger Werke an die literarisch und ästhetisch determinierte Lebens-Kunst-Welt des Schubertkreises wie ihre oft selbstreflexive Funktion, vollzog sich nicht in einer idealisierenden Kunstsphäre. In die vorwiegend analytischen Problemstellung dieser Arbeit sind daher neben der Gattungs- und der Aufführungsproblematik auch Überlegungen um die von dem Wiener Freundeskreis um Schubert auf dessen Werk ausstrahlenden ästhetischen Einflüsse mit aufgenommen worden.

Diese Voraussetzungen machten es unmöglich, Werk um Werk in einfacher Reihenfolge abzuhandeln. Der innere Aufbau ergab sich vielmehr aus der Notwendigkeit, bestimmte für das Schaffen Schuberts zentrale Aspekte *anhand* der Werke zu erläutern. Da dies jedoch immer wieder durch ausgedehnte Exkurse über ein bestimmtes Werk erfolgt, findet sich - zusätzlich zum Register - für denjenigen Leser, der sich lediglich über einzelne Werke Schuberts umfassend informieren will, ein Suchpfad im Inhaltsverzeichnis.

Danken möchte ich allen, die die Entstehung dieses Buchs freundschaftlich begleitet haben. Insbesondere gilt mein Dank Herrn Prof. Dr. Klaus Hortschansky für seine Ermunterung, ein so umfängliches Thema zu bearbeiten und für die darauf folgende fachliche Betreuung. Ferner habe ich dem Land Nordrhein-Westfalen zu danken, das die Abfassung durch die Gewährung eines Stipendiums wesentlich beschleunigt hat, und dem Landschaftsverband Westfalen-Lippe, der mir seine historischen Flügel Wiener Bauart im Erbdrostenhof zu Münster zugänglich machte.

Münster, im Sommer 1991 Andreas Krause

I. Bestandsaufnahme

Sonatenform und Klavier bei Schubert: Probleme der Gattung und der Periodisierung

Im Gegensatz zu den Klaviersonaten Mozarts und Beethovens, die als wohlgeordnete Kompendien verstanden werden können, erscheinen diejenigen Franz Schuberts wie ein schwer zu überblickender Gattungstorso. Dies liegt nicht nur in der bewegten Geschichte ihrer Veröffentlichung, sondern auch in ihrem teilweise fragmentarischen Zustand begründet. Beide Faktoren stehen einer einheitlichen Zähl- und Sichtweise immer noch entgegen, was leicht an der unterschiedlichen Anordnung der Sonaten in den handelsüblichen Ausgaben überprüft werden kann.[1] Diese lange durch Datierungsprobleme noch verstärkte Unübersichtlichkeit führte in der Schubertliteratur immer wieder zu Ordnungsbemühungen, die von der mühsam gefundenen chronologischen Abfolge der Sonaten ausgehend die feststellbaren Produktivitätsverdichtungen zur Grundlage einer Einteilung der Sonaten in Stilperioden machten.[2]

Die gängige Einteilung der in Tabelle A aufgeführten Sonaten und Fragmente unterscheidet drei Phasen.[3] Eine erste Phase schließt mit der Sonate A-Dur D 664 von 1819, die zweite Phase beginnt 1823 mit der Sonate a-moll D 784 und endet mit der Sonate G-Dur D 894 des Jahres 1826. Die letzte Phase umfaßt lediglich die Sonatentrias aus Schuberts Todesjahr 1828. Diese dreifache Unterteilung scheint zugleich in dem Topos der "allgemeinen, äußerst globalen Trennung in Jugendjahre, Meisterjahre und die sogenannten Jahre des 'späten Schaffens'"[4] eine plausible Erklärung zu finden. Zu diesem Topos gesellt sich die Konstatierung krisenhafter Zwischenphasen, die vor allem die Sonatenpause von 1819 bis 1823 auch biographisch als Zeit der "Desorientierung"[5] erscheinen läßt.
Eine kritiklose Übernahme dieses Einteilungsschemas für analytische und gattungsgeschichtliche Überlegungen erscheint jedoch aus mehreren Gründen wenig sinnvoll.

Tabelle A[6]

Werk	*Zustand*[7]	*Entstehung*[8]	*Erstdruck*	*Opus*[9]	*Titel*[10]
E-Dur D 154	Satzfragment	11.2. 1815	AGA 1897		Sonate
E-Dur D 157	uneindeutig	Feb. 1815	AGA 1888		
C-Dur D 279	uneindeutig	Sept. 1815	AGA 1888		Sonate I
E-Dur D 459	problematisch	Aug. 1816	1843		Sonate
a-moll D 537		März 1817	ca. 1852	164	5. Sonate
As-Dur D 557	uneindeutig	Mai 1817	AGA 1888		
e-moll D 566	uneindeutig	Juni 1817	1888-1919		Sonate I
Des-Dur D 567		Juni 1817	AGA 1897		Sonate II
Es-Dur D 568		1817/1828?	1829	122	verschollen
fis-moll D 571	problematisch	Juli 1817	AGA 1897		Sonate V
H-Dur D 575		1817- 1818	1846	147	Sonate (VI)
C-Dur D 613	problematisch	April 1818	AGA 1897		Sonate
f-moll D 625	problematisch	Sept. 1818	AGA 1897		verschollen
cis-moll D 655	Satzfragment	April 1819	AGA 1897		Sonate
A-Dur D 664		1819/1825?	1829	120	verschollen
e-moll D 769A	Satzfragment	ca. 1823?	1958(!)		Sonate
a-moll D 784		Febr. 1823	1839	143	
C-Dur D 840	problematisch	April 1825	1861		Sonate
a-moll D 845		Mai 1825?	1826	42	verschollen
D-Dur D 850		Aug. 1825	1826	53	Sonate
G-Dur D 894		Okt. 1826	1827	78	IV. Sonate
c-moll D 958		Mai 1828	1839		Sonate I
A-Dur D 959		bis 1828	1839		Sonata II
B-Dur D 960		Sept. 1828	1839		Sonate III

Zum einen lassen sich Lebens- und Werkphasen bei Schubert nur schwer parallelisieren.[11] Es scheint vielmehr, daß den "klaren Einschnitten in Schuberts Leben keine ebenso klaren Zäsuren in seinem Werk entsprechen"[12], da feststellbare Einschnitte "in den einzelnen Gattungen gegeneinander verschoben"[13] sind. Zum anderen kann aus der Hinwendung Schuberts zu bestimmten Gattungen nicht von vornherein ein fehlendes oder geschwundenes Interesse an den dann vernachlässigten Gattungen gefolgert werden. Bereits bestehende Pläne, deren Ausprägung als 'Werkidee' kaum noch bestimmbar ist, können durch drängendere Aufgaben oder andere Notwendigkeiten zurückgestellt worden sein, wie dies für das Streichquartett G-Dur D 887 überliefert ist.[14] Selbst die mehrjährige Sonatenpause von

1819 bis 1823 verliert etwas den Anschein besonderer Länge durch die Tatsache, daß Schubert sich in dieser Zeit intensiv mit besonders arbeits- und damit zeitaufwendigen Gattungen wie Messe, Oratorium, Oper und Sinfonie beschäftigte.[15]

Obwohl für den Bereich der Klaviersonate keine zeitüberbrückenden Pläne wie im Fall des G-Dur-Quartetts für die Kontinuität des Streichquartettschaffens bekannt sind, bleibt dennoch die Frage offen, inwieweit die allmählich wiederauflebende Sonatenproduktion Schuberts 1823 auch in formaler und ästhetischer Hinsicht einen Neubeginn markiert, oder ob sie gegenteilig im Anknüpfen an Vorheriges als Schlußpunkt einer Entwicklung anzusehen ist, die aus den verschiedensten Gründen lediglich unterbrochen oder aber auf anderen Gebieten weitergeführt wurde. So zeigt das Jahr 1823 neben der Komposition des Fragments e-moll D 769A und der Sonate a-moll D 784 auch die Herausgabe der bereits 1818 entstandenen Sonate B-Dur D 617 für Klavier zu vier Händen von 1818. Da Schubert ältere Werke vor der Herausgabe teilweise erheblich zu redigieren pflegte,[16] ist dies ein deutliches Indiz für die Vermutung, daß die Sonatenkomposition des Jahres 1823 ebensogut auf Vergangenes wie auf Zukünftiges weist.[17]

Von diesem Standpunkt einer Mittlerfunktion der Sonate D 784 zwischen einer 'frühen' und einer 'späteren' Phase aus betrachtet ist auch die nochmalige Unterteilung der 'späteren' Phase von anderer Qualität. Unter Vermeidung des problematischen Spätstil-Begriffs lassen sich die verbleibenden Sonaten der Jahre 1825/26 und 1828 als zwei Gruppen von Werken beschreiben, die von zwei verschiedenen, sowohl ästhetisch als auch formal bestimmbaren Konzeptionen ausgehend die einzelnen Sonaten der jeweiligen Gruppen so eng aneinander binden, daß von einem zyklischen Zusammenhalt gesprochen werden kann, der über eine rein zufällige Abfolge deutlich hinausgeht.[18] Dieser Eindruck verfestigt sich, wenn man durch Überlegungen, inwieweit die Gattung *Klaviersonate* durch die Form, den Namen oder die Besetzung determiniert ist, den Kreis der zu betrachtenden Werke im Sinne einer am Phänomen interessierten Bestandsaufnahme behutsam erweitert.

Schuberts Sonatenschaffen fällt in eine Phase des Übergangs, in der sich die Entwicklung der begrifflichen Definition der Sonatenform "from a loose, casual concept of a free, even a fantasy, form to a tight, fixed concept of a highly specific form"[19] vollzog. Da dieses Schaffen auch als Ausdruck und Abbild dieser Entwicklung interpretierbar ist, kann wiederum keine der gegensätzlichen Theoriekonzeptionen, deren Eckdaten in den Sonatentheorien Heinrich Christoph Kochs (1793) und Adolf Bernhard Marx' (1845) die Lebensdaten Schuberts zu beiden Seiten flankieren, als für Schuberts Sonatenwerk ganz zutreffend erscheinen.[20] Die Rezeptionsgeschichte der Instrumentalmusik Schuberts fällt aber deutlich in die Wirkungszeit der späteren und restriktiveren Sonatendefinition.[21]

Der immer noch verbreiteten These, Schubert habe die Sonatenform schematisch angewandt,[22] läßt sich daher leicht die Behauptung entgegensetzen, daß offenbar die durch eine restriktivere Bestimmung der Form verursachte Verengung des Gattungsbegriffs eine der Voraussetzungen für die Diskreditierung des Formenschöpfers Schubert bildet, da Werke, in denen die pragmatische Sonatenauffassung nicht überdeutlich hervortritt, bereits zur Schubertzeit nicht mehr unter dem ehemals zutreffenden Sammelnamen *Sonate*, sondern unter ganz anderen Benennungen veröffentlicht wurden. Parallel zur Entwicklung immer enger gefaßter Sonatentheorien lassen sich Modeströmungen aufzeigen,[23] die im Gegensatz zu der "großen Bedeutung, die der Gattung Klaviersonate innerhalb einer Ästhetik autonomer Instrumentalmusik"[24] im 19. Jahrhundert zukam, ihren Marktwert in Wien nach 1820 offenbar deutlich senkten und dadurch Umbenennungen förderten, wenn nicht sogar auslösten.

Als Schuberts Klavierwerk betreffende Beispiele können die Klaviersonate G-Dur D 894 und die Impromptus D 935 genannt werden. Allerdings ist es als ein Zeichen wohlüberlegten Handelns interpretierbar, daß im ersten Fall der Verleger oder auch Schubert selbst den Titel "Sonate"[25] des Autographs lediglich in "Fantasie oder Sonate"[26] umwandelte und das Werk in der Wiener Zeitung ohne diese umständliche Bezeichnung als "Fantasie, Andante und Allegretto"[27] ankündigte, während im zweiten Fall der Titel "Impromptus"[28] die größere Gattungsferne unterstreicht. In beiden Fällen haben aber zeitgenössische Rezensenten die Zugehörigkeit der Werke zur Gattung *Sonate* noch deutlich erkannt.[29]

Da die Impromptus D 899 und D 935, deren zyklischer Zusammenhalt durch die durchgängige Numerierung im Manuskript verbürgt ist, in der Sonatenpause von 1827 komponiert wurden, können sie eben diese Lücke auch schließen, sofern man sie als sonatenähnliche Werkgruppe den Sonatengruppen der Jahre 1825/1826 und 1828 ebenbürtig zur Seite stellt. Die 'pastorale' Sonatengruppe von 1825/1826, die 'lyrischen' Impromptus von 1827 und die 'klassizistische' Sonatentrias von 1828 ließen sich dann als durch die ästhetische Disposition verschiedene Ausprägungen derselben Werkauffassung beschreiben.

Die Problematik der Namensgebung zeigt sich auch im Bereich der vierhändigen Klaviermusik. So sind das *Divertimento sur des motifs originaux francais* D 823 wie auch die Kombination des Allegro in a-moll *"Lebensstürme"* D 947 mit dem Rondo A-Dur D 951 unter formalen Kriterien durchaus als Sonaten charakterisierbar. Der Kopfsatz des *Divertissement* D 823 ist deutlich in Sonatenhauptsatzform geschrieben, die Gesamtanlage entspricht einer dreisätzigen Sonate. Die Vermutung, daß auch D 947 und D 951 zwei Sätze einer Sonate bilden könnten, äußerte bereits Maurice Brown.[30] Der offenkundige Verzicht auf die mit einem hohen Kunstanspruch versehene Gattungsbezeichnung *Sonate* zugunsten von Bezeichnungen deutlich geringeren Ranges und die Einzelveröffentlichung zusammengehöriger Sätze unter ebenso klangvollen wie beliebigen Titeln sagen daher eher etwas über den Druck aus, der durch Modeströmungen auf die Verleger und in Folge auch auf die Komponisten ausgeübt wurde, als über die Gattungszugehörigkeit der betreffenden Opera.[31]

Zu berücksichtigen bleibt auch, daß Gattungsüberschneidungen immer dann auftreten, wenn die Kriterien der Gattungszugehörigkeit von verschiedener Qualität sind, indem zum Beispiel ästhetischer und formaler Anspruch in einen Wettstreit treten, wie dies in den zum Potpourri neigenden Gattungen *Fantasie* und *Divertimento* bei einer Überlagerung mit sonatenhaften Elementen festgestellt werden kann.

Es lassen sich daher gerade bei Schubert, dem "beliebten Romanzen-Compositeur"[32], der den unersättlichen Wiener Markt durchaus regelmäßig mit Walzern, Ländlern, Variationen und ähnlichem bediente, gleichzeitig aber immer auch "nach dem Höchsten in der Kunst"[33] strebte, eine ganze Reihe von Werken finden, denen bei einer Untersuchung über die Klaviersonaten Schuberts ein Recht auf Berücksichtigung eingeräumt werden muß, will man das Bild des Sonatenschöpfers Schubert nicht einseitig verzerren.

Gerade auch die frühen Fantasien der Jahre 1810-1813, für deren Benennung keine verkaufsfördernden Gründe angenommen werden können, zeichnen in ihrer Bandbreite zwischen einer quasi-improvisatorischen und lockeren Reihungsstruktur (D 1), einer formal gestrafften Bogenarchitektur mit Reprisenelementen (D 2E und D 9) und der streng monothematisch-mehrsätzigen und Sonatenformen einschließenden Durchformung (D 48) das sich nach 1800 vollziehende "Ende der freien Fantasie"[34] nach.

Tabelle B

Werk	*Besetzung*	*Entstehung*	*Erstdruck*	*Opus*	*Titel*[35]
Fantasie G-Dur D 1	4	Mai 1810	AGA 1888		Fantasie
Fantasiefragment G-Dur D 1B	4	1810/1811?	NGA VII/1,1		
Sonatenfragment F-Dur D 1C	4	1810/1811?	NGA VII/1,1		Sonato I
Fantasie c-moll D 2E	2	1811	1967		
Fantasie g-moll D 9	4	20.9.1811	AGA 1888		
Fantasie c-moll D 48	4	April-Juni 1813	1871/1888		Fantasie/ Grande Sonate[36]
Sonatine? C-Dur D 968	4	1815-1819?	AGA 1888		
Fantasie? C-Dur D 605A "Grazer"	2	1818?	1969		verschollen
Sonate B-Dur D 617	4	1818?	1823(!)	30	verschollen
Ouvertüre g-moll D 668	4	Okt. 1819	AGA 1897		Ouvertüre
Ouvertüre F-Dur D 675	4	Nov. 1819?	1825(!)	34	verschollen
Fantasiefragment C-Dur D 605	2	1821-1823?	AGA 1897		
Fantasie C-Dur D 760 "Wanderer"	2	Nov. 1822	1823	15	Fantasie
Sonate C-Dur D 812 "Grand Duo"	4	Juni 1824	1831	140	Sonate
Divertissement à la hongroise g-moll D 818	4	Herbst 1824?	1826	54	verschollen
Divertissement sur des motifs originaux francais e-moll D 823	4	?	1826/1827	63/84	verschollen
Impromptus					
D 899	2	Sommer-Herbst	1827/1857	90	I-IV
D 935	2	Sommer-Herbst	1838	143	Impromptus 5-8
Klavierstückfragmente D 916B/C	2	Sommer-Herbst? 1827	1978		
Fantasie f-moll D 940	4	Jan.-April 1828	1829	103	Fantasia
Klavierstücke D 946	2	Mai 1828	1868		
Allegro/Rondo D 947/951	4	Mai/Juni 1828	1840/1828	144/107	verschollen/Rondo

Die ausgiebige Verwendung von Fugato-Techniken in den Fantasien D 1, 9 und 48 weisen zudem auf ein Nachwirken der Fantasien des Abbé Vogler und somit auf eine Fantasietradition, die bereits vor 1800 "formal von anderen Gattungen abhängig"[37] war. In einer Abschrift Anton Stadlers, die noch im Konvikt 1815 entstand, wird die Fantasie D 48 denn auch als *Grande Sonate* bezeichnet, eine Kennzeichnung, die sich auch analytisch nachvollziehen läßt.

Die Fantasie D 48 ist, rechnet man das Des-Dur Adagio (T.400ff) als Einleitung zur Schlußfuge, viersätzig. Durch das Vorherrschen einer chromatisch-fallenden Fugato-Thematik in den Ecksätzen sind Kopfsatz und Finale zyklisch zusammengefaßt. Der Kopfsatz entwickelt aus der Baßlinie des kurzen Adagios eine Fuge in Sonatenform: Entwicklung zur Dominante G-Dur mit Generalpause (Exposition); anschließend eine ausgedehnte Durchführung (T.45ff), die mit mehreren Scheinreprisen (ab Takt 120: B-Dur/F-Dur) den Repriseneintritt (T.60) verzögert. Zur Fantasie wird das Werk, indem die Reprise sich nach Wiederholung der Exposition zu F-Dur hin öffnet und so den langsamen Satz attacca anschließen läßt. Dieser schließt auf dieselbe Weise den dritten Satz an, womit sich die Tonika der Mittelsätze (B-Dur) als eigentliche Zyklustonika erweist.

Auch die zeitliche Abfolge der in Tabelle B aufgelisteten Werke bestätigt die bisherigen Annahmen. Neben der neu hinzutretenden Gruppe der frühen Fantasien und Fragmente,[38] die bis in das Jahr 1813 reicht, findet sich eine Folge von Einzelwerken, die unmittelbar an das Klaviersonatenjahr 1817 anschließt. Nimmt man die in der Tabelle A aufgeführten Sonaten hinzu, so ist deutlich festzustellen, daß Schubert ab 1824 vergleichbare Werke in Gruppen entworfen oder ausgeführt zu haben scheint. An die drei großen vierhändigen Werke des Jahres 1824[39] schließen sich die zweihändigen Sonaten 1825/1826 an. Auf diese folgen ab Herbst 1827 die Klavierstückzyklen mit der ungewöhnlichen Verzahnung dreier Werkkonzeptionen in Schuberts Todesjahr 1828: der letzte Klavierstück-Zyklus D 946 vom Mai fällt in die Phase einer erneuten Hinwendung zur vierhändigen Klaviermusik von Januar bis Juni, die von der sich vermutlich von Mai bis September hinziehenden Arbeit an der Sonatentrias D 958-960 unterbrochen wurde.[40]

Obwohl für die meisten der in Tabelle B aufgeführten vierhändigen Werke Abhängigkeiten von der Sonatenform aufgezeigt werden können, wurde lediglich ein Werk unter dem Gattungsnamen *Sonate* veröffentlicht: Die Sonate B-Dur D 617 als Opus 30. Der gegenüber dem zweihändigen Werk stärkeren Verdrängung dieses Gattungsnamens im vierhändigen Werk entspricht dabei dessen Vernachlässigung in der analytischen Literatur, die zumeist von *der* Klaviersonate spricht, jedoch lediglich die zweihändigen meint.[41] Zwar sind diese beiden Arten der 'Sonate am Klavier' durch die unterschiedlichen satztechnischen Gegebenheiten deutlich voneinander geschieden, doch ist dieser Unterschied gleichzeitig lediglich eine Konsequenz der satztechnischen Variabilität des Klaviersatzes im allgemeinen, die zwischen pianistischem "Originalton"[42] und der Nachahmung anderer Instrumente schwankend die Vormachtstellung des Klaviers im 19. Jahrhundert sicherte.

Die satztechnischen Möglichkeiten, die das Klavier bietet, heben teilweise die Unterschiede auf, die von den satztechnischen Eigenarten der verschiedenen Instrumentalbesetzungen auf die Handhabung der Sonatenform ausstrahlen. Neben den erkennbaren Abhängigkeiten der Klaviersonaten Schuberts von Vorstellungen, die auf das Streichquartett und die Sinfonie verweisen, sind es die Bearbeitungen von Originalkompositionen und die Arbeit an Orchesterwerken mittels einer Klavierskizze, die die besondere Bedeutung dieses Aspekts bei Schubert aufzeigen. Schuberts Eigenart der "Zirkulation durch die Gattungen"[43] läßt es daher notwendig erscheinen, neben der 'Wegbahnung' sinfonischer Pläne durch die Klaviermusik auch für die Zeiten, in denen die Klaviersonatenproduktion gegenüber den übrigen Instrumentalsonatengattungen deutlich zurücktritt, die Formproblematik der Sonatenkonzeption unter Zuhilfenahme gattungsübergreifender Fragestellungen zu verfolgen,[44] entsprechend der von Carl Czerny noch 1832 getroffenen Feststellung: *"Die Sonaten-Form ist unter allen die wichtigste, weil sie nicht nur alle übrigen Gattungen in sich einschliessen, sondern auch fast allen Instrumental- ja sogar manchen Vokal-Compositionen als Vorbild dienen kann. Das Trio, das Quartett, das Quintett, (mit oder ohne Pianoforte) die Sinfonie, selbst die Ouvertüre und das Concert, haben keinen andern Bau, als jenen der regelmäßigen Sonate"*[45].

Schuberts Formenrepertoire

Die Zahl der Sätze

Die Form der klassischen Instrumentalsonate beruht auf einer Folge einander nachgeordneter Unterteilungen. Das Werkganze ist unterteilt in einzelne Sätze, diese in Hauptteile, die wiederum in mehrfacher Abstufung unterteilbar sind. Anhand dieser hierarchischen Abfolge sollen im Folgenden die im vorigen Abschnitt ermittelten sonatenhaften Klavierwerke Schuberts im Sinne der 'Bestandsaufnahme' untersucht werden, um einen ersten Einblick in Schuberts Handhabung der Sonatenform zu gewinnen.

Für die Zeit um 1800 "there can be no question that by far the largest number of sonatas are in three movements."[46] Die drei Sätze sind "gewöhnlich .. von verschiedenem Charakter. Dem ersten Allegro ist mehrenteils der Charakter des Erhabenen, dem Andante der Charakter des Angenehmen, und dem letzten Allegro der Charakter der Fröhlichkeit eigen"[47]. Die musikalische Romantik bevorzugte dagegen die viersätzige Lösung, die die Klaviersonate durch Einschub eines Menuetts oder eines Scherzo nach dem langsamen Satz den kammermusikalischen Sonatengattungen und der Sinfonie in der Satzzahl gleichstellte.[48] Für Adolf Bernhard Marx war diese viersätzige Abfolge jedoch lediglich eine Variante des dreiteiligen Grundprinzips "schnell-langsam-schnell"[49]. Ein-, zwei- und fünfsätzige Sonaten sind in beiden Stilepochen zahlenmäßig von geringerer Bedeutung.[50]

Auf verschiedene Komponisten bezogen ergibt sich jedoch ein differenzierteres Bild. Alle Sonaten Mozarts sind dreisätzig, bei Haydn bilden dreisätzige Sonaten ein deutliches Schwergewicht. Bei Beethoven sind zwei-, drei und viersätzige Sonaten etwa gleichstark vertreten, allerdings mit deutlichen zeitlichen Präferenzen. Der frühe Beethoven meidet zweisätzige, der mittlere Beethoven viersätzige Lösungen, die späten Klaviersonaten zeigen eine paritätische Verteilung.[51] Der Beethovenschüler Ferdinand Ries bevorzugt die dreisätzige Lösung, der Beethovenschüler Carl Czerny dagegen vier und mehr Sätze.[52] Die Sonaten Johann Nepomuk Hummels, dem Schubert die Sonatentrias D 958-960 widmen wollte,[53] sind zwei- und dreisätzig, während von den berühmten vier 1812 bis 1822 entstandenen großen Klaviersonaten Carl Maria von Webers, mit dem Schubert während seiner Opernversuche 1823 mehrmals zusammentraf, drei viersätzig sind.[54]

Vor diesem Hintergrund lassen sich trotz der zahlreichen strittigen Fälle für das Klavierwerk Schuberts relativ eindeutige Tendenzen der Zyklusgestaltung aufzeigen. Für die in den Tabellen A und B aufgeführten Werke kann folgende Verteilung der Satzzahlen ermittelt werden:[55]

Tabelle C

Satzzahl	*Werke gesamt*	*1811-1823*	*1824-1828*
dreisätzig	9	6	3
viersätzig	13	3	10
strittig	15	12	3

Die viersätzigen Werke dominieren deutlich in der Zeit nach 1824. Von den drei dreisätzigen Werken dieser Zeit - es handelt sich um die Divertimenti D 818 und D 823 sowie die Klavierstücke D 946 - ist zudem keins als Sonate bezeichnet. Das letzte dreisätzige Werk mit diesem Titel ist die Sonate a-moll D 784 von 1823.

Über die drei strittigen Werke der Zeit nach 1824 läßt sich die Dominanz der viersätzigen Lösung nicht in Frage stellen. Die Sonate C-Dur D 840 von 1825 ist viersätzig konzipiert, es sind jedoch nur die ersten beiden Sätze vollendet.[56] Die Klavierstückfragmente D 916 B/C scheinen zwar Skizzen zu einem mehrteiligen Zyklus zu sein, doch kann über die Zahl keine genaue Aussage gemacht werden.[57] Gleiches gilt für die von Brown vermutete Zusammengehörigkeit des Allegro a-moll D 947 *"Lebensstürme"* und des Rondo A-Dur D 951.[58]

Durch den hohen Anteil strittiger Lösungen erscheinen die Verhältnisse der Zeit von 1811-1823 stark verunklart, wenngleich im Bereich der unstrittigen Fälle dreisätzige Lösungen deutlich überwiegen. Zudem sind die viersätzigen Beispiele in ihrem statistischen Wert deutlich gemindert. Die Umarbeitung der dreisätzigen Sonate Des-Dur D 567 zur viersätzigen Sonate Des-Dur D 568 erfolgte vermutlich erst zwischen 1826 und 1828. Diese

Annahme wird durch die Zahlenverhältnisse in Tabelle C sogar noch verstärkt. Die *"Wanderer-Fantasie"* C-Dur D 760 verschmilzt ihre viersätzige Anlage zu einer einsätzigen Form. Lediglich die Sonate H-Dur D 575 zeigt somit eine deutlich ausgeprägte Viersätzigkeit.

Die Satzzahl der als strittig bezeichneten Werke der Jahre 1811-1823 kann in den meisten Fällen nicht eindeutig bestimmt werden, dies jedoch aus unterschiedlichen Gründen.

Tabelle D

Werk	*mögliche*	*- vermutliche Satzzahl*[59]
Fantasie D 1	3	
Fantasie D 2E	1,3,4	
Fantasie D 9	1,5	
Fantasie D 48	4,5	
Fantasie D 605 "Grazer"	1,5,6	
Sonate D 157	3,?	3
Sonate D 279/346	3,4	3,4
Sonate D 459/459A	2,4,5	2
Sonate D 566/506	2,4	2
Sonatine D 968	2,?	
Sonate D 571/570/604	3,4	3
Sonate D 613/612	2,3	3
Sonate D 625	3,4	3

Bei den in Tabelle D aufgeführten Werken lassen sich drei Gruppen unterscheiden.

Die Form der frühen Fantasien, die die erste Gruppe bilden, ist zwar vorgegeben, doch verschieden interpretierbar. Schon ihres geringen Umfangs wegen können die Fantasien D 2E und D 9 als einsätzig gerechnet werden. In der Fantasie D 2E bildet ein Largoteil den Rahmen für einen etwas bewegteren Mittelteil, der deutlich zweigeteilt ist. Die kurze Allegroüberleitung ins abschließende Largo muß nicht extra gerechnet werden. Als eine Variante der vierteiligen A-B-B-A-Form in D 2E zeigt sich die fünfteilige Spiegelform A-B-C-B-A in D 9. Die Dreisätzigkeit der Fantasie G-Dur D 1 - entsprechend der Taktzählung in den Ausgaben - ist durch die 23

Tempowechsel, die das gesamte Werk aufweist, kaum nachvollziehbar. Dagegen ist die stark durchformte, polyphon-chromatische Fantasie D 48 deutlich viersätzig, sofern man das Des-Dur-Adagio (T.490-504) als Introduktion zum Fugenfinale rechnet.[60]

Die zweite Gruppe zeichnet sich durch Unklarheiten aus, die das Werkende betreffen. Den Sonaten E-Dur D 157, C-Dur D 279 und C-Dur D 968 scheinen die Schlußsätze zu fehlen. Obwohl geltend gemacht werden könnte, daß Schubert bereits bei der Finalgestaltung der frühen Fantasien besondere Probleme hatte,[61] die den Verdacht nahelegen, daß er der Finalgestaltung in den vorliegenden Fällen ausgewichen sei,[62] ist das Argument der notwendigen tonalen Geschlossenheit des Satzzyklus, auf das sich der Verdacht fehlender Finallösungen stützen muß, da zweisätzige Lösungen wie D 968 oder Menuetto-Finale wie in D 157 und D 279 durchaus zum Formenrepertoire der Klassik gehören,[63] für den frühen Schubert nicht hinreichend begründbar, da gerade die frühen Fantasien ebenfalls nicht immer in der Ausgangstonart schließen und auch die Sonate As-Dur/Es-Dur D 557 eine Dominantspannung der Sätze wie in D 1, D 9 und D 157 ausbildet. Da zudem die Menuette in D 157 und D 279 mit Allegro-vivace bezeichnet sind und eine kraftvolle Dynamik ausbilden, sollte die Möglichkeit, daß statt fragmentarischer viersätziger doch ernstzunehmende dreisätzige Lösungen vorliegen, nicht ausgeschlossen werden.

Anhand des möglichen Allegretto-Finalfragments D 346 für D 279 wird bereits die Frage aufgeworfen, ob die Maximalzahl der aus philologischen Gründen möglichen Sätze auch gleichzeitig als die musikalisch intendierte angesehen werden muß. Sofern nicht die Gesamtzahl der Sätze einer Sonate zusammen im Manuskript überliefert ist, kann nicht ausgeschlossen werden, daß Schubert experimentierend Alternativlösungen komponierte und gegebenenfalls auch einmal Sätze ausgliederte. So können für die Sonaten E-Dur D 459/459A und e-moll D 566/506 durchaus zweisätzige Lösungen vermutet werden.[64] Die vorherrschende Tendenz der Editionstechnik scheint es dagegen zu sein, möglichst viele Sätze zu einer Sonate zu bündeln.[65]

Ähnliches gilt für die dritte Gruppe, deren Problemstellung neben der fragmentarischen Gestalt der Ecksätze in der Frage der Satzzahl in der Zyklusmitte besteht. Auch hier ist nicht die maximale, viersätzige, sondern die dreisätzige Lösung die wahrscheinliche.[66]

Tonart

Sonaten Des-Dur D 567 und Es-Dur D 568

Obwohl die Mehrsätzigkeit als erste Unterteilung der Sonatenform kaum durch Gegenbeispiele - wie etwa die 1822 erschienene einsätzige *Sonate mélancholique* fis-moll op. 49 von Ignaz Moscheles -[67] in Frage zu stellen ist, beruht ihre theoretische Rechtfertigung in der Schubertzeit mehr auf ästhetischen als auf formalen Kategorien.[68] Erst Adolf Bernhard Marx vereint 1845, 17 Jahre nach Schuberts Tod, "die Kriterien, die die Zyklustheorie prägen werden, bis sie von der Theorie der Substanzgemeinschaft abgelöst wird. Dies sind Bewegung (Tempo) und Tonart, Taktart und Form, Inhalt und Einheit."[69]

Als wichtigstes Mittel zur Wahrung der Einheit kann die tonartliche Geschlossenheit des Satzzyklus gelten.[70] Diese Grundannahme der Zyklustheorie gilt auch bei Schubert, allerdings mit einigen Abweichungen. Sofern die tonartliche Geschlossenheit sich auf die Identität von Anfangs- und Schlußtonart des Satzzyklus bezieht,[71] lassen sich in den frühen Fantasien D 1 und D 9, den Sonaten D 157, D 279, D 557 und D 968 oder auch in der *"Unvollendeten"* Beispiele finden, die diesem Kriterium widersprechen, da ihre tonartliche Geschlossenheit im Sinne eines aufeinander bezogenen Tonartensystems durch funktionale Abhängigkeiten zwischen den Teiltonarten gewährleistet erscheint. Da zur *"Unvollendeten"* wie auch zu den Sonaten D 279 und D 840 Skizzen zu weiteren Sätzen erhalten sind, läßt sich vermuten, daß Schubert entgegen der von ihm akzeptierten Norm die Arbeit abbrach, wenn er die bereits eingetretene Balance der Tonartverhältnisse in den bereits ausgearbeiteten Teilen bemerkte. Bis auf D 279 liegen zudem nahverwandte Tonartbeziehungen vor. Fallende Quintschritte zwischen Anfangs-und Schlußtonart zeigen die Fantasie D 1 (G-Dur/C-Dur) und die beiden ersten Sätze der *"Unvollendeten* (h-moll/E-Dur), Grundtongleichheit zwischen denen der *"Reliquie"* (C-Dur/c-moll). Aufsteigende Quintschritte finden sich in der Fantasie D 9, deren g-moll-Beginn sich über c-moll nach A-Dur, von dort nach D-Dur entwickelt, und in der Sonate D 157 (E-Dur/e-moll/ H-Dur).

Die Bewertungsgrenze zwischen der Konstatierung kontinuierlicher Tonartentwicklung und Tonartbalance als Kriterum tonartlicher Geschlossenheit auf der einen Seite und der Feststellung des unvollendet Offenen auf der anderen Seite ist fließend. Die vorliegenden Beispiele erweisen sich daher als im Arbeitsprozess gefundene Ausnahmen, die das Spannungsverhältnis der in dem jeweiligen Tonartensystem eines Werkes eingegliederten Funktionen aufzeigen.

Die Tonartgleichheit der Ecksätze setzt daher lediglich den Rahmen, innerhalb dessen sich das Wechselspiel von Einheit und Mannigfaltigkeit vollzieht.[72] Die Wahl der Tonarten für die Binnensätze ist innerhalb dieses Rahmens keinem der beiden Faktoren von vornherein zuzuordnen, da jede Tonartverwandtschaft von der Tonart- oder Grundtongleichheit bis hin zur chromatischen Spannung möglich ist. In dieser großen Bandbreite bewegen sich auch die von Schubert benutzten Lösungen, die in abnehmendem Verwandtschaftsgrad in Tabelle E zusammengefaßt sind.[73]

Tabelle E

Grundtongleichheit:
D 567 Des-cis-Des
Quintabstand:
D 157 E-e-H; D 537 a-E-a; D 557 As-Es-Es; D 664 A-D-A; D 823 e-h-e;
D 850 D-A-D-D; D 818 g-c-g
Parallelklänge:
D 968 C-a; D 845 a-C-a-a
Leitereigene Terzklänge:
D 568 Es-g-Es-Es; D 571 fis-(A-)D-fis; D 617 B-d-B; D 784 a-F-a;
D 958 c-As-c-c; D 959 A-fis-A-A
Leiterfremde Terzklänge:
D 612 C-E-C; D 812 C-As-C-C; D 960 B-cis-B-B; D 946 es-Es-C
Gemischte Quint-/Terzlösungen:
D 279 C-F-a(-?); D 575 H-E-G-H; D 899/934 c-Es-Ges-As-f-As-B-f
Chromatische Lösungen:
D 625 f-E-(Des-)f; D 760 C-cis-As-C; D 940 f-fis-fis-f

Nicht ablesbar ist aus dem Verwandtschaftsgrad der Satztonarten das Maß der Tonartspannungen im jeweiligen Werk. Vor allem anhand der Werke mit stark dissonierenden Satztonarten ist leicht erkennbar, daß Schubert den sich aus den Satztonarten ergebenden Konflikt auf die tonale Anlage der Einzelsätze oder umgekehrt die im Kopfsatz initiierten Tonartspannungen auf das Satzgefüge überträgt. Dabei kann diese Tonartverschränkung an prominenter Stelle sichtbar werden - wie etwa in den Sonaten a-moll D 784 und B-Dur D 960, in denen die dissonierenden Grundtonarten der zweiten Sätze (F-Dur im a-moll-, cis-moll im B-Dur-Werk) den Beginn der Durchführung im Kopfsatz markieren - oder nur in einem flüchtigen Aufgreifen bestehen.[74] Auf der anderen Seite dienen gerade einfache gerüsthaft-kadentiale Satztonartverhältnisse Schubert zur Abstützung exzessiver Tonartkontraste - wie in der Sonate D-Dur D 850, in der eine einfache, auf die Zyklusstruktur übertragene Dominant-Subdominant-Kadenz das allmähliche Auffangen des durch alle 12 Durtonarten im Kopfsatz exponierten Tonartenkonflikts stützt.[75]

Tabelle F

Sonate	*Grundton*	*Satztonarten langsamer Satz*[76]
D 567	Des-Dur	cis - E - H - A
Funktionen[77]	T	t tP dP sP
D 568	Es-Dur	g - B - F - Es
Funktionen	T	Dp D DD T

Daß die Tonartverhältnisse des Satzgefüges und die der Einzelsätze für Schubert ein zusammen zu denkendes Ganzes bildeten, zeigt auch die Umarbeitung der Des-Dur-Sonate D 567 in die Es-Dur-Fassung D 568. Neben der Einfügung eines Scherzo in der Grundtonart mit Trio in der Subdominante As-Dur, Erweiterungen in den Durchführungsteilen der Ecksätze und einigen weiteren Änderungen transponiert Schubert als gravierendsten Eingriff in das Tonartgefüge den langsamen Satz, der in der Des-Dur Fassung in der Mollvariante cis-moll des Grundtons stand, in die Dominantparallele g-moll.[78] Nach den zu erwartenden Änderungen in den Ecksätzen als Reaktion auf die geänderten Tonartverhältnisse sucht man zumindest im Kopfsatz vergeblich. Allerdings wird die Durvariante G-Dur der neuen Tonart des langsamen Satzes sowohl im ebenfalls neuen Scherzo kurz (T.19) als auch in den ebenfalls neu eingefügten Durchführungstakten des Finalsatzes (T.195-219) ausführlich in den Modulationsablauf eingebunden.[79] Bedeutsamer als diese Änderungen sind jedoch die Konsequenzen der Transposition für die Tonartverhältnisse des langsamen Satzes, obwohl an dessen tonartlicher Binnenstruktur nichts geändert ist. Im Gegensatz zur Annahme von Hans Költzsch, die Transposition vermindere die Monotonie der Tonartverhältnisse innerhalb des Satzzyklus,[80] führt die Transposition zur Egalisierung der in dem Satz wirkenden dissonanten Spannungen, indem vorher dissonierend wirkende Tonarten nun konsonierende Funktionen wahrnehmen, wie dies leicht aus Tabelle F ersichtlich ist.

Die wesentlichen Tonarten des langsamen Satzes sind in D 567 cis-moll, dessen Durparallele E-Dur und deren quintverwandte Tonarten H-Dur und A-Dur. Alle vier Tonarten stehen zur Grundtonart des Satzzyklus in einem stark dissonierenden Verhältnis, bis auf cis-moll sind nicht einmal die Grundtöne leitereigen. Obwohl Schubert diese Tonarten in den Ecksätzen abstützt (D 567 I: cis-moll enharmonisch verwechselt T.28ff, H-Dur enharmonisch verwechselt T.63ff, E-Dur T.189ff; D 567 IV: A-Dur/E-Dur T.73ff, cis-moll T.129ff), könnte ihm bei der Umarbeitung diese Absicherung aus tektonischen Gründen ungenügend oder aber die starke Betonung der Dissonantik als der klassizistischen Attitüde dieser Sonate inadäquat erschienen sein. Die gegenüber der Des-Dur-Fassung spürbar geänderte Ausdrucksqualität der Es-Dur-Fassung, die sich auch in den übrigen Änderungen wie der Einfügung des Menuetto oder den Leichtigkeit provozierenden rhythmischen Verzierungen zeigt,[81] überträgt Schubert durch den Transpositionskunstgriff auch auf den langsamen Satz. Die vormals dissonierenden Tonartverhältnisse konsolidieren nun die klassizistische Tonika-Dominantbeziehung, ohne daß in die Struktur des Satzes eingegriffen werden muß.[82] Dem größeren Komplexitätsgrad der Tonartverwandtschaft der Einzelsätze steht demzufolge eine geglättete harmonische Struktur des Gesamtverlaufs gegenüber.[83] Die vormals tektonische Wirkung der Dissonantik in der dreisätzigen Fassung wird durch das Vorherrschen der Tonika-Dominantbeziehungen in den vier Sätzen der Es-Dur-Fassung auf ihre Farbwirkung zurückgestuft und durch die neuen Durchführungsteile zusätzlich egalisiert. Außer zahlreichen Noten haben beide Werke deshalb fast nichts gemein.

Tempo und Takt

Sonate a-moll D 784

Differierende Tempo- und Taktanweisungen am Beginn der Sätze bilden die Grundlage der Zeitstruktur einer Sonate. Die Norm der Zyklustheorie, von der sich "das Profil des individuellen Werks"[84] abhebt, ist die dreisätzige Tempofolge schnell-langsam-schnell. Die beiden schnellen Sätze sind jedoch, und dies ist konstitutiv für die Form des klassischen Instrumentalzyklus, in ihrer Bewegungsart unterschieden.[85] Der erste Satz "ist - darin stimmen die Theorien überein - im allgemeinen maßvoll und energisch, der letzte geschwind und fließend. Der erste bevorzugt den breiten 4/4- oder den etwas bewegteren 3/4-Takt, der letzte den kleinen und leichten 2/4-Takt oder den etwas gewichtigeren, zügigen Alla-breve-Takt."[86] Das Menuett oder Scherzo, daß den Zyklus nach Marx als "Einschiebsel, Zwischen- oder Nebenstück"[87] über das Notwendige hinaus erweitert, steht im 3/4-Takt und in einem "mehr oder minder schnellen Zeitmaße, welches sich bis zum Capriccio steigern, und jeder musikalischen Laune freien Lauf läßt"[88].

Dieser Norm lassen sich die zyklischen Klavierwerke Schuberts jedoch nur widerstrebend zuordnen, wenn auch auf den ersten Blick die Satzbezeichnungen Übereinstimmung signalisieren. Im Gegensatz zur Zyklustheorie bei Marx, die "auf der symmetrischen Anordnung kontrastierender Bewegungen"[89] beruht, scheinen die Temporelationen in zahlreichen Werken Schuberts durch eine allmähliche Modifikation des von ihm bevorzugten mittleren Tempos zu entstehen.[90] Von allen bislang herangezogenen Werken beginnen lediglich zwei Werke mit einem Kopfsatz in einem forcierten Allegro (Fantasie D 48: Largo/Allegro agitato; *"Wandererfantasie"* D 760: Allegro con fuoco ma non troppo) und sechs Werke mit einer einfachen Allegroanweisung (D 154, D 625, D 769A, D 850, D 958, D 959). In allen übrigen Werken wird das einfache Allegro durch ein hinzugefügtes *ma non troppo*, *moderato* oder *molto moderato* eingeschränkt oder aber durch ein *Moderato* oder sogar ein *Molto moderato* wie in D 894 und D 960 ersetzt. Eine in Metronomzahlen zu fassende Abstufung dieser Tempi zu den zumeist folgenden Andantesätzen, deren Grundtempo oft durch entsprechende Zusätze angehoben ist,[91] scheint in zahlreichen Fällen kaum möglich.[92]

Erschwert wird diese Problematik durch Unklarheiten in der Bemessungsgrundlage, die sich aus der fehlenden Eindeutigkeit der Taktbezeichnung in ihrer Beziehung zum feststellbaren "Puls"[93] des jeweiligen musikalischen Vorgangs dadurch ergeben, daß "nicht selten neben der dominierenden Taktart ein anderes Zeitmaß gleichsam schattenhaft mitempfunden wird"[94]. Als Grenzsituation dieses Verfahrens kann "sogar der Eindruck eines schwebenden Gleichgewichts zwischen mehr als zwei Größenordnungen des metrischen Wechsels"[95] entstehen. Auf den Kopfsatz einer Sonate übertragen nimmt es diesem den ästhetisch geforderten Charakter des maßsetzenden, energischen Beginns und prozessualisiert den Akt der metrischen Stabilisierung als einen der Selbstfindung der Musik, die erst im folgenden oder in weiteren Sätzen gelingt, bestätigt oder wieder zurückgenommen wird. Der Kopfsatz in seiner Gesamtheit wird zu einer Introduktion, deren transitorische, Irritationen auslösenden Ansprüche erst in den folgenden Sätzen eingelöst werden können, ein Grund, weshalb Introduktionen als dem Kopfsatz vorangestellte Formteile in den zyklischen Klavierwerken Schuberts fast vollständig fehlen.[96] Den wenigen Fällen, in denen zwischen den ersten beiden Sätzen ein wirklicher Tempokontrast etabliert ist - den Fantasien D 48, D 760, D 940 und der Sonate D 958 - stehen Werke wie die Sonate a-moll D 784 gegenüber, in denen einerseits die Metrik bis zum letzten Takt der ganzen Sonate in der Schwebe gehalten und andererseits einem für alle Sätze ähnlichen Grundmaß verpflichtet ist.

Im Kopfsatz der Sonate D 784 sind drei metrische Schichten übereinandergelagert.[97] Der vorgeschriebene 4/4-Takt des *Allegro giusto* wird in der Exposition und der Reprise nur selten wirksam (T.27ff, T.57/58, T.193ff), er bestimmt aber deutlich die Durchführung (die Takte 104-113 ausgenommen). Begonnen wird der Satz entgegen der Vorzeichnung in einem 2/2-Takt, der als Grundpuls des ganzen Satzes anzusehen ist. Außer durch den 4/4-Takt wird dieser Grundpuls durch ganztaktige Strukturen negiert. In den Expositionstakten 46-60, die Walter Riezler als "dürre Stellen"[98] bezeichnet, werden diese drei metrischen Ebenen auf kürzestem Raum kontrastierend gegenübergestellt. Durch eine Umstellung in der Reprise werden diese Takte gleichzeitig zur Coda des Satzes. Das stationäre Neben- und Übereinander der drei sich trotz ihrer Ähnlichkeit nicht mischenden Ebenen bewirkt eine metrische Instabilität des Kopfsatzes, die diesen zum folgenden Andante-Satz hin öffnet. Dessen Alla-breve-"Klangfluß"[99] wird sowohl in den Sordini-Takten plötzlich gehemmt als auch im Mittelteil, durch Sforzati markiert, zu einem 4/4-Takt beschleunigt. Der Finalsatz beginnt mit einem für Scherzosätze üblichen Verschränkungsspiel zwischen 2/4- und 3/4-Takt im Allegro-vivace der Viertel,[100] um im B-Teil in eine tänzerische Bewegung überzugehen, dessen metrische Grundeinheit die taktfüllende, punktierte Halbe ist. Auch in diesem Satz bleiben beide metrischen Systeme stationär voneinander getrennt, der Schluß erfolgt strettaartig: Nicht durch Tempo-, sondern durch Klangverdichtung.

Die verbindende Gemeinsamkeit aller dieser divergierenden metrischen Ebenen im Satzverbund der Sonate ist das Spiel mit vergleichbaren Zählzeiten, die in jedem der drei Sätze wiederzufinden sind und deren Grundtempo ein leicht zu verfolgendes Schritt-Tempo ist. Zwei Viertel des ersten Satzes, die Halbe des zweiten und die punktierte Halbe des dritten Satzes bilden die zur Orientierung unerläßlichen Zeitäquivalente, deren Metronomzahl in einer Toleranzgrenze um 60 liegen dürfte: Im ersten Satz eher etwas darüber, im letzten Satz etwas darunter. Wie im Fall der Tonartbeziehungen ist auch in den Tempobeziehungen der ursprünglich zwischen den Sätzen liegende Dissens in die Satzstrukturen übernommen, erscheinen Zyklus- und Satzstruktur verschränkt.[101]

Obwohl die Sonate a-moll D 784 im Gesamtwerk Schuberts sicherlich den äußeren Gegenpol zur klassischen Norm des Schnell-langsam-schnell darstellt,[102] scheinen doch zahlreiche weitere Sonaten dem in D 784 waltenden Prinzip zu folgen, nach dem zwischen den Sätzen kein unterschiedliches Tempo etabliert, sondern lediglich eine charakterliche Änderung der Bewegungsart vollzogen wird.[103] Diese Änderung der Bewegungsart zeigt sich zuallererst im Wechsel der Taktarten, der im Verständnis der Zeit immer auch einen Wechsel des Ausdrucks bedeutete.[104]

Unterscheiden lassen sich vor allem die zwei Hauptgruppen der durch zwei und drei teilbaren Taktarten.[105] Bereits diese einfache Unterscheidung genügt, um das Vorherrschen von Bewegungsänderungen zwischen den Sätzen der Sonatenwerke Schuberts aufzuzeigen. Lediglich die Divertimenti D 818 und D 823 weisen ausschließlich geradtaktige Sätze auf - neben der ausschließlichen Verwendung von Molltonarten als Satztonarten ein weiterer Hinweis zu der Vermutung, daß nicht Form-, sondern andere Gattungstraditionen den Unterschied dieser Werke zu den als Sonaten bezeichneten ausmachen.[106]

Alle übrigen Werke mischen Zweier- und Dreiertakte. Kopfsätze stehen öfter in von Zweierstrukturen abgeleiteten Taktarten,[107] Scherzi und

Menuette immer im Dreiertakt. Die übrigen Satzarten weisen eine paritätische Verteilung auf. Die Taktart-Mannigfaltigkeit wird dabei auch in den viersätzigen Werken nie durch die Hinzufügung des Scherzo oder Menuetts erreicht, da alle viersätzigen Werke neben einem Scherzo oder Menuett noch einen weiteren Satz in einem Dreiertakt aufweisen.[108] Da zudem die von Schubert entwickelte "Bewegungsrhythmik", die sich aus der "Rhythmik tänzerischer Bewegung" ableitet,[109] sich auf alle Sätze einer Sonate ausdehnen kann und vor allem in Finalsätzen wie denen der großen C-Dur Sinfonie D 944 oder der Sonaten D 784 und D 850 tänzerische Elemente thematisch verarbeitet scheinen, entfällt für Schubert die übliche, sich auf Richard Wagner berufende Begründung für den Einschub eines 'Tanzsatzes', daß der Komponist "einmal im Laufe einer Symphonie den Boden, die 'reale Grundlage' berühren"[110] müsse.

Die bereits beschriebene enge Tempobindung der beiden ersten Sätze, das Scheitern der Arbeit an der *"Unvollendeten"* ebenso wie an der Sonate C-Dur D 840 *"Reliquie"* im dritten Satz oder auch der deutliche Absatz im Autograph der Sonate D-Dur D 850, der eine deutliche Bruchlinie zwischen dem langsamen und dem Scherzosatz markiert, zeigen deutlich, daß auch die Grundannahme der Zyklustheorie von Marx, die den Tanzsatz als "das zyklusinterne Gegenstück zum langsamen Satz"[111] und beide Sätze durch die korrespondierenden Kopf- und Finalsätze eingefaßt ansah, für Schubert nicht zutrifft.

Satzformen

Die Suche nach einer Begründung für die Erweiterung des Satzzyklus von drei auf vier Sätze ist, da die durch den charakteristischen Dreiertakt der Menuett-/Scherzosätze naheliegende Begründung der Taktart-Mannigfaltigkeit bei Schubert nicht zutrifft, nur im Bereich der formalen Qualitäten der Einzelsätze möglich.

Obwohl durch die Entwicklung der klassischen Sonate aus barocken Formen auch die spätklassische Sonate als eine Abfolge differierender Satzformen erklärbar ist,[112] scheinen alle diese Satzformen gleichzeitig auch als Ergebnis derselben Sachverhalte, die die Sonatenhauptsatzform bestimmen, interpretierbar zu sein. Die formvereinheitlichenden Prinzipien sind "strukturelle Geschlossenheit und Symmetrie, die zentrale Stellung des Spannungshöhepunktes"[113] und als "Hauptprinzip .. die zusammenfassende Wiederholung ('Reprise'), die die Lösung der vorangegangenen rhythmischen und harmonischen Spannung bringt"[114]. Die Notwendigkeit der zyklischen Gliederung einer Sonate in Einzelsätze deutet zugleich auf den Sachverhalt, daß die in dem vielschichtig und konfliktreich angelegten ersten Satz aufgebauten Spannungen trotz der in der Reprisentechnik geforderten Entspannung innerhalb des Satzes nicht restlos abgebaut werden, sondern der nachträglichen Lösung über zumeist mehrere Sätze bedürfen.[115] Die innerhalb dieses Ablaufs oft feststellbar zunehmende Lockerheit der musikalischen Struktur der Einzelsätze spiegelt gleichzeitig das "innerhalb der Formen wirkende Muster von Spannung und Lösung"[116] nochmals wider. Die Lockerung der Struktur korreliert dabei mit der steigenden Zahl von Unterteilungen in den Satzformen.

Die Möglichkeit der unterschiedlichen Kombination der für die verschiedenen Positionen innerhalb des Satzzyklus zur Verfügung stehenden Satzformen führt zur Herausbildung unterschiedlicher Zyklusmodelle, von denen im Klavierwerk Schuberts zwei als Norm, von der Ausnahmen möglich sind, festzustellen sind.

Bis zur Sonate a-moll D 784 von 1823 bevorzugt Schubert die symmetrische Gruppierung zweier Sonatenhauptsatzformen als Ecksätze, die zumeist einen weiteren Satz umschließen. In diesem *symmetrischen* Zyklusmodell ist die Zahl der Satzunterteilungen überschaubar. Die Sonatenhauptsatzform ist zweiteilig, "bestehend aus einem, sich meistens wiederholenden, mehr oder minder langen ersten Theil, und aus einem, (längeren,) eine kunstmässige und mannigfache Durchführung gestattendem zweiten Theil"[117], der lediglich in zwei Fällen - Sonate a-moll D 537 und Sonate A-Dur D 664 -[118] ebenfalls wiederholt wird. Formerweiterungen durch langsame Einleitungen sind lediglich in den frühen Fantasien, die jedoch keine Sonatenhauptsatzform aufweisen und in den zwar die Sonatenform verwendenden, aber einsätzigen Ouvertüren D 668 und D 675 vorhanden. Über eine kurze Schlußbildung herausgehende Codalösungen sind vor 1823 ebenfalls nicht feststellbar, die Kopfsätze schließen vielmehr mit einer kurzen akkordischen Floskel oder - wie in der Sonate C-Dur D 279 und wiederum D 537 und D 664 - mit einer kurzen Wiederaufnahme des Hauptthemas, wie dies auch für die Codalösungen der Finalsätze dieser

Zeit typisch ist. Die Mittelsätze sind entweder dreiteilige A-B-A-Formen oder vierteilige, durchführungslose Sonatenformen (A-B-A-B).[119] Die bereits beschriebene Lockerung des Spannungsgefüges zeigt sich in diesem symmetrischen Zyklusmodell nicht in der Wahl der Formen, die Lockerung geht vielmehr von nachgeordneten Kompositionsmitteln aus, die das Finale "weniger breit, weniger kühn, zurückhaltender in der Modulation, trotz seiner geschwinden Bewegung innerlich ruhiger als den Anfang"[120] erscheinen lassen.[121]

Ab 1824 bevorzugt Schubert andere Formkombinationen, die sich gemeinsam als *additives* Zyklusmodell beschreiben lassen.[122] An die Stelle des Sonatenfinales treten vom Rondo abgeleitete Formen, die zumeist als Mischformen zwischen Sonaten- und Rondoform beschreibbar sind.[123] Bei der Gestaltung des langsamen Satzes tritt die dreiteilige Form zahlenmäßig deutlich gegenüber der durchführungslosen Sonatenform und dem Variationensatz zurück. Alle Sonatensatzformen erhalten ausführliche Codalösungen. Zusätzlich wird zwischen dem zweiten und dem letzten Satz ein Scherzo oder Menuett mit Trio eingeschoben. Der ästhetisch geforderten Lockerung entspricht in diesem additiven Zyklusmodell die im Verlauf eines Werkes nun steigende Zahl an Unterteilungen - das dramaturgische Gewicht des Kopfsatzes wird durch 'Masse' aufgefangen, was sich auch in der teilweise überproportionalen Taktausdehnung der Schlußsätze zeigt.[124]

Dieses durch die Zentrifugalwirkung der Formlockerung in seinem Spannungszusammenhalt gefährdete Zykluskonzept beinhaltet zugleich eine Begründung für die fast ausnahmslose Eingliederung eines 'Tanzsatzes', dessen Formschema streng kanonisiert erscheint, an dritter Stelle des Satzzyklus.[125] Die sich durch die enge Anbindung der vorangegangenen Sätze an diesem Punkt stellende, immer wieder wie in der *"Unvollendeten"* oder der *"Reliquie"* vom Scheitern überschattete Frage nach zunehmender Lockerung oder nochmaliger Intensivierung des Spannungsgefüges wird durch die spezifische Charakteristik der Tanzsatzform nochmals suspendiert, das Finalproblem damit von dieser prekären Stelle in die noch ungewisse Zukunft verschoben. Diese Latenz ermöglicht eine erste Entschärfung des Finalproblems, indem der Finalbeginn entlastet wird.

Ermöglicht wird dies durch die Doppeldeutigkeit der Tanzsatzform, die Bewegungsenergie freisetzende, komprimierte Sonatensatzformen zu Teilen einer locker gefügten A-B-A-Form werden läßt, die die neu entzündete 'Sonatenenergie' ihrer Teile in sich auffängt. Eröffnet wird die Tanzsatzform durch einen komprimierten Sonatensatz, der an das Spannungsgefüge des Kopfsatzes zu erinnern vermag. In ihrer aus drei Phrasen, die zu zwei wiederholten Teilen zusammengefügt werden, bestehenden Form kann diese Variante der Sonatenform auch als deren 'Urform' bezeichnet werden: "The minuet sonata form is conservative, its derivation from three-phrase binary form of the early eighteenth century obvious"[126]. Für den Sonatencharakter dieser Form scheint es zudem unerheblich zu sein, ob die Dominante bereits regulär am Ende der ersten Phrase vor dem Doppelstrich oder erst am Ende der zweiten Phrase unmittelbar vor dem Beginn der Reprise erreicht wird.[127] Bei Schubert finden sich die in Tabelle G zusammengefaßten Entwicklungsvarianten.[128]

Bis auf die großangelegten Sätze in den Sonaten der Jahre 1824 bis 1826 nutzt Schubert die auch in dieser Form liegenden Möglichkeiten zur Weitung nicht aus. Die bereits im A-Teil daraus resultierende Knappheit der musikalischen Formulierung wird im Trio, das bei Schubert ebenfalls die Menuett-Sonatenform aufgreift, nochmals verstärkt, indem die im A-Teil zu größerer Expansion neigende zweite Phrase deutlich verkürzt wird.[129] Der dritte Satz wird so zur locker gefügten Verschachtelung der knappen Grundformen, auf deren Expansion auch komplexe Sonatenformen beruhen.[130]

Tabelle G

1. Erste Phrase mit Halbschluß auf der Dominante:
D 157, D 279, D 459A, D 566, D 575, D 625, D 760, D 812, D 850

2. Erste Phrase mit Tonikaschluß, die zweite Phrase entwickelt weiter zur Dominante:
D 570, D 899 II, D 935 II, D 940, D 959

3. In Mollsätzen endet die erste Phrase in der Durparallele, die zweite Phrase entwickelt weiter zur Dominante:
D 845, D 894, D 958

4. Die erste Phrase endet auf der Subdominante:
D 568, zweite Phrase endet auf der Dominante,
D 960, zweite Phrase führt zum Septakkord der verdurten Tonikaparallele (TP)

Formverschränkungen

Die Neigung, das ihm zur Verfügung stehende Formenrepertoire in vielfältigen Kombinationen zu verschränken, kann als eins der wichtigsten Gestaltungsprinzipien Schuberts bezeichnet werden. Auf der Ebene der musikalischen Großform zeigt sich das Prinzip der Formverschränkung in der Überlagerung der zyklischen Form durch satzinhärente Strukturen, die zur Entwicklung einer "double-function-form"[131] führen und in der Plazierung autonom wirkender Kleinformen im Satzgefüge.[132] Beide Verfahren scheinen einander gegenseitig zu bedingen.

Adornos Schubertsche "Landschaft, darin jeder Punkt dem Mittelpunkt gleich nah liegt"[133], korreliert mit seiner Vorstellung von einer "kristallinischen"[134] Form. Deren Mittelpunkt erweist sich jedoch als imaginärer, lediglich denkbarer, da in der Musik auch ein 'Kristall' ungeachtet seiner konzentrischen Anlage in Zeitstrukturen zerlegt wird, deren Reihenfolge nicht konzentrisch, sondern lediglich sukzessiv gedacht werden kann. Im Hörvorgang erweist sich eine solche Form somit als lediglich im Rückblick erfaßbare oder im Moment 'begehbare' - nur im Gesamt der Außengestalt abstrahierbare oder von dem erreichten Punkt der 'Landschaft' erahnbare.[135]

Das einfach wirkende Bauprinzip der Formverschachtelung[136] erweist sich im Hörvorgang als Vexierbild, das die "perspektivische Umgehung"[137], den ständigen "Wechsel des Lichts"[138], ermöglicht, im nachträglichen Abrunden der Formen den drohenden formalen Zerfall jedoch verhindert.

Das Scherzo der Sonate f-moll D 625 von 1818 zeigt eine mehrmalige Verschränkung von A-B-A- und Sonatenformen. Die Scherzo-Trio-Bildung ist eine A-B-A-Form. Sowohl das Scherzo als auch das Trio sind in sich Menuett-Sonatenformen, deren zweite Phrasen aber fast zu autonomen B-Teilen ausgeprägt sind. Der B- oder Durchführungsteil des Scherzo (T.49ff) beinhaltet gleichzeitig das thematische Material, aus dem das Trio aufgebaut ist.[139]

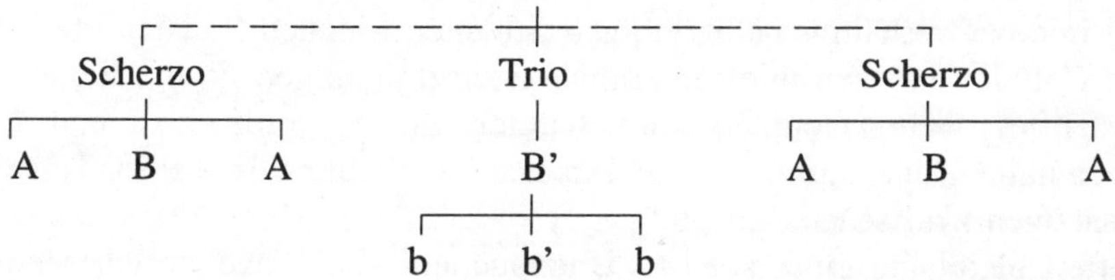

Im in der Graphik von links nach rechts zu lesenden Hörverlauf bleibt der Formverlauf mehrmals unklar, da beim ersten Auftreten des B-Teils dieser kurz als das Trio erscheint, während beim Beginn des Trioteils unklar ist, ob nicht die scherzoübliche Wiederholung oder eine Variante derselben beginnt.[140] Die wohlgeordnet erscheinende, abstrakte Formgestalt, die diesen vermutlich einzigen Mittelsatz einer dreisätzigen Anlage als ein Musterbeispiel an Symmetrie erscheinen läßt, erweist sich im Hörverlauf als eine durch Irritationen angereicherte, deren Strukturprinzip sich dem Hörer erst in der bestätigenden Wiederholung des Scherzoteils nach dem Trio erschließt.

Refrain 1 - Couplet 1 - Refrain 2 - Couplet 2 - Refrain 3 - Coda

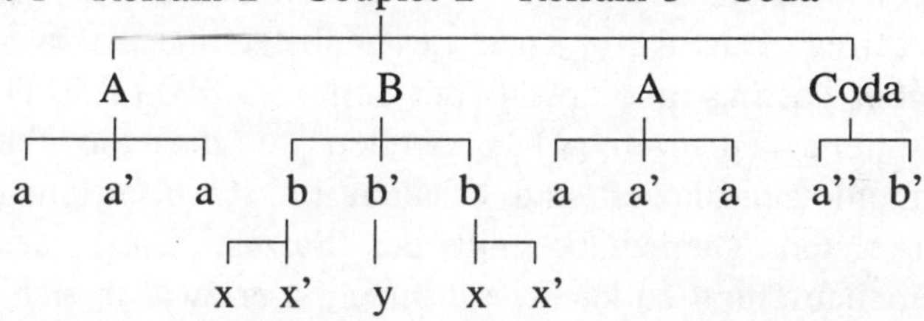

Noch weiträumiger verzweigt zeigt sich die Form des Rondofinales der Sonate D-Dur D 850 von 1825. Die Takte 127-132 sind der sechstaktige Mittelteil (y) einer fünfteiligen Form (x-x’-y-x-x’), die sich durch Zusammenfassung der beiden Viertaktgruppen (x-x’, T.119-126) auch als dreiteilige Form (b-b’-b mit x-x’=b, y=b’) beschreiben läßt. Diese dreiteilige Form ist wiederum der Mittelteil einer ebenfalls dreiteiligen Form (A-B-A), deren A-Teile selbst dreiteilig sind (a-a’-a). Erweitert wird die dreiteilige Form (A-B-A) durch eine Coda, die Elemente aus A und B aufgreift (a’’, b’’). Zusammen ist diese Form (A-B-A-Coda) das zweite Couplet (C2) eines fünfteiligen Rondos mit Coda (R1,C1,R2,C2,R3,Coda). Der Refrain, der in seinem mehrmaligen Erscheinen lediglich unterschiedlich figuriert wird, steht in einer verhältnismäßig einfach gebauten Menuett-Sonatenform, das erste Couplet dagegen in einer komplexeren dreiteiligen Form, die jedoch von der des zweiten Couplets deutlich unterschieden werden kann und stark sonatenhafte Züge aufweist. Der Finalsatz schließlich ist selbst Teil der viersätzigen zyklischen Anlage.[141]

Offen bleibt bei einer solchen Untersuchung die Frage, welches kompositorische Mittel die Selbstgenügsamkeit solch autonomer Formen wie etwa des Refrains dieses Finalsatzes oder etwa der dreiteiligen Form des Beginns der Sonate A-Dur D 664 zur Zukunft im Zeitverlauf des Werkes hin öffnet, welche Kraft letztlich die "zeitliche Folge zeitloser Zellen"[142] bewirkt. Da diese Zellen thematisch in sich geschlossen sind, kann, will man nicht der Vagheit eines vermuteten und in dem Moment noch nicht zu einem Ende gekommenen Programm vertrauen,[143] eine teleologische Konstante lediglich in der tonalen Anlage des Gesamtzusammenhangs oder aber in einer satztechnisch bedingten klanglichen Digression vermutet werden: "Dort hinunter zieht die Harmonik, das rechte Prinzip musikalischer Naturtiefe".[144]

Grundlage dieses Phänomens ist Schuberts ausgeprägtes Gefühl für Proportionalität sowohl in den horizontalen wie auch den vertikalen Strukturen. Das Aufbrechen des selbstgenügsam in sich geschlossenen zweiten Themas im Kopfsatz der Sonate D 850 (T.40ff) durch mediantisch vermittelte Fortissimo-"Klangwellen"[145], die blockhaft zwischen den Themenfetzen plaziert sind, erhalten ihre Rechtfertigung aus dem ungestümen ersten Themenabschnitt des Satzes. Ohne sie wäre der zweite Themenabschnitt zu leicht, mit ihnen ist er zwar in sich zerrissen,aber dem ersten an Gewicht ebenbürtig.[146] Daß das Wagnis in der Sonate A-Dur D 664, "dem ersten Satz ein geschlossenes Lied (in voller kleiner dreiteiliger Liedform!) als erstes Thema zu geben"[147], nicht im selbstgenügsamen Kreisen in dieser Form endet, darf als Ergebnis der reichen Harmonik und des "besonders in den weiten Griffen .. neuartigen Klangbildes"[148] vermutet werden, das der formalen Einheit dieses Formteils die innere Weite des Klangraumes entgegensetzt, die das Fortschreiten über die Geschlossenheit der Form hinaus provoziert.

Zweiteilig oder Dreiteilig

Impromptu f-moll D 935/1

Noch immer ist die Frage nach der grundlegenden Zwei- oder Dreiteiligkeit der Sonatenhauptsatzform eine Gretchenfrage der Sonatenanalyse. Sie spiegelt gleichzeitig die Frage nach den konstitutiven Parametern der Form wider, da die entwicklungsgeschichtlich ältere Annahme der Zweiteiligkeit den Hauptakzent auf die Tonalität legt, während die seit A. B. Marx übliche Annahme der Dreiteiligkeit jedoch die Thematik als wichtigsten formkonstitutiven Parameter annimmt.[149] Verbindet man beide Positionen miteinander, so entsteht das Bild einer Spannungsform, die "durch Überlagerung verschiedener, nicht aufeinander reduzierbarer Vorgänge"[150] entsteht.

Schuberts Todesjahr markiert daher lediglich einen Wechsel in der theoretischen Aufarbeitung der Sonatenproblematik,[151] nicht dagegen eine Änderung in der kompositionellen Problemstellung, die jeder Komponist wiederum auf eine ihm eigene Art zu lösen versuchte. Die Schubert eigene "Umqualifizierung der Sonatenlogik"[152] schwächt die lösende Funktion der Reprise und öffnet damit den Kopfsatz der Sonate zu den ihm folgenden Sätzen. Der Vorwurf von Költzsch, Schubert hebe die "tonale Zentrierung mit einer in der Subdominante oder einer anderen Tonart angesetzten Reprise eigentlich"[153] auf, "da die Tonika erst als Modulationsergebnis erscheint, als eine gegenüber der Reprisentonart in Spannungszustand befindliche Lage"[154], weist auf diese Zielrichtung Schuberts.

Neben den tonalen Mitteln der Verschleierung des Reprisenbeginns nutzt Schubert auch thematische Veränderungen wie etwa die polyphone Durchdringung im Kopfsatz der Sonate D 845.[155] Wenn der in sich unverändert scheinende Ablauf von Transpositionsreprisen die prinzipielle Annahme einer dreiteiligen Form auch nahelegt, da zwei bis auf den tonalen Ausgangspunkt identische Abschnitte (Exposition und Reprise) einen differierenden Abschnitt (Durchführung) umrahmen, so ist der Ablauf in der Zeit jedoch ein anderer, da der Beginn der Reprise lediglich thematisch als solcher wahrgenommen werden kann, während die Tonart noch die Fortsetzung des Durchführungsteils suggeriert,[156] und sich daher die Gewißheit der Reprise zeitlich verzögert einstellt. In der Sonate C-Dur D

840 ist der Beginn der Reprise sogar nicht eindeutig festzulegen.[157] Die Sonatenlogik Schuberts besteht daher nicht "in der handgreiflichen dramatischen Zuspitzung in Exposition und Durchführung sowie anschließender Lösung in der tonal ausgeglichenen Reprise, sondern weit eher in der Herstellung von Korrespondenz, Analogie und Balance der harmonischen Gewichte"[158] zwischen den Hauptteilen, deren Beziehung zueinander im Verlauf eines Satzes umdeutbar erscheint.

Überblickt man das erste Impromptu der zweiten Reihe (D 935/1), so erweist es sich als zweiteilige Sonatenform ohne Durchführung.[159] Der Hörverlauf gestaltet sich jedoch uneindeutig. Nach dem in Vorder- und Nachsatz gegliederten Beginn in f-moll (Vordersatz mit Halbschluß auf der Dominante in T.6, Nachsatz mit Tonikaschluß in T.13) beginnt ein innerlich bewegter Überleitungsteil, der sich zur Tonikaparallele As-Dur wendet (T.13ff) und schließlich auf dessen Dominante Es-Dur zur Ruhe kommt (T.44). Es folgt ein wie das erste Thema aus Sechstaktgruppen gebautes zweites Thema in drei Variationen (T.45, T.51, T.57), das in der Tonikaparallele verbleibt. Ohne Wiederholung dieser 'korrekt' gebauten Exposition beginnt ein Apassionato-Durchführungsteil in as-moll (tp, T.69), der sich zwar zu beträchtlicher Länge entwickelt, aber seinen Grundton beibehält, da er in sich eine ebenfalls 'korrekt' gebaute Sonatenform darstellt: Entwicklung zur Tonikaparallele Ces-Dur (T.74) und Absicherung über deren Dominante Ges-Dur (T.82f), Wiederholung dieser Exposition, Durchführung über Es-Dur nach E-Dur (T.88) und weiter zur Durtonika (T.93), aus der dann die Reprise dieses monothematischen Sonatensatzes erfolgt (T.98) und nochmalige Wiederholung des Durchführung-Reprise-Teils. Nach kurzer Rückung zur Dominante der Satztonika (C-Dur-Septakkord T.113) erfolgt die wiederum 'korrekt' gebaute Reprise des ersten Hauptteils in der restituierten Satztonika f-moll. Die Überleitung wendet sich zur Durtonika (T.131), in der dann auch das zweite Thema erscheint (T.159). Nach dessen drei Variationen ist ab Takt 180 die Coda eines dreiteiligen Sonatensatzes zu erwarten, in dem die Durchführung eine trioartige Autonomie besitzt. Statt einer Coda erfolgt aber eine Reprise der Durchführung, jetzt aber in der Tonika f-moll (statt as-moll) und, wie bei einem Da-capo einer Menuett-Sonatenform üblich, ohne die Wiederholungen.

Erst an diesem Punkt oder später, wenn die gebührliche Codalänge überschritten ist und somit die Möglichkeit, daß die Coda ihr Material wie etwa in den Kopfsätzen der Sonaten D 850 und D 958 aus dem Themenrepertoire der Durchführung schöpft, ihre Überzeugungskraft eingebüßt hat, ergibt sich die Erkenntnis, daß der bislang als Durchführung verstandene Formteil eine Fortsetzung des zweiten Themas oder aber das zweite Thema selbst ist. Als wirkliche Coda entläßt die kurze Wiederaufnahme des Kopfmotivs den Hörer verwirrt in das folgende Impromptu - den folgenden Satz - in dem inzwischen bekannten As-Dur, dessen Des-Dur-Trio diese für den Gesamtzyklus der acht Impromptus so wichtige Tonart nun subdominantisch abstützt.[160]

Das im Impromptu beobachtete Verfahren der sich anreichernden Form findet sich auch in den Kopfsätzen von ausdrücklich als Sonaten bezeichneten Werken. Im Gegensatz zum Impromptu ist in ihnen der erste Formteil, die Exposition, durch die Wiederholung unveränderlich vorgegeben. In mehreren Fällen - besonders deutlich in D 784 und D 850 - ist sie zudem als ein immerwährendes In-sich-Kreisen angelegt, weshalb man dem am Ende der Exposition spürbaren Rückfall auf den Satzbeginn unbedingt nachgeben sollte, um die Fremdartigkeit der Durchführung zu betonen.[161] In den Sonaten D 784 und D 960 erweist sich die Durchführung als separierter, eigenständiger Formteil. Obwohl in beiden Fällen die Durchführung mit einer "Art Vorecho" des Kopfthemas endet, weckt dieses "eher Erinnerungen, als daß es zielstrebig auf die Reprise zuführte"[162]. Im Gegensatz dazu betreibt die Durchführung der Sonate D 959, die an ihrem Beginn stärker als die beiden vorherigen Beispiele als "weitgehend in sich ruhender Satzbezirk"[163] wirkt, in einem heftigen Ausbruch ihre Anbindung an die Reprise und widerruft damit die bereits gewährte Autonomie.[164]

Bis auf die Sonate a-moll D 784, die wohl als einzige Sonate Schuberts einen dreiteiligen Sonatenhauptsatz als Kopfsatz besitzt, erweitern alle anderen Beispiele ihre Dreiteiligkeit durch ausführliche Codalösungen. Die Sonaten D 850 und D 958 greifen dabei dem betrachteten Impromptu vergleichbar auf ihre Durchführungsteile zurück.

Stellt man den bislang betrachteten Beispielen den von Walther Dürr[165] als zweiteilig analysierten Kopfsatz der Sonate D 845 mit seinem polyvalenten Spiel mit dreiteiligen Unterteilungen - die Exposition spielt mit der A-B-A-Form, der Reprisenbeginn rahmt mit dem Durchführungsbeginn den bewegten Mittelteil so ein, daß sich Durchführungsende und Reprisenbeginn zu überlappen scheinen - zur Seite, so zeigt sich, daß Schuberts Abschied von den deutlich zweiteiligen Sonatensätzen vor 1820 lediglich eine Ausprägung einer deutlich dreiteiligen Form - D 784 - folgt.[166] Obwohl seine Formen nach dieser Sonate vielfältige und mehrdeutige Strukturen annehmen, bleibt die prinzipielle Zweiteiligkeit seiner Kopfsatzform als Folie, von der sich die einzelnen Formlösungen abheben, deutlich erkennbar.

Monothematik - Subthematik

Für die Betrachtung der Sonatenformen Schuberts erscheint eine weitere auf der Marxschen Sonatendefinition gründende und weit verbreitete Unterteilung ebenso problematisch wie die soeben betrachtete dreigliedrige Auffassung der Sonatensatzform: die aus dem dualistischen Themenkontrast abgeleitete Zweiteilung der Exposition in zwei Themenbereiche, die als übergeordnete Unterteilung formale Phänome wie die Existenz mehrerer Überleitungsteile, Fortspinnungen oder auch Schlußgruppenbildungen kaum hinreichend zu begründen vermag.[167] Eine gewisse Plausibilität erhält diese dualistische Auffassung in dem Moment, in dem das Erreichen des zumeist kantablen zweiten Themas mit der Etablierung der formkonstitutiven Tonartenpolarität zusammenfällt. Nicht allein durch Schuberts Vorliebe für eine sogenannte "Dreitonartenexposition"[168] ist diese Regel der klassischen Sonatenauffassung in seinem Sonatenwerk jedoch eher eine Ausnahme.

Im Kopfsatz der Sonate B-Dur D 960 fällt das Erreichen der Dominante in die nicht als Thema sondern als figurierte Spielepisode ausgestaltete Schlußgruppe. Wie in zahlreichen anderen Sonatensätzen ist die Dominante hier nicht mehr als dissonierende Gegentonart der Tonika, sondern - nach weitaus dissonierenderen Modulationen im Mittelbereich der Exposition - als gerüsthafte Stütze der Kadenzbeziehung und als Ort wiedergefundener tonaler Stabilität auf leicht erhöhtem Spannungsniveau aufzufassen.

In der Kopfsatzexposition der A-Dur-Sonate D 959 fällt zwar das Erreichen der Dominante mit dem Erklingen eines kantablen Themas zusammen, doch läßt sich auch hier weder ein Themen- noch ein Tonartdualismus konstruieren. Die thematische Ausgestaltung der Dominante korreliert vielmehr mit der Tonika-Thema-Konfiguration des Satzbeginns im Sinne einer gestalthaften Orientierungsmöglichkeit innerhalb amorpher Modulationstriolen, die die thematischen Ausprägungen als Inseln der Ruhe erscheinen lassen. Die Dominante ist nicht Konflikttonart, sondern Ersatztonart der Tonika. Zweites Thema und Schlußgruppe sind nicht Konfliktthemen, sondern variative Modifikationen des Kopfthemas.

Eine solche Ableitungsfähigkeit des zweiten Themas und der Schlußgruppe aus dem Kopfthema wird allgemein als Monothematik bezeichnet.[169] Ästhetisch gründet sie auf dem Theorem der *Einheit in der Mannigfaltigkeit*, wie Fred Ritzel dies für die Sonatentheorie H.Chr.Kochs nachgewiesen hat: "Die Forderung nach 'Einheit' in der 'Mannigfaltigkeit' des Empfindungsverlaufs ermöglicht keine antithetische Entwicklung zweier Themen, die Herrschaft des 'Hauptsatzes' über die 'Zergliederungssätze' steht außer Frage".[170]

Die gestalthafte Wahrnehmbarkeit monothematischer Themenvariationen, deren Charaktergegensatz - auf die an die Satzabfolge erinnernde toposhafte Abfolge Marcato, Cantabile und Scherzando hat Carl Dahlhaus aufmerksam gemacht -[171] durch "strukturelle Umgestaltung und Veränderung von Dynamik, Tongeschlecht und Tonart aus identischem Material abgeleitet ist"[172] und deren ästhetische Ursache aus einer "Dichotomie von innerer Vorstellung und äußerer Wahrnehmung"[173] als Perspektivenwechsel begriffen werden kann, wird bei Schubert vor allem in den späteren Werken jedoch oft durch ein "subthematisches"[174] Netzwerk überlagert, das aus variativen Prozessen abgeleitet nicht nur die Exposition des Kopfsatzes klanglich vereinheitlicht, sondern gleichfalls den zyklischen Zusammenhalt des Satzganzen, des Satzzyklus und sogar der Werkgruppe ermöglicht.[175] Die Exposition beinhaltet somit nicht den durch die Initiierung eines dualistischen Diskurses formkonstitutiven Themenkontrast, sondern sie exponiert als Ganzes den klanglich und tonal vermittelten Grundcharakter, der zum Ausgangspunkt sowohl eines nicht-dualen Diskurses als auch eines Assoziationengefüges wird, als deren Verbindung sich die Sonatenform in der Ausprägung, die sie durch Schubert erfahren hat, darstellt.[176]

Indem Schubert "das funktionale Verhältnis der Teile der Sonatenhauptsatzform .. der traditionell wenig gebundenen Satzfolge des Sonatenzyklus"[177] annähert, zwingt er auch die analytische Betrachtung zur Abkehr von der Dominanz der Kopfsatzanalysen. Die folgenden Betrachtungen orientieren sich denn auch an den Gegebenheiten der Großformen Schuberts und ihrer Konstitution zwischen Form und Klang, Diskurs und Assoziation.

Anmerkungen

[1] Die von E. Ratz besorgte Urtextausgabe der Universaledition Wien druckt lediglich 14 Sonaten ab, als einzige fragmentarische Sonate die Sonate C-Dur D 840 'Reliquie'. Die Anordnung der Sonaten ist in dieser Ausgabe chronologisch. In der Henle-Urtext-Ausgabe sind die frühen und unvollendeten Sonaten in einem dritten, von P. Badura- Skoda herausgegebenen Band separiert. Es fehlen jedoch die Fragmente cis-moll D 655 und e-moll D 769A. Leider wird durch diese Anordnung nicht nur die Chronologie insgesamt gestört, vor allem die Sonaten des Jahres 1817 sind dadurch auf zwei Bände verteilt. Die von Howard Ferguson besorgte Ausgabe des Associated Board of the Royal Schools of Music bringt dagegen die frühen Sonaten und Fragmente jeweils im Anhang der drei Bände unter.

[2] Vgl. Költzsch, *Klaviersonaten*, S. 37ff; Godel, *Letzte Sonaten*, S. 234. Ein tabellarischer Abdruck findet sich in der Ausgabe des Associated Board, Vol.I, S. 6, eine Begründung findet sich auf S. 7.

[3] Vgl. z.B. Költzsch, *Klaviersonaten*, S. 37; Godel, *Letzte Sonaten*, S. 234; Goldschmidt, *Periodisierung*, S. 3.

[4] Goldschmidt, *Periodisierung*, S. 2.

[5] Költzsch, *Klaviersonaten*, S. 94.

[6] Die Angaben entsprechen den Daten im *Deutsch-Verzeichnis*. Aus Platzgründen wurden Werke, die aus einer Kombination mehrerer Deutschnummern bestehen, unter einer Nummer zusammengefaßt.

[7] Der Terminus *uneindeutig* betrifft das Problem möglicher fehlender Sätze, *Satzfragment* bezeichnet jeweils einen unvollständigen Einzelsatz. *Problematisch* bezeichnet eine Kumulation beider Problemfelder.

[8] Unsicherheiten sind durch Fragezeichen gekennzeichnet.

[9] Bis auf D 845-894 handelt es sich um Opus-posthumus-Zahlen.

[10] Titel im Autograph.

[11] Auf die Problematik der biographischen Methode hat Carl Dahlhaus (*Beethoven*, S. 29ff) ausführlich hingewiesen.

[12] Dürr, *Wanderjahre*, S. 21.

[13] Ebd.

[14] Bereits 1824 kündigt Schubert in dem bekannten Brief an Leopold Kupelwieser (*Dokumente*, S. 234f) die Komposition eines weiteren Quartettes an. Dieses Quartett könnte höchstens als das in G-Dur D 887 identifiziert werden, das jedoch erst im Juni 1826 ausgeführt wurde.

[15] Vgl. dazu die Tabelle bei Dürr, a.a.O., S. 16f.

[16] Bekannt ist dies v.a. durch die vermutlich erst 1826-1828 erfolgte Umarbeitung der Sonate Des-Dur D 567 zur Sonate Es-Dur D 568. Obwohl nicht angenommen werden kann, daß eine eventuelle Überarbeitung von D 617 ähnlich gravierend gewesen sein könnte, können zumindest leichte Korrekturen erwartet werden, da Schubert selbst neue Werke wie z.B. die *Winterreise* vor der Drucklegung nochmals redigierte. Zur Umarbeitung von D 567 vgl. Reed, *A new date*; Truscott, *Two versions*; Tusa, *Opus 122*.

[17] Nach dem *Deutsch-Verzeichnis* wurde D 617 am 30.12.1823, nach den *Dokumenten* am 9.12.1823 in der Wiener Zeitung angezeigt, "unter der Presse" (*Dokumente*, S. 203) befand sich die Sonate bereits am 9.11.1823. Da Schubert in diesem Jahr seinen Verleger wechselte, könnte auch die Erwähnung eines Sonatenmanuskripts, das Schubert nach dem Brief vom 10.4.1823 von Cappi & Diabelli zurückerhielt, neben der Wandererfantasie und der Sonate a-moll D 784 auf D 617 bezogen werden. Eventuelle Umarbeitung der älteren und Komposition der neuen Sonate lägen dann dicht beieinander.

[18] Da der Begriff *Zyklus* bereits durch den Terminus *Satzzyklus* belegt ist, wird im weiteren der Begriff *Werkgruppe* beibehalten.

[19] Newman, *Since Beethoven*, S. 27.

[20] Zur Entwicklung der Sonatentheorie vgl. Ritzel, *Sonatenform*, S. 180ff; Rosen, *Sonata Forms*, S. 1ff, S. 14f; Larsen, *Sonatenform-Probleme*, S. 222ff; Newman, *Classic Era*, S. 19ff; Newman, *Since Beehoven*, S. 20ff; Kämper, *Nach Beethoven*, S. 14ff.
Über eine Rezeption der unterschiedlichen Theorieentwürfe durch Schubert ist bislang nichts bekannt. Da der Unterricht bei Salieri Instrumentalformen nur "am Rande" (Angermüller, *Salieri*, S. 311ff; vgl. auch Brown, *Schubert*, S. 12ff) berührte, muß für Schuberts Entwicklung als Instrumentalkomponist eine "autodidaktische Aneignung" (Goldschmidt, *Periodisierung*, S. 6) angenommen werden, wie dies von Christian Friedrich Daniel Schubart (*Ästhetik*, S. 372) auch gefordert wurde: "Alle große musikalische Genies sind mithin selbstgelehrte".

[21] Vgl. die Erscheinungsdaten der Klaviersonaten in Tabelle A.

[22] Die Entwicklungsgeschichte dieser These wird von Hans Joachim Hinrichsen (*Spätwerk*, S. 16 ff) kurz referiert. Während Hinrichsen sie zu widerlegen sucht, spiegelt sie sich in Arthur Godels Analysemethode (*Letzte Sonaten*, S. 111ff), da er diese These zwar auf das gesamte Sonatenwerk bezogen ablehnt (a.a.O., S. 244), nicht jedoch für die letzten Sonaten.

[23] Der Rossinitaumel in Wien - und Beethovens bittere Reaktion - braucht wohl kaum belegt zu werden. Daß sich der musikalische Geschmack der Zeit selbstverständlich auch 'an der Ladentheke' aufzeigen ließ, zeigt folgendes Gespräch zwischen Mary Novello und Adalbert Gyrowetz, der Kapellmeister in der Hofkapelle war und offenkundig Beethovens Einschätzung teilte: "Als ich mein Bedauern zum Ausdruck brachte, ... , schüttelte er den Kopf und sagte, das Zeitalter der guten Musik sei schon vorbei. Er deutete auf eine große Anzahl Walzer, Airs mit Variationen, Tänze, Märsche und Gelegenheitswerke, die auf der Theke des Musikgeschäfts ausgebreitet lagen, und sagte (mit einem Lächeln der Geringschätzung), dies sei die Art von Musik, die jetzt in Deutschland en vogue sei" (zit. nach Hanson, *Die zensurierte Muse*, S. 111).

[24] Kämper, *Nach Beethoven*, S. 14.

[25] Vgl. *Deutsch-Verzeichnis*.

[26] Ebd.

[27] Ebd. Ausgerechnet der dritte Satz, dessen Titel *Menuetto* sonatenverdächtig ist, ist allerdings in der Ankündigung vergessen. Zur Problematik der konzeptionellen Verbindung von Fantasie und Sonate vgl. Kapitel II unter *Betrachtungen* und Kapitel V.

[28] Ursprünglich hatte der Verleger Tobias Haslinger Schubert diesen Titel für D 899 angetragen. Schubert hat im Autograph von D 935 diesen Titel dann selbst eingetragen und die Stücke als Fortsetzung von D 899 fortlaufend mit 5-8 numeriert.

[29] Otto Brusatti (*Wiener Vormärz*, S. 21f) druckt eine Rezension über D 894 aus dem *Anzeiger* vom 19.9.1829 ab, in der gleich zu Beginn die Namensgebung folgendermaßen kritisiert wird: "Der Titel dieses Werkes ist nichts als eine, noch dazu etwas unrichtige, Paraphrasierung des Wortes S o n a t e, .. Wozu also die Umschreibung? ist die ehrliche Sonate beym Publikum in Ungnade gefallen, aus der Mode gekommen?"
Robert Schumanns (*Gesammelte Schriften*, Bd. 3, S. 37f) 1838 geäußerter Unglaube, "daß Schubert diese Sätze wirklich "Impromptu's" überschrieben; der erste ist so offenbar der erste Satz einer Sonate, so vollkommen ausgeführt und abgeschlossen, daß gar kein Zweifel aufkommen kann", ist von besonderer Bedeutung, da Schumann als Komponisten auch der Aspekt des Handwerklichen besonders nahegestanden haben dürfte. Auch zehn Jahre nach Schuberts Tod sieht er in der freieren Form von D 935 durchaus also noch eine Sonatenform gegeben.
Bei Schumann (a.a.O., Bd. 2, S. 237) findet sich auch die ökonomische Begründung von Umbenennungen und Bearbeitungen, dargestellt an der Problematik des *Grand Duo* D 812, das Schumann bekanntlich für eine bearbeitete Sinfonie hielt: "Wer soviel schreibt wie Schubert, macht mit Titeln am Ende nicht viel Federlesens, und so überschrieb er sein Werk in der Eile vielleicht Sonate .. ; des gemeineren Grundes noch zu erwähnen, daß sich zu einer Sonate doch immer eher Herausgeber fanden, als für eine Symphonie, in einer Zeit, wo sein Name erst bekannt zu werden anfing".

[30] Brown, *Schubert*, S. 279. Zu D 947/951 vgl. Kapitel V.

[31] Zur Rangabstufung der Gattungen vgl. Dahlhaus, *Gattungen*, S. 855. Der Druck, dem die Komponisten ausgesetzt waren, zeigt sich im Briefwechsel Schuberts mit verschiedenen Verlegern aus seinem Todesjahr (*Dokumente*, S. 511, 514, 531ff, 542, 544ff).

[32] *Dokumente*, S. 532.

[33] A.a.O., S. 495.

[34] Schleuning, *Die freie Fantasie*, S. 350. Die frühen Schubertfantasien werden von Peter Schleuning nicht erwähnt.

[35] Lies: Titel im Autograph.

[36] Titel in der Abschrift Anton Stadlers von 1815.

[37] Schleuning, *Die freie Fantasie*, S. 314. Vgl. auch S. 315 (Knecht) und zur Toccatentradition S. 72.

[38] Diese Werke sind nur als Rest der frühen Arbeiten Schuberts auf dem Gebiet von Fantasie und Sonate anzusehen, da er andere Arbeiten vernichtet zu haben scheint. Vgl. Goldschmidt, *Periodisierung*, S. 4.

[39] Da das Autograph verschollen ist, kann das *Divertissement sur des motifs originaux français* e-moll D 823 lediglich vor den Erscheinungstermin 17. 6. 1826 datiert werden.

[40] Zur Entstehung von D 958-960 vgl. Godel, *Letzte Sonaten*, S. 38ff.

[41] Z.B. Godel, *Letzte Sonaten*, S. 234; Kämper, *Nach Beethoven*, S. 21ff; Költzsch, *Klaviersonaten*, Titelblatt.

[42] Hortschansky, *Nachahmung und 'Originalton'*, S. 221.

[43] Harry Goldschmidt, zit. nach Thomas Emmerig in Musiktheorie 2, 1987, S. 285f.

[44] Dies erscheint v.a. für die sogenannten "Jahre der Krise" 1818-1823 erforderlich. Vgl. Kapitel III unter *Ein Gattungsexkurs*.

[45] Czerny, *Über die Formen*, S. 261.

[46] Newman, *Classic Era*, S. 133.
[47] Koch, *Anleitung*, Teil III, S. 301f.
[48] Newman, *Since Beethoven*, S. 135.
[49] Vgl. W. Seidel, *Schnell-Langsam-Schnell*, S. 209.
[50] Newman, *Classic Era*, S. 134: ders., *Since Beethoven*, S. 135.
[51] Zu Mozart, Haydn und Beethoven vgl. Newman, *Classic Era*, S. 133ff.
[52] Zu Ferdinand Ries vgl. Newman, *Since Beethoven*, S. 175; zu Carl Czerny vgl. a.a.O., S. 182f.
Czernys Vorliebe findet auch eine Entsprechung in seiner Sonatentheorie (*Über die Formen*, S. 262): "Die Sonate besteht gewöhnlich aus 4 oder 5 voneinander unabhängigen Sätzen".
[53] Zur Widmung vgl. Godel, *Letzte Sonaten*, S. 31f. Zur Satzzahl der Sonaten Hummels vgl. Newmann, *Since Beethoven*, S. 232f.
[54] A.a.O., S. 249ff.
[55] Nicht berücksichtigt sind die Einzelsatzfragmente.
[56] Eine Vollendung aller vier Sätze erscheint kaum möglich. Eher ist anzunehmen, daß Schubert wie bei der *"Unvollendeten"* die weitere Ausarbeitung der beiden Schlußsätze abbrach, da sich durch die Grundtongleichheit der beiden Kopfsätze (C-Dur/c-moll) der tonale Diskurs nicht wirklich konsequent über das As-Dur des dritten Satzes fortführen ließ.
[57] Vgl. *2 Klavierstücke. C-Dur D 916B und C-Moll D 916C*, Vorwort von Otto Brusatti; ders., *Zwei unbekannte Klavierwerke*, S. 33ff.
[58] Brown, *Schubert*, S. 279.
[59] Die Rubrik 'vermutliche Satzzahl' meint die in dieser Arbeit favorisierten Lösungen.
[60] Czerny, *Über die Formen*, S. 262: "Das Rondo, oder Finale, welchem auch noch eine langsamere Introduction vorangehen kann. Eine im Clavierstyl gearbeitete, mehr oder minder strenge Fuge kann hier eben sowohl .. statthaben."
[61] Für D 1 und D 48 sind Skizzen zu differenten Finallösungen erhalten. Vgl. Hoorickx, *Discoveries*, S. 221, 223f, 227.
[62] Vgl. Költzsch, *Klaviersonaten*, S. 3f; Bisogni, *Sonate giovanili*, S. 455ff; Cervone, *Sonate I*, S. 399ff; Badura-Skoda, *Klaviersonaten Bd. III*, Vorwort.
Alle Autoren gehen davon aus, daß Finali in D 157 und D 279 fehlen.
[63] Fabio Bisogni (*Sonate giovanili*, S. 456) verweist auf die Beethovenopera 14,2 und 42,2. Er meint jedoch, "in questi inizi di attività sonatistica manca al compositore il senso della forma come unità ciclica e psicologica quale è trovare in Beethoven". Zudem ist für Bisogni die Viersätzigkeit als Regelform der Sonaten Schuberts anzusehen: "sono concepite nei quattro tempi regolamentari".
[64] Zu D 566 vgl. Cone, *Schubert's Beethoven*, S. 289ff. Zu D 459 vgl. Bisogni, *Sonate giovanili*, S. 460ff; Cervone, *Sonate I*, S. 404ff.
Fabio Bisogni zählt alle Möglichkeiten der Zyklusbildung auf, die für D 459/459A möglich erscheinen. Unter Hinzunahme des Adagio D 349 schwankt die Satzzahl zwischen 2 und 6. Da das Allegro patetico aus D 459A vermutlich erst im Herbst 1817 entstand, könnte es darüber hinaus nach Bisogni das Finale einer viersätzigen Lösung von D 566 sein (S. 468). Nach Gabriele Cervone kann auch die Existenz von drei Sonaten mit dem Grundton E für 1816/1817 vermutet werden.

[65] Dieses Verfahren erleichtert zwar die Übersicht über mögliche Zusammengehörigkeiten, der 'Komponistenwille' ist dadurch aber ebenfalls nicht von vornherein getroffen.
[66] Vgl. dazu die ausführliche Diskussion in Kapitel III unter *Die Zyklusgestalt.*
[67] Newman, *Since Beethoven*, S. 134, 189f.
[68] W.Seidel, *Schnell-Langsam-Schnell*, S. 205f.
[69] A.a.O., S. 207.
[70] Ebd.: "Die Faktoren, die die Einheit des instrumentalen Zyklus vor allem begründen, sind - darin stimmen alle Autoren überein - die Bewegung und die Tonart". Seidel diskutiert die Kriterien von Marx jedoch nach dessen Konzept der Unterscheidung von Einheit und Mannigfaltigkeit, das Bewegungsänderung und Tonartentwicklung unter der Annahme eines immer dreiteiligen Schemas (Setzung-Ausweichung-Rückkehr) parallelisiert.
[71] Vgl. Ratner, *Classic Music*, S. 323.
[72] Adolf Bernhard Marx' Verdienst ist es, den Begriff der 'Mannigfaltigkeit' auch für den Bereich der absoluten Musik als positives Gegengewicht zum Begriff der 'Einheit', der bei Koch dominierte, begründet zu haben. Er verteilt jedoch beide Begriffe auf die von ihm zusammengefaßten Zykluskategorien. "Bewegung, Tonart und 'innere Einheit' gelten als die Momente der Einheit, Taktart, Form und Inhalt als diejenigen der Mannigfaltigkeit" (W.Seidel, *Schnell-Langsam-Schnell*, S. 207).
[73] Nicht berücksichtigt sind die frühen Fantasien sowie die strittigen zweisätzigen Werke mit Grundtongleichheit (D 459, D 566, D 840, D 947/951).
[74] In Kapitel III wird das Verfahren der Tonartverschränkung an zahlreichen Beispielen aufgezeigt und die Frage der Vorbilder bei Haydn, Mozart und Beethoven diskutiert.
[75] Vgl. die ausführliche Analyse der Sonate D-Dur D 850 in Kapitel IV.
[76] Die Form des Satzes ist zwar die einer durchführungslosen Sonatenform ABAB, der Tonartverlauf ist jedoch irregulär. Cis-moll/g-moll sind die divergierenden Grundtöne beider Fassungen. E-Dur/B-Dur ist in T.47,84ff,102, H-Dur/F-Dur in T.96, A-Dur/Es-Dur in T.35,55 in funktionaler Bedeutung zu finden.
[77] Die Funktionsbezeichnungen richten sich nach Diether de la Motte, *Harmonielehre.*
[78] Darstellungen der Umarbeitung finden sich bei Bisogni, *Sonate della maturità*, S. 76ff; Cervone, *Sonate II*, S. 10ff; Chusid, *Redating*, S. 37ff; Truscott, *Two versions*, S. 89ff: Tusa, *Opus 122*, S. 208ff.
[79] Vergleichende Diagramme zu den veränderten Tonartabläufen in den Durchführungen der Ecksätze finden sich bei Chusid, *Redating*, S. 42f.
[80] Költzsch, *Klaviersonaten*, S. 7.
[81] Vgl. Chusid, *Redating*, S. 38; Truscott, *Two versions*, S. 91ff. Nach Martin Chusid "in op.22 many passages display more rhythmic 'point' or sharpness". Im Ganzen betrachtet ist die spätere Fassung jedoch lockerer gefügt, wozu gerade auch die stärkere Verzierung beiträgt.
[82] Die Tonika-Dominantbeziehung wird vor allem auch durch das in der Tonika stehende Menuetto mit seinem Subdominanttrio gestärkt. Martin Chusid (ebd.) weist ebenfalls darauf hin, daß das Trio im Gegensatz zu seinem Vorbild in dem zweiten Scherzo von D 593 nun in seinem ersten Teil nicht mehr in der Tonika As, sondern in seiner Dominante Es-Dur schließt:

"It is reasonable to assume that Schubert made this change in order to relate the trio more closely both to the new minuett in that key and to the sonata as a whole".

[83] Harold Truscott (*Two versions*, S. 101) spricht von "plainess of keyrelationship" und bemerkt: "It is curious, and so obvious a fact that its significance can scarcely be missed, that throughout the re-writing of this Sonata Schubert has constantly chosen keys and key-relationships which are as plain in charakter as possible".

[84] W.Seidel, *Schnell-Langsam-Schnell*, S. 206.

[85] A.a.O., S. 209.

[86] Ebd.

[87] Ebd.

[88] Czerny, *Über die Formen*, S. 262.

[89] W.Seidel, *Schnell-Langsam-Schnell*, S. 207.

[90] Vgl. Komma, *Op. posth. 164*, S. 7f.

[91] Andantino, Poco mosso, Con moto, Allegretto quasi Andantino (D 537), vom Wortlaut muß auch Andante-molto als Temposteigerung gegenüber dem einfachen Andante bewertet werden, doch ist dieser Sachverhalt strittig.

[92] Metronomzahlen finden sich bei Howard Ferguson in seiner Ausgabe der Sonaten (Associated Board) jeweils vor den Werken und bei James L. Taggart, *Performance Problems*, S. 204ff. Die teilweise stark differierenden Zahlen weisen auf die Schwierigkeit des Problems.

Vgl. auch Schnebel, *Befreite Zeit*, S. 87f.

[93] Ebd.

[94] Dahlhaus, *Taktbegriff*, S. 4f.

[95] A.a.O., S. 5.

[96] Introduktionen finden sich lediglich in den frühen Fantasien. Bereits die Andante-Einleitung des *Divertissement hongroise* D 818 ist anders zu bewerten, da sie deutlich als erster Teil einer fünfteiligen Anlage A-B-A'-B'-A" ausgewiesen ist.

[97] Vgl. dazu die Analyse der rhythmischen Anlage des Kopfsatzes bei Thomas Kabisch, *Liszt und Schubert*, S. 25ff.

Kabisch setzt den Schwerpunkt auf die gegenseitige Ableitungsfähigkeit der metrischen Ebenen durch Variantenbildung. Dieser strukturelle Zusammenhang widerspricht jedoch nicht dem hier dargestellten klanglichen Ergebnis der stationären Trennung der metrischen Ebenen.

[98] Riezler, *Schuberts Instrumentalmusik*, S. 47.

[99] Schnebel, *Klangräume-Zeitklänge*, S. 93f: "Demnach ist Schuberts Zeitgestaltung eine Artikulation des Zeitflusses: daß Zeit in Gang kommt, drängend ihren Weg sucht, zu fließen beginnt, zögert, kurz innehält und wieder fließt, ins Stocken gerät, dann frei dahinströmt, verebbt, anhält, vorangeht und auskurvend ein Ende findet ... Der Zeitfluß realisiert sich als Klangfluß".

Diese für Schubert charakteristische Art der Zeitbehandlung weist Dieter Schnebel im Frühwerk und (!) im Spätwerk nach. Die Sonate D 784, die Schnebel nicht erwähnt, steht als Bindeglied zwischen beiden Phasen.

[100] Feil, *Schuberts Rhythmik*, S. 111f.

[101] Vgl. die tonale Analyse von D 784 in Kapitel III unter *Das 'Ende der Krise'*.

[102] Kurz vor der Komposition von D 784 schreibt Schubert im Januar 1823: "Es könnte mir freilich vielleicht gelingen, eine neue Form zu erfinden" (Dokumente, S. 182).
Deutsch bezieht diese Äußerung zwar lediglich auf Gesangsquartette, doch macht dies im Zusammenhang der nachfolgenden Briefe an Bäutel und Diabelli wenig Sinn, da er Diabelli ein altes Gesangsquartett zusendet, bei Bäutel jedoch Zweifel über seine Instrumentalkompositionen äußert.
[103] Bezeichnet wird dadurch lediglich eine feststellbare Tendenz. Eine statistisch exakte Erfassung kann dagegen schon durch die mögliche Bandbreite der Metronomzahlen für ein bestimmtes Tempo und durch die in der Literatur kontrovers diskutierte Frage möglicher Tempoänderungen innerhalb eines Satzes nicht erfolgen.
William S. Newman (*Tempofreiheit*, S. 45) lehnt Tempoänderungen außerhalb der von Schubert durch Ritardandianweisungen etc. geforderten ab. Dieter Schnebel (*Befreite Zeit*, S. 87) lehnt zwar ebenso wie Newman "bloß gefühlvolle Rubati und Übergänge" ab, fordert aber Tempomodifikationen zur Unterstützung der "fein ausgestuften Zeitstrukturen" und struktueller Änderungen, z.B. wenn in den zweiten Themen die Taktschläge anders fallen als in den ersten Themen der Sonatenexpositionen. Howard Ferguson (Associated Board, Vol. I, S. 8) fordert sogar ausdrücklich Tempoänderungen aus strukturellen Gründen in fast allen Sätzen und gibt entsprechende Metronomvorschläge für die einzelnen Sonaten an. Gravierende Tempoänderungen sind auch von den Schubertinterpretationen Anton Weberns bekannt (Haack, *Anton Weberns Schubert-Interpretation*, S. 48ff).
Werden verschiedenen strukturellen Satzeinheiten jedoch differierende Tempi zugrundegelegt, nähern sich die Tempi der verschiedenen Sätze nochmals an.
[104] Ratner, *Classic Music*, S. 68: "These subtleties involved the relationship of meter and expression. Kirnberger .. gives considerable attention to measure and the proper choice of meter for different expressive values".
[105] 6/8- und 12/8-Takt sind demnach beiden Taktarten zuzuordnen.
[106] Bei den als zweisätzig vermuteten Werken ergibt sich folgendes Bild: D 459 und D 968 4/4 - 3/4; D 566 4/4 - 2/4; D 947/951 Alla breve - 2/4.
[107] In folgenden Werken stehen Kopfsätze in einem Dreiertakt: D 537 (6/8), D 557, D 567/568, D 613, D 769A, D 894 (12/8), D 958. Auffällig ist die Häufung in den Jahren 1817/1818.
[108] Ausnahmen sind lediglich die *"Wandererfantasie"*, die zudem die einzige Presto-Anweisung beinhaltet und die Sonate D 566, falls man sie nicht als zweisätzige Sonate rechnen möchte. Neben der ungewöhnlichen Tonart Des-Dur spricht daher wohl auch diese statistische Maßgabe eher gegen eine mögliche Viersätzigkeit.
[109] Feil, *Schuberts Rhythmik*, S. 117.
[110] W.Seidel, *Schnell-Langsam-Schnell*, S. 209.
[111] Ebd.
[112] Vgl. Rosen, *Sonata Forms*, S. 127ff.
[113] Rosen, *Der klassische Stil*, S. 10f.
[114] A.a.O., S. 111.

[115] W.Seidel, *Schnell-Langsam-Schnell*, S. 210: "Der erste Satz ist das Fundament des ganzen Werks. .. Es scheint, als würde er vorsätzlich mit Gedanken und gedanklicher Arbeit überlastet, damit der Hörer danach Weiteres .. erwartet, damit ... seine Empfänglichkeit fürs Ganze wachse".

[116] Rosen, *Der klassische Stil*, S. 109.

[117] Czerny, *Über die Formen*, S. 262.

[118] Diese Wiederholungen befinden sich in den Kopfsätzen. Die Sonate a-moll D 537 nimmt auch in anderer Hinsicht eine Sonderstellung ein. Neben den auffälligen Wiederholungen beider Kopfsatzhauptteile weist dieser eine - wenn auch kurze - Coda auf. Der langsame Satz "steht in der alten Rondoform A-B-A1-C-Ü-A2" (Komma, *Op. posth. 164*, S. 9). Der Finalsatz kann als durchführungslose Sonatenform (a.a.O., S. 14) charakterisiert werden. Thomas Arthur Denny (*The Finale*, S. 14) bezeichnet dies als "sonatina form".

[119] Rosen, *Der klassische Stil*, S. 109: "Wird die Rückkehr zur Tonika überhaupt nicht verzögert, so daß eine symmetrische Lösung, aber keine Durchführung vorhanden ist, so läßt sich diese Form als die Sonatenform des langsamen Satzes bezeichnen".
Ist die tonale Anlage der durchführungslosen Sonatenform auch prinzipiell als zweiteilig anzusehen, so weist die thematische Außengestalt durch die zumeist stärkere Bewegung des B-Teils eine vierteilige Anlage als Erweiterung der dreiteiligen A-B-A-Form zur A-B-A-B-Form aus, die durch Codabildung zur erweiterten dreiteiligen Form A-B-A-B-A werden kann. Diese Form findet sich jedoch erst nach 1823 in den Klavierwerken Schuberts, die hier zur Betrachtung anstehen. Neben der Rondoform als langsamer Satz in D 537 muß auch noch die A-B-C-A-Form in D 157 als Ausnahme von der Regel genannt werden.

[120] W.Seidel, *Schnell-Langsam-Schnell*, S. 209.

[121] In den Fantasien D 1, D 48 und D 760 betont Schubert das Gewicht des Finales durch Fugati.

[122] Die Grenze ist nicht genau bestimmbar, da bereits D 760 und D 784 in diese Richtung weisen.

[123] Ein Sonatensatzfinale findet sich noch in D 812, reine Rondoformen in D 818, D 823, D 850 und D 894, jedoch immer mit anderem Plan. Zu den Finallösungen dieser Zeit vgl. auch Denny, *The Finale*, S. 14ff, 58ff, 85; Godel, *Letzte Sonaten*, S. 191ff und S. 289, Anm. 140.

[124] Ausnahmen von dieser Tendenz sind lediglich die Finali von D 850 und D 959. Alle übrigen Finallösungen in zyklischen Klavierwerken 1823 sind deutlich länger als die zugehörigen Kopfsätze.

[125] Lediglich in drei Fällen ist die zyklische Anordnung so geändert, daß der 'Tanzsatz' an zweiter Stelle steht: D 575 im Autograph, D 899 und D 935. Lediglich zweimal steht - wie in Kapitel III dargestellt - ein Scherzo als alleiniger Mittelsatz: D 570/571 und D 625.

[126] Rosen, *Sonata Forms*, S. 111.

[127] Vgl. a.a.O., S. 112.

[128] Nicht enthalten ist das unvollendete Scherzo der *"Reliquie"* D 840, das ein besonderes Formexperiment darstellt. Unklar bleibt dort die nicht mehr komponierte Rückkehr zur Tonika. Vgl. dazu Truscott, *Schubert's unfinished piano sonata in C*, S. 130ff.

[129] In einigen wenigen Fällen wie D 157 oder D 760 sind auch die Trios umfänglich.

[130] Vgl. Rosen, *Sonata Forms*, S. 16ff, S. 28; Ratner, *Classic Music*, S. 209ff.

[131] Die Fantasien D 760, D 935 und D 940 überlagern die zyklische Struktur mit Elementen der Sonatenform.
Vgl. dazu Godel, *Fantasien*, S. 199ff; Kabisch, *Liszt und Schubert*, S. 23, S. 30ff: Noé, *Der Strukturwandel der zyklischen Sonatenform*, S. 56, S. 52.
[132] Als Kleinformen sind A-B-A-Formen, "small Two-Reprise-Forms" (Ratner) und Variationsformen von Schubert in den Satzzusammenhang eingebunden worden.
Vgl. dazu Dahlhaus, *Die Sonatenform bei Schubert*, S. 126; Denny, *The Finale*, S. 28ff, 48ff; Federhofer, *Terzverwandte Akkorde*, S. 67; Truscott, *Schubert's unfinished piano sonata in C*, S. 135f und v.a. Webster, *Schubert's Sonata Form*, S. 19ff, der zahlreiche Beispiele anführt.
[133] Adorno, *Moment Musicaux*, S.25. Die Metapher der 'Landschaft' ist bei Adorno untrennbar mit dem Bild des Schubertschen 'Wanderers' verbunden: "Der exzentrische Bau jener Landschaft, darin jeder Punkt dem Mittelpunkt gleich nah liegt, offenbart sich dem Wanderer, der sie durchkreist, ohne fortzuschreiten" (ebd.).
[134] A.a.O., S. 23.
[135] A.a.O., S. 26: ".. so ist zumal dort die kreisende Wanderschaft Schuberts Form, wo ihr nicht ein vordergründig zugängliches Zentrum gegeben ward, nein, wo dies Zentrum allein in der Kraft sich kundtut, alles, was erscheint, auf sich hin zu richten".
[136] Günther von Noé (*Der Strukturwandel der zyklischen Sonatenform*, S. 62) verwendet diesen Begriff synonym mit dem der Verschränkung. Im vorliegenden Fall trifft er aber eher das an Petruschka-Puppen erinnernde Ineinander der Formen.
[137] Adorno, *Moment Musicaux*, S. 25.
[138] Ebd.
[139] Vgl. die ausführliche Analyse in Kapitel III unter *Mögliche Attacca-Anschlüsse*.
[140] Das Scherzo enthält keine Wiederholungszeichen, während im Trio der b- und der b'-b-Teil wiederholt wird.
[141] Vgl. dazu die ausführliche Analyse in Kapitel IV. Die Gesamtzahl der Formabschnitte graphisch darzustellen erscheint kaum möglich, zumal auch die Tonartenfolge und die dynamischen Abstufungen kenntlich gemacht werden müßten.
[142] Adorno, *Moment Musicaux*, S. 28.
[143] 'Programm' ist hier im weitesten Sinne als 'ästhetisches' gemeint: "Daß .. eine Kontinuität besteht, ist unbestreitbar, sofern das Werk nicht mißglückt ist; aber sie ist keineswegs ausschließlich thematisch, sondern in gleichem Maße tonal und ästhetisch" (Dahlhaus, *Entwicklung und Abstraktion*, S. 93).
[144] Adorno, *Moment Musicaux*, S. 29.
[145] Kühn, *Zur Themenbildung Franz Schuberts*, S. 503.
[146] Hellmut Federhofer (*Terzverwandte Akkorde*, S. 67) vernachlässigt diesen Aspekt, wenn er annimmt, daß diese Themenerweiterungen entfallen könnten, "ohne jedoch den Formverlauf zu gefährden".
[147] Költzsch, *Klaviersonaten*, S. 104.
[148] Ebd.
[149] Ratner, *Classic Music*, S. 216f: "..but the three-part melodic layout in classic forms rest upon a two-part harmonic-rhythmic structure; the interaction between these two levels of structure provides both firmness and vitality".

[150] Dahlhaus, *Entwicklung und Abstraktion*, S. 93.
[151] Eine dreiteilige Anlage nimmt erstmals Heinrich Birnbach 1827 an. Im Wiener Kontext scheint aber zumindest bis 1832 der "grande coupe binaire" alleine maßgebend gewesen zu sein, wie seine ausschließliche Rezeption durch Czerny vermuten läßt.
Vgl. dazu Cahn, *Carl Czernys erste Beschreibung der Sonatenform (1832)*, S. 277.
[152] Gülke, *Zum Bilde des späten Schubert*, S. 158.
[153] Költzsch, *Klaviersonaten*, S. 76.
[154] Ebd.
[155] Die wichtigsten Änderungen nicht nur des Reprisenbeginns finden sich tabellarisch bei Coren, *Ambiguity in Schubert's Recapitulations*, S. 569f.
[156] Die Durchführungen der Sonaten D 279, D 459 und D 575 haben zudem kurze Durchführungen. In D 459 I erscheint der Reprisenbeginn in T.80 wie eine Fortsetzung der Durchführungssequenzen.
[157] Truscott, *Schubert's unfinished piano Sonata in C*, S. 124: "... that development and recapitulation are merged". Für Coren (a.a.O., S. 570) beginnt sie im F-Dur der Takte 169ff, für Hinrichsen, (*Spätwerk*, S. 36) im Fis-Dur der Takte 151ff.
[158] A.a.O., S.19.
[159] Eine kurze Analyse findet sich bei Riezler, *Schuberts Instrumentalmusik*, S. 170f.
[160] Vgl. dazu die ausführliche Analyse in Kapitel II unter *Tonale Verschränkung*.
[161] Im Gegensatz dazu schlägt Alfred Brendel (*Nachdenken über Musik*, S. 92) vor, die Expositionswiederholungen in Schuberts Kopfsätzen bis auf D 850 (eingeschränkt auch D 784, 845 u. 958) auszulassen.
[162] Beide Zitate dieses Satzes entstammen Godel, *Letzte Sonaten*, S. 149.
[163] A.a.O., S. 144.
[164] Es bleibt anzumerken, daß in der Sonatentrias D 958-960 die Entwürfe zu D 959 und D 960 jeweils die Exposition und die Durchführung, die Skizze zu D 958 jedoch nur die Exposition umfassen. In diesem Fall scheint also der 'zweite Teil' in einem Arbeitsgang ausgeführt worden zu sein.
Vgl. a.a.O., S. 37 und Hilmar, *Faksimile D 958-960*, Begleitheft, S. 24ff.
[165] Dürr, *Wer vermag*, S. 18ff. Walther Dürr sieht (a.a.O., S. 24) auch eine Verbindungslinie zum Impromptu D 935/1: "Nun ist das erste Impromptu noch deutlicher nur zweiteilig als die a-moll-Sonate; von einem eigenen Durchführungsteil kann überhaupt keine Rede mehr sein ..".
[166] Daß neben den Sonatensätzen mit Transpositionreprisen auch die frühen Sonatensätze mit Tonikareprise prinzipiell zweiteilig gedacht sind, zeigen die Wiederholungszeichen für den Durchführung-Reprisen-Komplex in D 537 und D 664.
Das von Dürr (a.a.O., S.20) in D 845 bemerkte Verfahren, in dem "die ganze Durchführung .. an die Stelle des Hauptthemas" tritt, hat Schubert in einfacherer Form bereits in D 459 angewandt. Dort baut die gesamte Durchführung auf dem Kopfthema auf. Der Subdominantbeginn der Reprise läßt dann die ersten 8 Takte der Exposition aus, so daß der Beginn der Reprise in die Sequenzen der Durchführung rückdatiert werden muß.
[167] Vgl. Dahlhaus, *Zur Theorie der Sonatenexposition*, S. 511ff.

[168] Der Begriff ist von Felix Salzer (*Die Sonatenform bei Franz Schubert*, S. 86ff) geprägt worden. Obwohl er gegenüber der dualen Theorie eine Erweiterung darstellt, ist die Fixierung auf drei Tonarten zu knapp bemessen, da zumeist unklar bleibt, nach welchen Kriterien eine Tonart bei Schubert als etabliert oder lediglich transitorisch zu betrachten ist. Angesichts der bei Schubert oft kaleidoskopartigen Modulationswege wäre es günstiger, von 'Mehrtonarten-Expositionen' zu sprechen. So ist die Exposition des Kopfsatzes der H-Dur-Sonate D 575 eher eine Vier- als eine Dreitonartenexposition. Vgl. Kapitel III unter *Die Sonatenhauptsatzfragmente*.

[169] Zur Bedeutung der Monothematik als Gestaltungsprinzip bei Schubert vgl. Dahlhaus, *Formprobleme in Schuberts frühen Streichquartetten*, S. 191ff; Dürr, *Wer vermag*, S. 19ff; Godel, *Letzte Sonaten*, S. 241.

[170] Ritzel, *Sonatenform*, S. 178.

[171] Dahlhaus, *Zur Theorie der Sonatenexposition*, S. 512.

[172] Kinderman, *Der thematische Kontrast*, S. 163.

[173] A.a.O., S. 157.

[174] Dahlhaus, *Beethoven*, S. 248: "Das 'Subthematische' kann einerseits als Sonderform des 'Thematischen' aufgefaßt werden - sofern man unter einem Thema die Substanz oder den Gegenstand der 'Abhandlung' versteht, als die sich die Instrumentalmusik großen Stils bei Haydn und Beethoven präsentiert -, unterscheidet sich jedoch andererseits vom 'Thematischen' im umgangssprachlichen Sinne des Terminus durch Merkmale, die man .. mit Schlagworten wie Abstraktheit und Latenz sowie der Metapher der Form als Netzwerk umschreiben kann".

[175] Für das oben behandelte Beispiel der Sonate A-Dur D 959 vgl. Chusid, *Cyclisism in D 959*, S. 38ff.

[176] Eine Diskussion des Verhältnisses von Diskurs und Assoziation in Schuberts Sonatenformen erfolgt in Kapitel IV.

[177] Kabisch, *Liszt und Schubert*, S. 23.

II. Der "Weg zur großen Sinfonie"

Betrachtungen zu einem Gemälde Moritz von Schwinds

Am 31. März 1824 schreibt Schubert in seinem bekannten Brief an Leopold Kupelwieser nach Rom: *"In Liedern habe ich wenig Neues gemacht, dagegen versuchte ich mich in mehreren Instrumental-Sachen, denn ich componierte 2 Quartetten für Violinen, Viola u. Violoncelle u. ein Oktet, u. will noch ein Quartetto schreiben, überhaupt will ich mir auf diese Art den Weg zur großen Sinfonie bahnen".*[1] Wohl zu Recht kann in diesen Worten das Arbeitsprogramm Schuberts für die nächste Zeit gesehen werden. Obwohl nicht ausdrücklich erwähnt, "dürfen wir seine Klaviersonaten, in denen schon so oft die Fülle des reichbesetzten Orchesters herausklingt, als Sprungbrett"[2] zur *großen Sinfonie* den von Schubert in dem Brief aufgezählten Instrumentalgattungen hinzufügen.

Besondere Bedeutung erhält Schuberts Aussage durch die Tatsache, daß die Betonung des zitierten Satzes nicht etwa auf der *großen Sinfonie* sondern eher auf *auf diese Art* zu liegen kommen muß, da Schuberts Bemühungen der Jahre 1821/1822 um die *große Sinfonie* den Mitgliedern des Schubertkreises bekannt gewesen sein dürfte. Es läßt sich sogar annehmen, daß diese Bemühungen offen im Freundeskreis diskutiert wurden, da in diesem nicht allein literarisch-ästhetische, sondern auch kleinste musikalisch-technische Fragen erörtert wurden. Dokumentiert ist eine solche Detaildiskussion für die Entstehung der Musik zum Schauspiel *Rosamunde* D 797, deren Zwischenaktmusik in h-moll als mögliches Finale zur *"Unvollendeten"* vermutet worden ist und somit auch im Zusammenhang einer Sinfoniediskussion betrachtet worden sein könnte.[3]

Am 22. Dezember 1823 schreibt Moritz von Schwind anläßlich der Uraufführung der Rosamunde-Musik an Franz von Schober: *"Du kannst Dir denken, wie ich die Baße und die Instrumentierung verfolgte. Ich weiß, daß Du dafür geforchten hast"*[4]. Auch sonst scheinen die Zusammenkünfte der Freunde nicht in einer kitschigen Biedermeiergemütlichkeit stattgefunden zu haben. Am 6. Februar 1827 schreibt Franz von Hartmann in sein Tagebuch:

"Wir gingen zu Spaun, wo wir mit Gahy zum Frühstück eingeladen waren. ..dann spielte Gahy 2 herrliche Sonaten von Schubert. Nach der Iten Sonate kamen auch Enderes und Schober dazu. Schober bezeigte sein Mißfallen über die Sonaten und disputierte fast mit Spaun"[5].

Falls es sich bei der von Schober kritisierten Sonate - er hörte an diesem Tag nur die zweite - um die Josef von Spaun gewidmete Sonate G-Dur D 894 handelte,[6] könnte Schobers Einwand der Kritik geähnelt haben, die sich auch in den zeitgenössischen Rezensionen dieses Werks findet: *"Hr. Schubert hält sein Thema sehr fest und verarbeitet es mit vieler Konsequenz; er opfert aber nicht selten die Mannigfaltigkeit auf"*[7] und: *"Ein Beweis, daß dem Ganzen e i n e Benennung zukommt, daß dieses Ganze e i n e n Charakter hat, nämlich den einer heiteren, idyllischen Ruhe, .. so entspringen eben aus diesem Gefühle alle Mängel dieses Stücks, .. eine gewisse Monotonie, die nahe an Schläfrigkeit gränzt"*[8].

Diese Einwände betreffen in ihren ästhetischen und kompositorischen Konsequenzen die beiden letzten, bislang noch nicht behandelten Aspekte der Marxschen Zyklustheorie: "Inhalt und Einheit"[9]. Da Schober in dem Freundeskreis mit seinem Mißfallen offenkundig alleine stand, könnte in der sich in der G-Dur-Sonate D 894 betonten *Einheit der Erfindung*, die gleichzeitig auch die inhaltliche Kongruenz der Sonate vermuten läßt, die musikalisch-ästhetische Meinung des Schubertkreises bezüglich der Komposition von in Sonatenform geschriebenen Werken vermutet werden.

Von 1849 bis 1852 beschäftigte sich Moritz von Schwind mit der Skizzierung und Ausführung seines Gemäldes *Die Symphonie* . Wie viele andere Arbeiten Schwinds, die erst später zur Ausführung kamen, scheint auch dieses Gemälde auf einen Plan aus seiner Wiener Zeit, in der er von 1821 bis kurz vor Schuberts Tod zu dessen engstem Freundeskreis gehörte,[10] zurückzugehen, denn er schreibt im August 1849 anläßlich der ersten Skizzen: *"In jetziger Zeit .. ist es sehr angenehm, sich in Ideen früherer hoffnungsvoller Tage zu versetzen und, indem man frühere Ideen neu aufnimmt und zur Vollendung bringt, die schönere Zeit wieder lebt"*[11].

Schwinds Detailverständnis musikalisch-technischer Problemstellungen ist bereits anläßlich der Rosamunde-Musik offenkundig geworden. In seiner berühmten Sepia-Zeichnung *Ein Schubert-Abend bei Josef Ritter von Spaun* von 1865 hat er zudem die Atmosphäre der Schubertiaden festgehalten und zugleich stilisiert.[12] In seinem Gemälde *Die Symphonie* einen späten Niederschlag der kunsttheoretischen Diskussionen des Wiener Freundes-

Moritz von Schwind, Die Symphonie
Bayrische Staatsgemäldesammlungen, Neue Pinakothek

kreises zu vermuten, scheint daher durchaus naheliegend, zumal sich thematische Parallelismen zwischen den Werken und Auffassungen Schwinds und Schuberts bereits in der Wiener Zeit aufzeigen lassen.

Die sowohl im Seelischen wie im Körperlichen feststellbare Krise Schuberts zwischen 1821 und 1824,[13] deren Niederschlag neben den schriftlichen Selbstäußerungen Schuberts immer wieder auch in den Werken dieser Jahre gesucht wird,[14] findet bei Schwind zeitgleiche Anklänge in einer Serie von 66 Zeichnungen des Titels *Gräber und Todesgedanken*, die in ihrer Thematik in Schwinds Oeuvre ohne Nachfolge geblieben sind.[15] Zur Bewertung des Einflusses, den Schuberts Krankheit auf sein Schaffen hatte, sollte denn auch zusätzlich berücksichtigt werden, daß die grundsätzliche Empfänglichkeit für 'Leid und Schmerz' auf die Künstlerauffassung Wilhelm Heinrich Wackenroders verweist, der das 'Leiden' des Kunstschaffenden als Voraussetzung für den 'Genuß' des Kunstrezipienten sieht.[16] In der Annahme, daß der Künstler seine Kunst für einen kleinen Kreis Gleichgesinnter schafft,[17] stiftet Wackenroder zudem auch die ästhetisch-psychologische Grundlage des Wiener Freundeskreises.

Im durch die politischen Gegebenheiten provozierten 'Rückzug ins Private' der intellektuellen Elite,[18] als die der Schubertkreis betrachtet werden kann, verschwimmt die Grenze zwischen Leben und Werk: "*'Mein Traum ist wirklich'* schrieb er (Schwind, Anm. des Verf.) 1824 einmal an Franz von Schober, und er meinte mit diesen Worten die soeben beschriebenen Gefilde seiner Phantasie, mit deren wundersamen Vorgängen er sich vollkommen identifizierte"[19].

Das ikonologische Programm seines Gemäldes *Die Symphonie* hat Schwind in einem Brief an den Musiker Bernhard Schädel selbst offengelegt. Im größten, unteren Einzelbild ist die "Probe eines der anmutigsten Werke Beethovens *Phantasie für Klavier, Orchester und Chor*, dem einzigen, das in dieser Weise instrumentiert und dadurch im Bilde zu erkennen ist"[20], dargestellt. "Among the chorus on the left-hand side is a group consisting of Schubert, Schober and Vogl: Franz Lachner conducts, and Schwind himself turns the pages of the pianist's album."[21] In dieses Szenario, das an die gemeinsamen Konzertbesuche der Freunde in Wien erinnern mag, verlegt Schwind eine Liebesgeschichte aus der Entstehungszeit des Bildes, "den Liebesroman der damals in München lebenden Sängerin Karoline Hetzenecker"[22]. Nach Schwinds eigener Darlegung liest sich diese Anekdote in seinem Gemälde so: *"Die Sängerin eines kleinen*

Solos erweckt bei dieser Gelegenheit die Aufmerksamkeit eines jungen Mannes. Dieses Paares harmlose Liebesgeschichte entwickelt sich in weiteren drei Bildern, die im Charakter mit den weiteren drei Stücken eines Quartetto - Andante, Scherzo, Allegro - Schritt halten; ein Begegnen ohne Annäherung - der Mutwille eines Balls, auf dem man seine Gefühle laut werden läßt, und ein heiterer Moment der Hochzeitsreise, als man das Schlößchen des beglückten Gatten zuerst erblickt."[23]

Diese vier Sätze folgen dem Rhythmus des Wechsels von Stadt-Natur-Stadt-Natur als Orten der Begegnung, der in gewisser Weise das Lebensgefühl des Wiener Freundeskreises nach 1824 widerspiegelt.[24] Die als solche wahrgenommene Natur wird zum Sehnsuchtsraum des Stadtmenschen,[25] ihre Darstellung zum symphonischen Thema der Künste: *"Im Einklang mit dem Chor des Beethovischen Musikstücks, der ein Lobgesang auf die Freuden des Naturgenusses ist, sind in der Umfassung dieser Bilder Wald und Luft - letztere durch die vier Winde vorgestellt, sowie in den verbindenden Arabesken die Tageszeiten, die Erfrischung des Reisens, der Heilquelle etc. angebracht"*[26].

Für die hier behandelte Problematik enthält das Gemälde mehrere Aspekte. Es bestätigt zuallererst die zyklische Bezogenheit der Sätze im Sinne eines Handlungsgefüges, das von einem komplexen ersten Satz initiiert wird. Nicht zufällig will es scheinen, daß der dritte Satz - Scherzo - die Farbigkeit und Bewegtheit des ersten Satzes in verkleinerten Dimensionen wiederaufnimmt, während der zweite und vierte Satz in ihrer naturhaften Stimmung zusammenklingen.[27] Ferner zeigt die 'Satztechnik' des Gemäldes, wie die durch den Stadt-Land-Antagonismus divergierenden Tendenzen der Einzelsätze durch die sie einhüllende Umrandung aus feingliedrig-klassizistischen Architekturelementen und "Arabesken"[28] zusammengebunden werden. Die Thematik dieser Einfassung - Natur - leitet sich wiederum aus dem Charakter des im Eröffnungsbildes, das den Kopfsatz des Quartetto bildet, erklingenden Musikstücks ab. Das novellistisch nach beiden Seiten offene Handlungsgefüge der vier Sätze tritt dadurch hinter der - klanglich - vereinheitlichten Aura des Gesamtwerks zurück. Das in den Bildtafeln verwirklichte 'Programm' des Gemäldes erscheint so eingebettet in eine allegorisch verallgemeinerte und damit aus der im 'Programm' dargestellten Lebenswelt losgelösten 'Programmatik'.

Die Zentrierung sowohl des programmatischen Handlungsgefüges als auch der Allegorien bis hinein in die Farbgebung des Werks um eine begrifflich faßbare Charakteristik - Natur - entspricht nun genau dem in der für die Sinfonie maßgeblichen *Ästhetik der Erhabenheit* z.B. von Ignaz Jeitteles in seinem 1839 in Wien veröffentlichten "Aesthetischen Lexikon" Geforderten:[29] *"Immer bleibt der wesentliche Charakter, die Natur mag als Größe des Raums oder der Kraft erscheinen, der Geist durch Weisheit oder Seelenadel sich offenbaren, das Unermeßliche, Unendliche, und eben deshalb erfordert die Darstellung desselben in der Kunst hohe Einfachheit. .. Die Erweiterung durch Nebenbegriffe .. ist unnatürlich, indem sie alle gleichsam im dunkelsten Schatten zurückweichen müssen. Die Zergliederung des Hauptbegriffs würde durch ihre Langsamkeit die Bewunderung schwächen, indem sie das Erhabne nur nach und nach empfinden ließe".*[30]

Die von Ignaz Jeitteles aufgezeigten Konsequenzen für die musikalische Gestaltung der Erhabenheit weisen eine fast verblüffende Ähnlichkeit mit den Werken Schuberts auf, die mit dessen "Weg zur großen Sinfonie" verbunden sind: *"In der Tonkunst..., wo das Erhabne auf einer ganz einfachen, unverzierten Melodie, auf großen Tonmaßen beruht, welche sich kühn und fest in mäßiger, ernster Bewegung ausbreiten, auf kräftiger, etwas düsterer Harmonie, die zuweilen in scharfen Dissonanzen grell hervortritt, auf markigen, stark markirten Vortrag, der alles Kleinliche verwirft und keck und grandios die Schöpfung des Tondichters heraushebt."*[31]

Nicht zufällig erscheint auch bei Jeitteiles das Sujet eines "Lobgesangs auf die Freuden des Naturgenusses", das Moritz von Schwind für die Gestaltung seines Sinfonie-Gemäldes wählte. Wenngleich die 'Arabesken' der Einfassung in allegorisierender Formung vorliegen, zeigt die Behandlung des Landschaftsthemas im zweiten und vierten Satz bei Schwind die für die Biedermeierzeit typische Abkehr von den "heroisch komponierten südlichen Landschaften mit antikisierender Staffage im Sinne von Claude Lorrain und Poussin. Das Naheliegende wird darstellenswert, die eigene Umgebung in Stadt und Land."[32] Deutlich wird daran die Abkehr vom klassischen Ideal des Kunstschönen und ein neuer Hang zum Naturschönen, wie er sich auch in der Musikästhetik der Frühromantik wiederfindet. War noch die dem "Dynamisch-Erhabnen der Natur"[33] verwandte "transitorische Macht der Töne"[34] für Kant die Ursache der fehlenden "Möglichkeit zur 'Intellektuierung', zur Verbindung mit moralischen Zwecken, einem Merkmal des Kunstschönen"[35], die der Musik im Konzert der schönen Künste einen unteren Platz zuweist, so wird eben diese transitorische Eigenart der Musik bei Herder zur zentralen Kategorie gerade der Kunstfähigkeit der Musik aufgewertet.[36]

Die Verbindungslinie von der Betrachtung des Naturschönen hin zu der Sinfonieästhetik wird hier durch die beiden gemeinsame Kategorie des *Erhabenen* gebildet, die von der Odentheorie ausgehend seit J.A.P. Schulz die Sinfonieästhetik bestimmte.[37] Herder wiederum betont - ähnlich wie Ignaz Jeitteles - die naturhaft-elementarischen Ursprünge des Musikalisch-Erhabenen: "Welche Musik Herder im Sinne hatte, .. ist so eindeutig nicht auszumachen. Einstimmige Musik wohl weithin, Lieder, Nationallieder, dann Chöre, Chorfugen vielleicht.."[38].

Diese Kennzeichnung des Musikalisch-Erhabenen rechtfertigt nun auch die gattungsmäßig nicht begründbare Einfügung der Chorfantasie Beethovens in ein *Die Symphonie* betiteltes Gemälde. Zwar handelt es sich bei der Chorfantasie nicht um eine Sinfonie, sondern um eine Hybridform aus Klaviersolo, Klavierkonzert und Chorkantate, doch gaben die eigentümliche Besetzung dieses Werks wie auch die musikalische und die inhaltliche Thematik Moritz von Schwind Assoziationsmöglichkeiten in die Hand, die die Verwendung dieses im engeren Sinne nicht-sinfonischen Werkes anstelle der thematisch und gattungsbezogen naheliegenderen *Pastoral-Sinfonie* Beethovens erklären.

Die untere Bildtafel in Schwinds Gemälde weist lediglich an der Aufführung beteiligte Personen auf. Der Chor ersetzt die Zuhörer, oder genauer: Die anfängliche Zuhörerschaft - die Personen im Vordergrund beobachten, lauschen der Musik oder unterhalten sich leise - wird sich in den Chor verwandeln, denn ein Chor ist hinter dem Orchester nicht auszumachen und die Personen im Vordergrund halten Noten in den Händen.

Mitgestaltet ist von Schwind somit die gattungssteigernde Dramaturgie der Chorfantasie: Zu der anfänglichen Klavierfantasie[39] tritt das Orchester hinzu. Nach der Steigerung zu symphonischer Erhabenheit - charakteristisch ist hier die Naturhorn-Idiomatik des Werks wie auch die Klangmacht des Tutti - stimmt eine Sängerin mit der einfach-erhabenen Melodie auf den die im Orchester vorbereitete Naturstimmung zu einem Lobpreis auf die Kunst steigernden Text Christoph Gruffners in das bislang instrumentale Musizieren ein (Die Sängerin steht blau gekleidet in der linken Gruppe):

Schmeichelnd hold und lieblich klingen
unsers Lebens Harmonien
und im Schönheitssinn entschwingen
Blumen sich die ewig blühn
Fried und Freude gleiten freundlich
wie der Wellen Wechselspiel;
was sich drängte rauh und feindlich
ordnet sich zu Hochgefühl

Wenn der Töne Zauber walten
und des Wortes Weihe spricht
muß sich Herrliches gestalten,
Nacht und Stürme werden Licht...

Dieser Augenblick ist von Schwind festgehalten, der spätere Einsatz der gesamten Zuhörerschaft in den *prima vista* gesungen zu denkenden, einfachen Chorsatz ist als nächster Schritt hinzuzudenken.

Entsprechend der weihevoll-emphatischen Stimmung des Textes ist die Bildtafel ikonographisch als *Parnaß* gestaltet. Anstelle der Bekrönung des Musenbergs mit einer Darstellung des Apoll ist eine bekränzte Büste Beethovens aufgestellt.

Aus der musikalisch durch Raumweitung - Klavier, Orchester, der ganze Saal - erreichten symphonischen Emphase der Aufführung entwickelt Schwind das Gemälde über die untere Bildtafel hinaus in zwei Richtungen weiter. Zum einen wird das musikalische Erlebnis zum Ausgangspunkt für die in den folgenden Bildtafeln analog der Satzstruktur einer Sinfonie entwickelten Liebesgeschichte: das Nachwirken der Kunst in die Lebenswelt erhält so eine bildhafte Gestaltung. Zum zweiten erfährt die Chorfantasie eine weitere inhaltliche Ausdeutung: War in der Gestaltung der Aufführung als Parnaß die Kunstausübung in die religiöse Sphäre erhoben worden, so ist es in den allegorischen Darstellungen wie auch in der formalen Gestaltung des Gemäldes in der Tradition eines Altarbildes die Natur.[40]

Im Zusammenhang mit der Bedeutung, die Literatur und Ästhetik im Wiener Freundeskreis zukam - fast ließe sich von einem Primat des Literarisch-Ästhetischen sprechen - kann es daher kaum verwundern, daß sowohl Schuberts erste Erfüllung auf dem "Weg zur großen Sinfonie", die große C-Dur-Sinfonie D 944, die die Entstehung dieser Sinfonie vorbereitenden Kammermusikwerke wie auch die Skizzen zu einer neuen Sinfonie den Ursprung der sinfonischen Ästhetik der Erhabenheit im

Naturhaften suchend diesen auch in einer naturhaft-volkstümlichen Musiksprache zur Ausprägung bringen, unterstützt durch die Reisen Schuberts nach Ungarn (1824) und Oberösterreich (1825): Ein Dreiklang von literarischer Ästhetik, Werk und Leben, wie er auch im Gemälde Schwinds thematisiert ist und der sich auch in einem anderen großen Thema der Frühromantik, der Nacht- und Todessehnsucht aufzeigen läßt.[41]

Für Schuberts aus den Skizzen D 936A ablesbaren Plan einer "*Sinfonischen Phantasie*"[42] ist Schwinds Gemälde zugleich die späte Erfüllung eines Vermächtnisses. Am Scheideweg steht auch hier eine Klaviersonate, zugleich Nachklang der Werkgruppe 1825 und Vorwegnahme der Fantasieexperimente des Todesjahrs: Die Sonate G-Dur D 894, im April 1827 veröffentlicht als *Fantasie, Andante, Menuetto und Allegretto.*

Schuberts Klaviersatz: Zwischen Streichquartett- und Orchestersatz

Autonomie des Klaviersatzes ?

Zwanzig Jahre vor Schubert schreibt Wilhelm Heinrich Wackenroder: "... *der höchste Sieg, der schönste Preis der Instrumente sind die Symphonien. Die einzelnen Sonaten, die künstlichen Trios und Quartetts sind gleichsam die Schulübungen zu dieser Vollendung der Kunst*"[43]. Diese Vorwegnahme des Schubertsatzes vom gattungsübergreifenden Weg zur großen Sinfonie durch Wackenroder deutet an, daß es sich bei diesem Zitat um einen kompositorischen Allgemeinplatz handeln könnte, dessen praktische Bedeutung Schubert um 1824 lediglich erneut ins Bewußtsein gekommen sein mag. Es sollte daher untersucht werden, inwieweit eine Autonomie der jeweiligen instrumentalen Satztechniken - denn diese werden bei einer in etwa identischen formalen Anlage zuallererst von dem die Sonatengattungen übergreifenden Arbeitskonzept betroffen - vor 1824 in Schuberts Werken ausgeprägt und nach 1824 zugunsten einer vereinheitlichenden orchestralen Satztechnik eingeschränkt wurde.

Sonatenformanalysen bestehen zumeist aus versprachlichten Diagrammen für das sich im Zeitverlauf gestaltende horizontale Geschehen, einerlei, ob das Schwergewicht auf tonale, rhythmische oder diastematische Vorgänge gelegt wird. Diese Verlaufsskizzen lassen zumeist nicht mehr erkennen, welcher der Instrumentalsonatengattungen das analysierte Werk zugehört. Demgegenüber lassen sich jedoch auch Analysen erstellen, die einen Satz oder ein ganzes Werk als Folge der vertikalen Gegebenheiten erklären. So analysiert z.B. Rudolf Frisius den Kopfsatz der G-Dur-Sonate D 894 als Entwicklung des "eigentümlich ausgesetzten Dreiklangs" am Beginn des Satzes.[44] Im Mittelpunkt solcher Analysen steht dann das sich aus dem gleichzeitigen - oder auch leicht verschobenen - Erklingen verschiedener Töne in der Vertikalen ergebende Spannungsgefüge, das mit seinen Konsequenzen für den weiteren zeitlichen Ablauf die musikalische Raumvorstellung im Sinne eines Nachvollzugs der "perspektivischen Gestaltung von Klangräumen"[45] prägt.[46]

Im Gegensatz zur Vergleichbarkeit des horizontalen Ablaufs ergeben sich hier deutliche Unterschiede zwischen den Instrumentalgattungen, die auf die unterschiedlichen satztechnischen Möglichkeiten, resultierend aus der Eigenart der Instrumente als auch ihrer manuellen Bedienung, zurückzuführen sind. Bezogen auf die drei zentralen und innovativen Gattungen der klassischen Instrumentalmusik sind dies im Streichquartettsatz die latente Polyphonie der vier Saiteninstrumente, im Klaviersatz die Beschränkung auf die Griffweite zweier wiederum voneinander unabhängiger Hände und im Orchestersatz die unterschiedlichen Klangfarben der Instrumentengruppen.

Obwohl diese genaue Unterscheidung der Ausgangsvoraussetzungen das Gegenteil erwarten ließe, ist eine Definition der instrumentalen Satztechnik des Klaviers offenkundig nicht nur bei Schubert mit Schwierigkeiten behaftet, wie sich auch kaum idealtypische Lösungen des Problems aufzeigen lassen.[47] Dies hat einen Grund in der für den modernen Hörer kaum noch verständlichen, wenngleich bekannten Tatsache, daß Musikstücke zur Schubertzeit gerade im kammermusikalischen Bereich durchaus mit dem jeweilig verfügbaren Instrumentarium ausgeführt wurden,[48] wobei dem Klavier seit dem 18. Jahrhundert eine zentrale Bedeutung zukam.[49]

Umgekehrt muß vermutet werden, daß Komponisten, um den grassierenden Fremdbearbeitungen vorzugreifen,[50] ihre Werke bereits in der Entstehung auf verschiedene Besetzungsmöglichkeiten anlegten, wie Schuberts Lieder zumeist auch mit einer zusätzlichen Gitarrenbegleitung erschienen.[51] Kaum ein moderner Hörer hört z.B. in Beethovens Klaviersonate E-Dur op. 14/1 das Streichquartett, als das Beethoven selbst es ohne große Änderungen bearbeitete. Neben der Transposition nach F-Dur sind diese Eingriffe im wesentlichen der Ersatz der pianistischen Akkordbrechungen durch Streichertremoli in der Durchführung des ersten Satzes, der Ersatz solcher Figuren im dritten Satz und die stärkere Berücksichtigung der polyphonen Möglichkeiten des Streichquartettsatzes in allen drei Sätzen.[52] In seiner Bemerkung *"das macht mir nicht so leicht ein anderer nach"*[53] verschweigt Beethoven die besondere Disposition dieser Sonate zur Streichquartett-bearbeitung. Seine Bemerkung *"worum man mich so sehr bat"*[54] deutet aber an, daß sie von seinen zeitgenössischen Hörern durchaus bemerkt worden ist.[55]

Ein weiterer Aspekt, der das Ineinander der Satztechniken erklärbar macht, ist Schuberts Arbeitsweise.[56] Bis auf die fragmentarische E-Dur-Sinfonie D 729 hat Schubert seine Sinfonien in einem Klaviersystem skizziert. Bei seiner teilweise rudimentär zu nennenden Skizziertechnik erscheint es einsichtig, daß bis zu einem bestimmten Punkt der Ausarbeitung sowohl eine Orchester- als auch eine Klavierfassung im Bereich des noch zu Entscheidenden liegt - ein Gesichtspunkt, der die Diskussion um die bereits von Robert Schumann gesehene Orchestralität des *"Grand Duo"* aus eben dem Jahr des Zitats vom "Weg zur großen Sinfonie" entschärfen kann. So gehen Bearbeitungen von Klavierwerken Schuberts für Orchester zu diesem Punkt der Ausarbeitung zurück und beginnen von dort die Arbeit des Komponisten neu,[57] wie Schubert dies im Fall einiger Ouvertüren selbst getan hat: "Hält man die Orchesterpartituren und die daraus hervorgegangenen Bearbeitungen nebeneinander, ist unschwer zu bemerken, wie Schubert in seinen Klavierbearbeitungen unnötige Oktavverdoppelungen und die für das Klavier überflüssigen Füllstimmen verschwinden läßt. Der komplizierte Orchestersatz wird vereinfacht und spieltechnisch dem Instrument angepaßt. Dichte Akkordtremoli verwandeln sich in Albertibässe, massive Akkorde werden in alternative Tonfolgen aufgelöst und Haltetöne des Orchesters werden in Repetitionen umgewandelt. Dennoch ist der Komponist stets darauf bedacht, sich vom Klang des Orchesters nicht allzu weit zu entfernen"[58]. Diese Klavierbearbeitungen Schuberts datieren fast vollständig aus den Jahren 1817-1823,[59] also deutlich vor dem 1824 angekündigten "Weg zur großen Sinfonie".

Sind auf diese Weise der Klavier- und der Orchestersatz Schuberts lediglich mit fließenden Grenzen trennbar, so hat Martin Chusid für die frühe Streicherkammermusik, Christoph Wolff für das Streichquartett d-moll

D 810 von 1824 eine Verbindung von Streichquartett- und Orchestersatz aufgezeigt.[60] Alfred Brendel sieht wiederum in den Klaviersonaten D 958-960 "latente Streichquintette"[61].

Es scheint daher die Annahme sinnvoll, alle instrumentalen Sonatengattungen satztechnisch miteinander verbunden zu sehen, sinfonischen Vorstellungen jedoch einen Vorrang einzuräumen mit der Feststellung, daß eben diese Vorstellungen Schuberts zwischen der 6. Sinfonie und der *"Unvollendeten"* einem tiefgreifenden Wandel unterworfen waren, entsprechend dem Hang zur Monumentalität, wie er für die Zeit charakteristisch war und wie er sich in der Musik in einer Weitung des Raumes in horizontaler und vertikaler Richtung äußert.[62]

Der ästhetische Anspruch, der in der Sinfonie mit der Ästhetik der Erhabenheit verbunden ist und der bei Schubert die 'große' Sinfonie aus dem kammermusikalischen Bereich des Elternhauses und des Konvikts, in dem die frühen Sinfonien entstanden,[63] löst, wird nun mit der gehobenen Instrumentalmusik allgemein und damit mit den Instrumentalsonatengattungen verknüpft.[64] Mit Werken wie Beethovens *Hammerklaviersonate* op. 106, der *"Wanderer-Fantasie"* Schuberts wie mit dessen nachfolgenden Sonaten scheint daher auch die in der Klavierschule Daniel Gottlob Türks 1789 ausgeführte Forderung nach *"ganz eigentlich für das Klavier geschriebenen Sinfonien"*[65] eingelöst.

Vom Streichquartett- zum Klaviersatz

Frühe Sonaten 1813-1817

Die Nähe der frühen Klaviermusik Schuberts zu seiner frühen Streicherkammermusik zeigt sich neben der nachträglichen Umarbeitung des C-Dur-Klavierstücks zum Streichquartett-Andante D 29 und den thematischen Entsprechungen zwischen dem Streichquartett C-Dur D 46 und der Fantasie c-moll D 48 vor allem in der latenten Vierstimmigkeit vieler Klaviersonatensätze dieser Zeit.[66] Viele sind zumeist ohne Mühe - dem Beispiel von Beethovens Opus 14/1 entsprechend - in Quartettstimmen übertragbar oder sogar, die Notierung der Viola-Stimme ausgenommen, direkt aus dem Klaviersystem abspielbar.

Wesentlich erscheint hier, daß diese latente Vierstimmigkeit nicht nur auf langsame Sätze beschränkt ist, wo sie durch die verinnerlichende Funktion dieses Satzes im dramaturgischen Konzept des Satzzyklus häufig anzutreffen ist, sondern sich auch der Kopfsätze bemächtigt. Besonders konsequent sind in dieser Hinsicht die Sonaten in E aus den Jahren 1815 (E-Dur, D 157), 1816 (E-Dur, D 459) und 1817 (e-moll, D 566).[67] In den Kopfsätzen dieser Sonaten sind nicht nur kaum pianistische Spielfiguren anzutreffen - die wenigen Albertibässe sind auch von Streichinstrumenten ausführbar - sondern die Möglichkeit zur unterschiedlichen Gruppierung der Instrumente im Streichquartett scheint darüberhinaus geradezu essentiell die musikalische Erfindung zu bestimmen.

Am Beginn der Sonate E-Dur D 157 lösen sich aus dem Tuttiklang einzelne Stimmen, die alternierend gedacht werden können, nach oben, um vom Höhepunkt aus in Oktavparallelen wieder zum Tuttiklang zurückzuführen. Lediglich die Grundtonart behindert diese Vorstellung, da die erste Triolengruppe in der rechten Hand nicht mehr im Umfang der zweiten Violine läge, die Viola aber mit an der Aufrechterhaltung des Quintoktavklanges beteiligt wäre.

D 157 I, T. 1ff

D 459 I, T. 1ff

Am Beginn von D 459 ist das polyphone Gewebe eines Streichquartettsatzes besonders deutlich ausgeprägt. Die von der ersten Violine entwickelte

Melodie wird in Takt 3 von der zweiten Violine dialogisierend aufgegriffen, und selbst den beiden Unterstimmen ist noch ein Espressivo ermöglicht.

D 566 I, T. 1ff

Das Moderato der Sonate e-moll D 566 verbindet beide Techniken. Aus dem Tutti löst sich die erste Violine, die auch im vierstimmigen Satz der Takte 3-6 führend bleibt und nur in der Violastimme einen melodischen Widerpart besitzt. Im Nachsatz werden dann die Gruppen deutlich gegeneinander gesetzt. Die erste Violine, das Fortepiano in Takt 9 in ein Arpeggio auflösend, behält ihre melodische Funktion und wird vom Fortepiano des Cello konterkariert, während die Mittelstimmen in der Mittellage eine antwortende Funktion übernehmen. Ab Takt 13 wird dieses Satzmodell vertauscht. Das Cello übernimmt die Melodiefunktion, die zuvor der Primgeige zukam, während diese sich zu den Mittelstimmen gesellt, die in ihrer antwortenden Funktion die Kontinuität der gesamten Passage (Takt 9-16) sichern. Erst die Begleitfigur ab Takt 17 ist nicht mehr im Streichquartettsatz denkbar, der dann wiederum von Takt 29 an die Schlußgruppe der Exposition bestimmt.

Im Kopfsatz der 1815 entstandenen C-Dur-Sonate D 279 findet sich eine erstaunliche Mischung der Satzarten. Das beginnende Unisono ist mit 8 Takten verhältnismäßig lang. Die darauffolgende akkordische Kadenzierung zur Fermate, die wiederum im Unisono erscheint, wirkt dadurch sehr abrupt. Nach der Fermate wird das Eingangsthema erneut, jedoch nur in einer Stimme, aufgenommen und mit einem in Achteln fortlaufenden Kontrapunkt versehen. Mag man den Unisono-Beginn noch nicht unbedingt einen Streichquartettsatz nennen, so drängt sich ab Takt 12 doch deutlich der Eindruck eines Fugenbeginns auf. Statt des zu erwartenden weiteren Einsatzes in der unteren Mittellage setzt ab Takt 17 jedoch ein zweistimmiges Crescendo zum Fortissimo mit einem Sturz der Achtelstaccati in die Baßregion ein.[68] Das immer noch zweistimmige, jetzt aber in Oktaven geführte Fortissimo verbreitert sich nach wenigen Takten plötzlich zu einer gebrochenen Akkordik, deren pianistisch-virtuose Triolenbegewegung bis Takt 41 bestimmend bleibt. Dieser Klangsturm war gleichzeitig mit der Modulation von der Tonika C-Dur zur Obermediante E-Dur und der Weiterentwicklung zu deren Dominante H-Dur verbunden, die schließlich in den Takten 37-41 stabilisiert wird. Ungeachtet der scharfen Spannung zum Grundton und des betriebenen Aufwands wendet Schubert die Tonart in zwei weiteren Takten zur Dominante G-Dur und beginnt im Piano ein zweites Thema, das neben seiner thematischen Harmlosigkeit nun wiederum deutlich in Streichquartettmanier mit Melodiestimme, ruhendem Baß und begleitenden Mittelstimmen - die untere als Achtelbewegung, die obere als

Kontrapunkt zur Melodie - ausgeführt ist. Ebenso unvorbereitet, wie diese Satzart eingeführt wurde, verschwindet sie ab Takt 64 wieder und macht einer virtuosen Pianistik Platz, die in keinem Verhältnis zur thematischen Substanz des Satzes steht und neben vollgriffiger Akkordik und Oktavtremoli auch Tonleitern über drei Oktaven enthält.

Diese sich in D 279 zeigende Tendenz, die die thematische Erfindung in eine Streichquartettvorstellung einkleidet und am Klavier orientierten Klängen lediglich entwickelnde Funktionen im dramaturgischen Konzept zuweist, läßt sich an fast allen frühen Klaviersonaten Schuberts nachweisen.

Vor allem in zwei Fällen erscheint dieses Verhältnis jedoch umgekehrt. Im Kopfsatz des Fragments fis-moll D 571/570 und im Finalsatz des Fragments f-moll D 625 enthalten bereits die vorangestellten, ganz an den Klangmöglichkeiten des Klaviers orientierten Begleitfiguren die erst später einsetzenden thematischen Konfigurationen, die somit lediglich das bereits Gehörte gestalthaft verdeutlichen.

D 571/570 I, T. 1ff

Neben der Identität von Begleitung und Thema ergibt sich vor allem in D 571 eine völlig neue Art, den musikalischen Raum zu gestalten. Der Einsatz im Pianissimo, die dunkle Lage und die weitgespannten Griffe der linken Hand führen zu einer erweiterten Raumvorstellung, die bereits im Erklingen über das Raumpotential des Erklingenden hinausweist. Die im oberen System notierten Pausen sind daher keine Konvention, sondern deuten die

D 625 III (Finale), T. 1ff

durch diesen imaginären Raum verursachte Sogwirkung an, die das Erscheinen der Oktaven in Takt 5 provoziert. Da das 'Thema' der rechten Hand den Grundton fis vermeidet und damit die harmonisch fragende Haltung der Takte 3 und 4 weiterführt,[69] erscheint auch der durch die Oktaven angefüllte Raum noch nicht als ein in sich geschlossener. Die Suche nach substantiellem Halt führt daher zu einem 'Abtasten' der räumlichen Möglichkeiten, die nach Erreichen der maximal auf dem Klavier möglichen Weitung in den Takten 12 und 16 quasi erfolglos abgebrochen wird und in eine Reexposition (T.20) übergeht.[70]

Hauptmerkmal solcher musikalischen Vorgänge ist nicht mehr das thematische Subjekt, sondern die "Gestaltung fließender Klänge zur Bildung von Räumen, die zeitlich erfüllt werden"[71] wollen. Neben den Abmessungen, die der Tonraum bietet, nutzt Schubert in diesem Fragment auch die Klangfarbenregister des Klaviers seiner Zeit zur allmählichen Füllung des verheißenen Raumes. Der auf einem modernen Flügel nur schwer zu imitierende, zurückgenommene Klang der Moderatordämpfung, wie er für den Beginn des Satzes angemessen ist, könnte ab Takt 28 dem etwas helleren *una corda* Platz machen. Das Forte in Takt 44 ist nicht nur laut, sondern mit einem fülligen und warmen Klang zu spielen. Die größte klangliche Weite ist jedoch erst im Piano ab Takt 54 erreicht. Die am Beginn wörtliche Wiederholung dieses Teils ab Takt 70 ist nicht nur um eine Oktav nach unten und ins Pianissimo versetzt, sondern wiederum mit der gedeckten Moderatorklangfarbe zu spielen. Die thematische Dialektik ist durch eine Klangfarben- oder besser Klangraumdialektik ersetzt.

Orchestrale Raumweitung

Sonate a-moll D 784
Impromptus D 899/935

Die Weitung des Klangraums durch Verunklarung der tonalen Ortsbestimmung, wie sie sich in dem Oktavthema in D 571 zeigt, bestimmt auch den Beginn der Sonate a-moll D 784:

D 784 I, T. 1ff

Der aufstrebende Quintsprung und seine Leittonbestätigung durch dis erzeugen eine nicht definierbare harmonische Vibration, indem das Tongeschlecht der zu erwartenden Harmonisierungsakkorde verborgen bleibt: a-moll oder A-Dur für den ersten, E-Dur oder e-moll für den zweiten, H-Dur für den dritten und e-moll oder E-Dur für den vierten Ton. Die Mehrdeutigkeit wird im Folgenden nicht nur nicht aufgelöst, sondern sie wird zum grundlegenden formalen Konzept. Die Suche nach der definitiven harmonischen Gestalt des Themas im durch die Vagheit des Beginns geschaffenen unendlichen Raum beherrscht die gesamte Sonate.[72]

Wie im fis-moll-Fragment D 571 ist die frühzeitige Durchmessung des gesamten Tonraums auch in D 784 bestimmend. Die pianistische Satztechnik des Fragments ist in D 784 jedoch einer abstrakt zu nennenden gewichen: ein weit aufgefächertes Orchester ohne Tuttiklang, solistisch geführte Stimmen wechselnder Klanglichkeit, abgelöst von der Akkordik immer anderer Instrumentengruppen, bestimmen die ganze Exposition.[73] Die Sogwirkung, die von dem statisch-gerüsthaft geweiteten Tonraum des ersten, aber auch des zweiten Satzes der Sonate ausgeht, wirkt bis in den dritten Satz hinein, der erst kleinteilig - das Thema des ersten Taktes füllt den aus dem Eingangstakt des Kopfsatzes bekannten Quintraum triolisch - und schließlich immer vehementer diesen Raum auszufüllen versucht. Erst dieser dritte Satz bekennt zudem deutlich, daß das Werk dem Klavier zugedacht ist. Höhepunkt sowohl der Raumfüllung als auch der Pianistik sind die donnernden Fortissimooktaven der Schlußtakte.

In der a-moll-Sonate D 784 wird so die kurz zuvor von Schubert im ersten Tonartbereich des Kopfsatzes der *"Unvollendeten"* entwickelte vertikale Weitung des musikalischen Raumgefühls zu einer horizontalen Ausdehnung auf die Gesamtlänge der Sonate gebracht.

Im Autograph der *"Unvollendeten"* ist die Imagination des Raumes bereits aus der Anordnung der Stimmen auf dem Notenpapier zu erkennen: Celli und Kontrabässe in der unteren Zeile, die übrigen Streicher am oberen Rand, Oboe und Klarinette in der Mitte, zwischen diesen Instrumenten der weite Raum der pausierenden Instrumente. Der optische Raumeindruck, den das Autograph vermittelt, entspricht dabei ganz der bekannten akustischen Wirkung dieses Sinfoniebeginns: Bereits der geheimnisvolle Pianissimoeinsatz der Bässe weist über sein Erscheinen hinaus auf Künftiges - niemand wird glauben, daß ein Stück für Bässe allein vorgetragen wird: nach dem klanglich weit entfernten Einsatz der oberen Streicher mit einer deutlichen

Begleitfigur entsteht eine Melodieerwartung, die dann von dem klanglich wiederum unterschiedenen Einsatz der Oboen und Klarinetten befriedigt wird: die drei klangfarblich unterschiedenen Gruppen lassen dann ein Vakuum entstehen, das sukzessiv bis zum vollkommenen Tutti der Takte 36-38 gefüllt wird.

In den leider nur unvollständig - und ohne den Beginn - erhaltenen Klavierskizzen zu dieser Sinfonie ist diese Raumwirkung nicht visualisiert. Umgekehrt darf daher gefordert werden, diese optische Anordnung beim Lesen eines Werks wie der a-moll-Sonate D 784 mitzudenken: Trotz der eruptiven Ausbrüche in den Mittelteilen des ersten und zweiten Satzes ist die die Sogwirkung der Raumöffnung befriedigende Klangerfüllung hier sogar bis zu den Schlußtakten des Finales herausgezögert.

Entscheidenden Anteil an der unmittelbaren räumlichen Weitung im Eintritt der karg zeichnenden Stimmen sowohl am Beginn der *"Unvollendeten"* wie an dem der Sonate D 784 hat die zurückgenommene Dynamik, die in der flächenhaften Ausbreitung der Stille dem sinfonischen Konzept der Erhabenheit dient: *"Die tiefste Stille und Einsamkeit in einem weiten Raum hat schon etwas Erhabenes: weil sie dem Willen dadurch ungünstig ist, daß sie ihm überhaupt keine Objekte darbietet, ohne eben das Individuum zu bedrohen."*[74]

Die im Weiteren von Schopenhauer genannten Beispiele weisen die Stille als Teil der Unendlichkeit aus: *"Denken Sie sich einmal eine weit und breit unabsehbare Gegend, ganz unbeschränkten Horizont, und nun dabei die völligste Einsamkeit und tiefes Schweigen der ganzen Natur, blauen wolkenlosen Himmel, Bäume und Pflanzen in ganz unbewegter Luft"*[75].

Das Unendliche ist aber eine Maßgabe des "Mathematisch-Erhabenen", in der Definition von Ignaz Jeitteles: *"Das mathematisch oder extensiv Erhabne begreift alles, was die Idee des Unendlichen entweder direkt erzeugt, oder uns doch im Lichte derselben erscheint (hier besonders in Bezug auf Extension). ... Das Vergnügen an dem Erhabnen dieser Art beruht in dem schnellen Gesammt-Eindrucke des Unendlichen auf das ästhetisch erregte Gemüt".*[76]

Die Erzeugung eines Gefühls räumlicher Unendlichkeit in der Musik ist nach dem Letztgenannten auf einen "schnellen Gesammt-Eindrucke des Unendlichen" und damit auf die Vorgabe solcher musikalischer Situationen angewiesen, die vor dem Hintergrund der unendlichen Stille auf später Einzulösendes verweisen. Indem dieses Spätere dem soeben Erklingenden zugeordnet wird, weitet sich der musikalische Raum zum Unendlichen hin. Gleichzeitig entsteht die zeitliche Sogwirkung auf dieses bereits versprochene Spätere hin.

Musikalische Situationen dieser Art sind der Pianissimo-Eintritt der Bässe am Beginn der *"Unvollendeten"*, das Durchmessen des gesamten Tonraums innerhalb weniger Takte am Beginn der a-moll Sonate D 784, aber auch der vereinzelte Fortissimoschlag am Beginn des Impromptus c-moll D 899/1. Die Unterschiede zwischen Entwurf und Reinschrift dieses Impromptus zeigen dabei besonders deutlich die von Schubert eingesetzten Mittel zur Erreichung sinfonischer Raumvorstellungen auf dem Klavier.

Im Entwurf ist von der Weiträumigkeit der endgültigen Fassung nichts zu spüren: Auf die im engen Ambitus verharrende Unisonomelodie folgt eine einfache Beantwortung im vierstimmigen Chor- oder Streichquartettsatz; dieser Vorgang wiederholt sich von einer anderen Tonstufe aus, aber in derselben Lage; über zwei weitere Viertaktgruppen erfolgt die Überleitung in die erste Variation des Themas, triolisch unterlegt und in der Untermediante (T.24).

Die Ausarbeitung nutzt die variierende Wiederholung der ersten 16 Takte des Entwurfs, um mit dem Mittel der Gegenüberstellung dynamisch und klangfarbenmäßig differenzierter Blöcke in einer den Tonraum sukzessiv weitenden Anordnung ein Gefühl räumlicher Tiefe aufzubauen. Neben der allmählichen vertikalen Weitung wird die Dynamik bis hin zum Fortissimo gesteigert.

In Anlehnung an den Einwand von Carl Dahlhaus, die Sinfonie könne durch die auf ihre Syntax zurückwirkende Notwendigkeit der Exponierung der Instrumentengruppen - die in ihrer zeitlichen Staffelung den Eindruck räumlicher Tiefe verursacht - nicht einfach als 'Orchestersonate' definiert werden,[77] ist bereits durch diesen Einschub der variierenden Wiederholung die Verwirklichung orchestraler Raumvorstellungen im Impromptu von Schubert angelegt worden, allerdings in einem zeitlich verzögerten Aufbau räumlicher Strukturen.

Im Gegensatz zur Sonate C-Dur D 840 *"Reliquie"*, die ganz ähnlich die Eroberung des musikalischen Raums durch Wanderung einer Linie in verschiedenen Lagen des Klaviers in Verbindung mit einem aus dem Crescendo entwickelten Tutti betreibt, stellt sich der bereits erwähnte "schnelle Gesammt-Eindrucke des Unendlichen"[78] musikalischen Raums im Impromptu erst durch die Setzung des leeren Oktav-Fortissimo-Schlags

D 899/1, Beginn des Entwurfs

am Beginn der Ausarbeitung ein. Wird in der Reliquiensonate durch den Oberton- und Differenztonreichtum der Eingangstakte die spätere räumliche Füllung bereits anvisiert, so ist dieses Vorausahnen der zukünftigen Klangweite allein aus dem Frage-Antwort-Spiel des Impromptu-Entwurfs nicht möglich.[79] Erst die Vorgabe der ungefüllten Raumweite (leere Oktav) im maximalen Klangvolumen steigert das lyrische Klavierstück des Entwurfs zur sinfonischen Erhabenheit der späteren Reinschrift.

Diese Setzung der G-Oktav am Beginn des c-moll-Impromptu initiiert zugleich das die Klangfärbung des ganzen Impromptus bestimmende Quintlagenostinato der Harmonik, das auch im Kopfsatz der *"Reliquie"* beobachtet werden kann. Die Hervorhebung der Quinte innerhalb der Binnenstruktur der Akkorde ist dabei nicht nur auf die Grundtonart c-moll des Impromptus beschränkt, sondern bei allen Grundtonarten der jeweiligen formalen Abschnitte anzutreffen. Ungeachtet der Grundstellung (Grundton im Baß) der Akkorde werden diese durch die auf die ganze Werkgruppe der Impromptus D 899/935 nachwirkende Plazierung eines leeren Quint- oder Quintoktavklangs in der linken Hand räumlich aufgefächert:

D 899/1:	c-moll, T. 9, 17, 25, 33, 37, 95, 101, 103, 111
	As-Dur, T. 34, 38, 65
	g-moll, T. 124; Ces-Dur, T. 70; G-Dur, T. 160
	C-Dur, T. 176, 197, 201ff
D 899/2:	Es-Dur, T. 1 (B als Orgelton)
D 899/3:	Ges-Dur, T. 1; As-Dur, T. 10; Ces-Dur, T. 12 etc.
D 899/4:	As-Dur, T. 47 etc.
D 935/1:	f-moll, T. 1 etc.
D 939/2:	As-Dur, T. 1 etc.; Des-Dur T. 21, T. 47 etc.

Auch die eigentümliche Binnenstruktur des c-moll-Sextakkords, die sich bereits in den Entwurfstakten 18 und 22 findet, hebt nicht etwa die verdoppelte Terz, sondern die Quint des Dreiklangs hervor. Die klangliche Auffächerung, die von diesen Akkordbildungen ausgeht, entsteht durch die Verunklarung der Wahrnehmungsfähigkeit der Tonhöhen, indem durch die Binnenstruktur der Akkorde auch akkordeigene Töne in anderen als den gespielten Lagen im entstehenden Gesamtklang mitschwingen.[80] Durch diese satztechnische Verstärkung der Oberton- und Differenztonphänomene werden die harmonischen und melodischen Vorgänge mit einem Klangschleier überzogen, der über die Klangfarbenwirkungen des reinen Klavierklangs hinausgehend orchestrale Farbwirkungen ohne die Hinzunahme der im Orchestersatz üblichen Füllstimmen evoziert.

Wichtigstes Hilfsmittel Schuberts zur Stabilisierung der weit geöffneten Klangräume ist die Sicherung eines kontinuierlichen Bewegungsflusses auf der Grundlage des ostinaten, auf dem Metrum ruhenden Grundtempos, dessen Fortströmen durch rhythmische Anreicherungen allmählich beschleunigt auch über formale Zäsuren hinweg die Aufrechterhaltung der musikalischen Raumwirkung sichert.[81]

Diese Zeitstrukturierung ist bereits weiter oben als ein Element des Musikalisch-Erhabenen vorgestellt worden: ".. *wo das Erhabene auf einer ganz einfachen, unverzierten Melodie, auf großen Tonmaßen beruht, welche sich kühn und fest in mäßiger, ernster Bewegung ausbreiten*"[82].

Diese Kennzeichnung korreliert deutlich mit Schuberts Moderato-Anweisungen in zahlreichen Kopfsätzen auch über die hier besprochenen Werke hinaus. Die vertikale Streckung des Klangraums erscheint so als Vorbedingung der mit der Propagierung des "Wegs zur großen Sinfonie" 1824 einsetzenden horizontalen und damit auch formalen Dehnung der Sonatenwerke Schuberts, die sich nicht nur in einer an der deutlichen Erhöhung der Taktzahlen der Einzelsätze ablesbaren Streckung der Formteile, sondern zusätzlich in der Zusammenfassung mehrerer Werke zu zyklisch gestalteten Werkgruppen äußert.[83]

Eine Formerweiterung: Werkgruppen

Schuberts Zählungen

"Romantik und Biedermeier: Wir wollten zeigen, wie sich in jener Epoche 'selbstbewußten Bürgertums' selbst mögliche Widersprüche zwischen dem romantischen Kunstwerk und den neuen gesellschaftlichen Strukturen in der Person des Komponisten vermitteln. Das bestätigt sich auch in dem weiteren Widerspruch eines gleichzeitigen Zugs zum Privaten wie zum Monumentalen. Für das liberale Bürgertum, für das der Einzelne und sein privater Kreis im Zentrum steht, ist Betonung des Privaten nicht unbedingt Rückzug, sondern vielfach notwendiger Ausgangspunkt neuer Strukturen. Wie deutlich aber gerade im Privaten auch die Tendenz zur Ausbildung von Strukturen ist - in der Familie, im Freundeskreis, im Salon - haben wir an Schuberts Lebensumständen beobachten können. Das spiegelt sich dann im Werk: Die für den privaten Bereich bestimmten kleinen Formen, das Lied, das Klavierstück, fügen sich zu Liedergruppen, zu Zyklen. Aus Hausmusikkreisen werden Orchestergruppen, auf Streichquartette folgen Sinfonien, die sich schließlich (und hier sieht man, wie die Mikrostrukturen sich weiten) zu riesigen Gebilden von "himmlischer Länge" (so beschreibt ja Schumann Schuberts große C-dur-Sinfonie) dehnen, die neue, immer größere, schließlich professionelle Orchester verlangen."[84]

In diesen von Walther Dürr beschriebenen Sachverhalt lassen sich gerade auch die Klaviersonaten Schuberts einbetten. Im Bereich der Musik in Haus und Salon entstanden, weisen sie deutlich über diesen hinaus.[85] In einer immer stärker expandierenden Form offenbaren sie immer deutlicher ihr Strukturprinzip einer Verschachtelung von Mikrostrukturen.[86] Als Fortsetzung dieses Prinzips verbinden sie sich zu Werkgruppen, deren Längen nicht allein 'himmlisch', sondern ebensogut 'abendfüllend' genannt werden könnten.[87]

Die Musizierpraxis im Schubertkreis und Schuberts Kompositionspraxis ergänzen sich dabei in ihrem Hang zu zyklischer Weitung. Nach dem bereits erwähnten Frühstück bei Spaun *"spielte Gahy 2 herrliche Sonaten von Schubert und dessen Deutsche"*[88] - nach modernen Maßstäben ein vollständiges Matinéeprogramm. Wenn auch die Verifizierung im folgenden Zitat Mühe bereitet,[89] sollte auch Schuberts Anmerkung in einem Brief an den Verleger Probst betreffs der Sonaten D 958-960 ernst genommen werden: *"Die Sonaten habe ich an mehreren Orten mit vielem Beifall gespielt"*[90].

Obwohl Schubert diese Sonaten offenkundig als zusammengehörendes Opus veröffentlicht und vielleicht sogar gespielt haben wollte, scheint ihm die innere Konsequenz seiner Konzeption erst beim Entwurf der dritten Sonate oder noch genauer vor dem Entwurf in der Arbeit an der zweiten Sonate aufgefallen zu sein,[91] da lediglich der Entwurf der B-Dur-Sonate D 960 eine Zählung von Schuberts Hand aufweist ("3. Sonate"). Obwohl auch diese Feststellung nur kontrovers diskutiert werden kann, ist eine Analogie zur alleinigen Zählung der G-Dur-Sonate D 894 innerhalb der Werkgruppe der Jahre 1825/1826 als "IV. Sonate" offenkundig.

Im Gegensatz zu der späten Erkenntnis des zyklischen Kompositionsprozesses im Bereich der Klaviersonaten hat Schubert im Fall der Streichquartette der Jahre 1824/1826 bereits das erste in a-moll unter dem Titel "Trois Quattuors .. par Franz Schubert OEuv. 29: no.1."[92] veröffentlichen lassen, obwohl er das dritte Quartett dieser Reihe erst 1826 komponierte.[93] Als durch Schuberts fortlaufende Zählung im Autograph erwiesen kann die zyklische Konzeption der Impromptus D 899 und D 935 gelten - veröffentlicht wurden sie jedoch in zwei gesonderten Gruppen als Opus 90 und Opus posthumus 142.[94]

Deutlicher noch als die bisherigen Beispiele weist allerdings Schuberts Sonatenzählung des Jahres 1817 auch auf den traditionalistischen Aspekt, der mit diesen Zählungen verknüpft ist, auf den im "18. Jahrhundert und bis hinein in die ersten Jahrzehnte des 19. Jahrhunderts gepflegten Editionsbrauch, Werke der gleichen Gattung in Werkgruppen zu drei (früher sechs) herauszugeben"[95].

Die größte von Schubert in der Sonatenzählung des Jahres 1817 vergebene Zahl ist nicht ohne Zufall eine römische 'VI' für die Sonate H-Dur D 575. Mit 'V' ist das fis-moll-Fragment D 571 belegt. Mit 'I' ist die Sonate e-moll D 566, mit 'II' die Sonate Des-Dur D 567 bezeichnet. Da die Sonate Es-Dur D 568 als Transposition von D 567 nicht gerechnet werden darf, verbleiben lediglich die eigenartig arabisch als 'Sonate Nr. 5' überschriebene Sonate a-moll D 537, die als erste Sonate des Jahres entstand, und die unbezeichnete Sonate As-Dur D 557 als mögliche 'III' und 'IV' der dann allerdings vollständigen Sechsergruppe.[96]

Auffällig ist die Häufung von Vorzeichen, die für Schubert untypisch erscheint. Von den sechs Sonaten des Jahres 1817 haben 2 fünf, 2 vier, eine drei und ebenfalls nur eine Sonate kein Vorzeichen vorgeschrieben, wobei Kreuz- und b-Tonarten etwa gleich häufig vertreten sind. Obwohl Schubert den auch hier wohl im Zuge des Arbeitens entwickelten Plan nicht konsequent zu Ende führte, woran er durch die kompositorischen Problemstellungen in D 571 und D 575 gehindert worden sein könnte,[97] so ist doch die Intention, in einer tonartlichen Streuung seine kompositorischen Fähigkeiten in einer von der Tradition vorgegebenen Gattung zu erproben, durchaus noch erkennbar.

Die Suche nach konkreten Vorbildern für einen sechsteiligen Klaviersonatenzyklus weist jedoch auf ein Dilemma jeglicher Forschung in dieser Richtung. Während zahlreiche stilistische Eigenarten in den Klaviersonaten des Jahres 1817 auf eine beginnende Auseinandersetzung Schuberts mit dem Klavierwerk Beethovens verweisen, finden sich Vorbilder für Sechsergruppen nicht bei diesem, sondern in den Klaviersonaten Haydns (Hob XVI:21-26: 27-32 und 35-39,20), Mozarts (KV 279-284) und Clementis (Opera 2, 25 und 36). Besonderes Interesse verdient hier Clementis Opus 25, da in diesem wie bei Schubert eine Sonate in der seltenen Tonart fis-moll als Nummer 5 plaziert ist.

Obwohl Hans Költzsch zahlreiche thematische Abhängigkeiten innerhalb der Klaviersonaten des Jahres 1817 festgestellt hat,[98] erscheint ihre Zusammenstellung eher von äußeren denn innermusikalischen oder ästhetischen Gesichtspunkten angeregt. Diese Werkgruppe hinterläßt denn auch eher den Eindruck einer Sammlung denn eines Zyklus. Tiefergehende Verknüpfungen sind jedoch in anderen Werkgruppen durchaus feststellbar, was im folgenden am Beispiel der Fragmente D 613/612 und 625, der Impromptus D 899 und 935 und der Klaviersonaten der Jahre 1825/1826 gezeigt werden soll.[99]

Tonale Verschränkung

Fragmente C-Dur D 613/612 und f-moll D 625
Impromptus D 899/935

Obwohl ihre Entstehung neun Jahre auseinanderliegt, kann die kompositorische Problemstellung, die Schubert sich in den oben genannten zweiteiligen Werkgruppen gestellt haben mag, mit denselben Worten als der Versuch beschrieben werden, zwei mehrsätzige Werke, deren Ausgangstonarten durch den dominantisch aufeinander verweisenden Quintabstand C-Dur/f-moll bestimmt sind, durch die Etablierung einer weiteren zentralen Tonart miteinander zu verknüpfen. Im Fall der Fragmente C-Dur D 613/612 und f-moll D 625 aus dem Jahre 1818 ist diese zusätzliche Zentraltonart E-Dur, im Fall der 1827 entstandenen Impromptus D 899 und 935 As-Dur.

Nimmt man für die beiden Fragmente D 612/613 und 625 eine dreisätzige Anlage an, so wird die verbindende Bedeutung der zusätzlichen Tonart E-Dur bereits durch die Abfolge der Satztonarten deutlich:[100]

C - E - C -- f - E - f

Im bis in die Durchführung skizzierten Kopfsatz des C-Dur-Fragments wird die Tonart des Mittelsatzes langsam vorbereitet. In der Exposition schwankt die endlich erreichte Dominanttonart G-Dur immer wieder zu ihrer Mollparallele e-moll (T.70ff). In der plötzlichen Rückung nach E-Dur bricht

Schubert in der Durchführung plötzlich ab. Im ebenfalls fragmentarischen Finalsatz wird E-Dur in der Funktion der Tonart des zweiten Themas nochmals ausführlich ausgebreitet.

Obwohl beide Ecksätze ihre Expositionen zumindest in der Dominante G-Dur beschließen, ist neben der Obermediante E-Dur auch noch eine auf das folgende Fragment in f-moll verweisende Tendenz zur Subdominante eingearbeitet. Bereits die Wiederholung der ersten Viertaktgruppe des Kopfthemas erfolgt im ersten Satz als Sequenz aus der Subdominante. Eine stark subdominantische Prägung ist auch dem Finalsatzthema eigen. Bis auf die durch harmonische Rückung erfolgende Wendung zur Dominante in den bereits beschriebenen Takten der Expositionsschlußgruppe und zur Obermediante am Ende der Skizze durcheilt der Kopfsatz in absteigenden Quinten den gesamten Subdominantraum über die deutliche Etablierung von Es-Dur (T.41ff) bis hinunter nach Ges-Dur (T.104). Im Schlußsatz knüpfen die Expositionstakte 32ff kurz, die Durchführung jedoch ausführlich an diese Tendenz an.

Wenngleich eine Antwort auf die sich aus dem Fehlen der Schlußsatzreprise ergebende Problematik des Verhältnisses der beiden Fragmente vorerst noch zurückgestellt werden muß, so ist die Entsprechung in der tonalen Einarbeitung der Zusatztonart E-Dur in ihrer spiegelbildlichen Abfolge im f-moll-Fragment jedoch eindeutig, da in diesem E-Dur in der Kopfsatzexposition deutlich (T.54ff), im Schlußsatz jedoch nur noch peripher etabliert wird.

In den zwei Reihen der Impromptus ist die Bedeutung der zusätzlichen Zentraltonart As-Dur durch die größere Variabilität der Satztonarten erst auf den zweiten Blick erkennbar:

c - Es - Ges - As -- f - As - B - f

Da lediglich von den ersten Impromptus jeder Reihe Skizzen erhalten sind, erscheint der Schluß zulässig, daß Schubert diese beiden Sätze zuerst und aufeinander bezogen entwarf, bevor er mit der Ausarbeitung des ganzen Zyklus begann.[101]

Die Tonart des ersten Impromptus (D 899/1) ist kaum feststellbar. Trotz der blockartigen Bauart kann sich keine der angebotenen Tonarten wirklich etablieren. Das c-moll des ersten Teils wird mühelos nach As-Dur verändert (T.34), das nach einigen Abschweifungen jedoch wieder zurück zur

Ausgangstonart führt (T.87), die nun jedoch deutlicher als zu Beginn durch ihren Quintklang destabilisiert ist und in diesem Drängen nachgebend die bislang umgangene Dominante G-Dur zuläßt (T.152), die sich nun wiederum in die verdurte Tonika auflöst.[102] Da diese Tendenz zur Durtonika nicht stabilisiert wird, erhält das ganze Impromptu den Charakter einer Introduktion, als deren fernes Ende die dominantische Umdeutung des erreichten C-Dur nach f-moll hin (D 935/1) gedacht gewesen sein könnte. In der Ausarbeitung der ersten Reihe verschleiert Schubert jedoch die intendierte dominantische Polarität des Zyklus durch ein gleitendes Tonartenband, das seine Progression aus Terzbeziehungen nährt, um schließlich im As-Dur des vierten Impromptu ein vorläufiges Ende zu finden:[103]

D 899/1		D 899/2		D 899/3		D 899/4
c-As-G-C	--	Es-es-Ges/ces/..es	--	Ges-es-Ges	--	as-As/Des/as-As

Neben der tonalen Anlage sind es vor allem die bereits beschriebene Quintfärbung sowie die fast stereotyp zu nennende Verwendung eines Dominantseptnonakkordes mit kleiner None an so zentralen Stellen wie den Überleitungen am Ende der B-Teile in den Nummern 2,3 und 4 oder den Akkorden in der Einleitung zum vierten Impromptu (T.5,11), die die erste Reihe der Impromptus zyklisch zusammenbinden. Da sich der charakteristische Dominantseptnonakkord nicht im ersten Impromptu (D 899/1) findet, das emphatische Crescendo am Ende der ersten Viertaktgruppe des in Schuberts Zählung fünften Impromptus (D 935/1) jedoch mit einem solchen eine dominantische Infragestellung der Grundtonart f-moll versucht, läßt sich die These aufrechterhalten, Schubert habe das f-moll-Impromptu vor den Nummern 2-4 skizziert und diese als überleitenden Ausgleich konzipiert.

Das f-moll-Impromptu beginnt zwar im deutlichen tonalen Rückgriff auf das erste Impromptu dominantisch (Vordersatz mit Halbschluß auf der Dominante T.6),[104] wendet sich dann aber mit einer Ausschließlichkeit nach As-Dur/as-moll, die diesen Tonartenbereich zumindest quantitativ zum dominierenden des ganzen Impromptus werden läßt. Indem das folgende, sechste Impromptu (D 935/2) in seinen drei Teilen die grundlegende As-Des-As-Dreiteiligkeit des vierten Impromptus aufgreift, wird die Vorherrschaft der 'Zusatzgrundtonart' As-Dur in der Mitte des Zyklus (Nr.4-6) in ihrer Funktion als die zyklische Einheit erst stiftende Tonart überdeutlich.

Dem B-Dur Impromptu (Nr.7, D 935/3) kommt in diesem Konzept die Funktion eines tonalen Ausgleichs zu, der in der Auslotung der Subdominante von f-moll zum Finale überleitet,[105] das die Polarität von f-moll und As-Dur nochmals spielerisch intensiviert, um schließlich - wie so oft in den späten Werken Schuberts - mehr gewaltsam als organisch in einer Stretta zu einem Ende gebracht zu werden.

Motivische Verschränkung

Sonaten C-Dur D 840 "Reliquie", a-moll D 845, D-Dur D 850

Bereits die Aufschlüsselung der tonalen Bezüge innerhalb der Gruppe der Impromptus macht deutlich, daß ein Aufzeigen mehrschichtiger Verschränkungen innerhalb einer Werkgruppe lediglich exemplarisch erfolgen kann, sofern eine Beschreibung nicht in eine Werkmonographie münden will. Gerade die Impromptus zeigen in ihrem nahezu vollständigen Verzicht auf motivisch-thematische Verknüpfungen der einzelnen Sätze das auch über große Distanzen vermittelnde Formkonzept Schuberts, den Zusammenhalt und den Verlauf selbst zyklisch geweiteter Werkgruppen "von der Notwendigkeit des Fortgangs durch motivisch-thematische Arbeit zu entlasten" und diese Progression der "unspektakulären Logik eines unauffällig zielstrebigen Entwicklungsprozesses" tonal-klangräumlicher Art zu überantworten.[106]

An der aus den Klaviersonaten des Jahres 1825 gebildeten Werkgruppe läßt sich nun zeigen, wie Schubert die aus dem Diskurs befreite motivische Variantenbildung zu einer assoziativ wirkenden Verknüpfung nutzt, ohne daß dadurch eine dem Potpourriverdacht ausgesetzte "variantengenerierte Form"[107] entstünde. Da die Möglichkeit zur Variantenbildung jedoch eine "Dissoziierung des Motivs"[108] in möglichst einfache Grundgestalten voraussetzt, aus denen die gleichermaßen klangliche wie gestische Analogie der Varianten in ihrer teleologiefreien Wirkung entfaltet wird, haftet diesem Verfahren eine gewisse, die Werkindividualität schmälernde Beliebigkeit an, da die Varianten der Motivpartikel nicht nur auf die zu vereinheitlichenden Werke beschränkt bleiben, sondern immer auch in zahlreichen anderen

Werken Schuberts nachweisbar sind.[109] Motivische Verknüpfung konstituiert im vorliegenden Fall daher weder im Einzelsatz noch im Werk noch in der Werkgruppe die Form. Die klangliche Vereinheitlichung dient, wie in Kapitel IV anhand der Sonate D-Dur D 850 gezeigt werden wird, vielmehr der subthematischen Vorbereitung und Einbindung der gestalthaften Themen mit programmatisch-ästhetischer Bedeutung. Das Fehlen einer solchen programmatischen Verknüpfung als eines für Schuberts Sonatenauffassung offenkundig konstitutiven Kriteriums in den sonatenhaften Klavierstückzyklen deutet dementsprechend auf den reduzierten ästhetischen Anspruch dieser Werke, der dann folgerichtig zur Verweigerung des Gattungsnamens *Sonate* führt.

Die Entsprechung der Anfangstakte in den Sonaten C-Dur D 840 und a-moll D 845 ist schon oft beobachtet worden.[110] Nicht nur durch das unterschiedliche Tongeschlecht und die polarisierte Dynamik, sondern, nimmt man Schuberts Alla-breve-Anweisung in D 845 I ernst, vor allem durch das verdoppelte Tempo zeigt sich das Thema in D 845 I seinem Vorbild in D 840 I gegenüber als deutlich ins Dramatische intensiviert.[111]

D 840 I, T. 1ff

D 845 I, T. 1ff

Auffälligstes Merkmal beider Themenköpfe ist die an ein Frage-Antwort-Spiel erinnernde Abfolge von Unisono- und Akkordstrukturen. Aus der Akkordik der Themenköpfe ist auch die Eröffnungsmotivik zweier langsamer Sätze der Werkgruppe abgeleitet:

D 845 II, T. 1ff

D 850 II, T. 1ff

Die Abhängigkeit beider Motive voneinander ist wiederum klar erkennbar. Zwar ist im ersten Fall die Quinte des Grunddreiklangs und im zweiten Fall der Grundton als Orgelpunkt genutzt, doch beschränkt sich der Unterschied außerdem nur noch auf dessen Verwendung als Diskant- bzw. Baßton. Das Eröffnungsmotiv von D 845 II findet sich sogar wörtlich in D 840 I, T. 2-4 in der rechten Hand:

Die initiierende thematische 'Idee' am Beginn von D 840 I zeigt schon durch diese Übernahmen ihre Ausstrahlungskraft auf die ganze Werkgruppe.

Zur stärksten Motivklammer der drei Sonaten wird jedoch die die erste Achttaktgruppe schließende Achtelfigur, die den melodischen Abschwung des Unisono und die nachfolgende Akkordik des Themenkopfes in halben Notenwerten intensivierend zusammenfaßt.

D 840 I, T. 8

Daß "Variantentechnik" vor allem "rhythmische Arbeit intensiviert"[112], zeigt sich in der weiteren Nutzung dieses Motivs. Mit der im folgenden aus ihm abgespaltenen Variante

D 840 I, T. 20f

bildet es die rhythmische Grundlage des ganzen Kopfsatzes,[113] an dessen Ende es auffällig in dreimaliger Wiederholungs einer Originalgestalt restituiert wird (T.295-297). In D 845 I substituiert dieses Motiv in den durchführungsartigen Takten 26ff den melodischen Vordersatz des Eingangsthemas, indem es diesen auf die ihn konstituierende Oktavspannung reduziert.

D 845 I, T. 26f

Sein Unisono weist dabei nicht nur auf den Beginn von D 845 I zurück, sondern rechtfertigt gleichzeitig die behauptete Ableitbarkeit seines Schwer-Leicht-Abschwungs in D 840 I, T. 8 vom Unisonobeginn dieses Satzes. Anklänge an diese Unisonovariante finden sich auch in D 840 II, T. 10:

oder in ein Scherzotempo versetzt in D 845 III, T. 22ff:

Die diesem Motivkern innewohnende rhythmische Kraft ist denn auch die Ursache für seine Bedeutung in der D-Dur-Sonate D 850. Daß er auch für die thematische Außengestalt dieser Sonate konstitutiv ist, offenbart sich in aller Deutlichkeit allerdings erst im zweiten Couplet des Finalsatzes, das nicht nur an seinem Beginn die ursprünglich melodische Gestalt dieses Motivs anklingen läßt, sondern darüber hinaus am vermutlichen Ende der Werkgruppe den 'Beziehungszauber' unverhüllt preisgibt, indem es die von ihm abgeleiteten Varianten erstmals in einem zeitlichen Zusammenhang erscheinen läßt.

D 850 IV, T. 105

D 850 IV, T. 107

D 850 IV, T. 119f

D 850 IV, T. 121f

Auf dem Höhepunkt des Couplets wird in einer letzten Steigerung die Abhängigkeit auch des Eröffnungsmotivs der Sonate von der Ausgangsgestalt im Nachhinein bestätigt.

D 850 IV, T. 131f

D 850 I , T. 1ff

In diesem Zusammenklingen der Zusammenhänge liegt die unmittelbar erfahrbare, besondere Wirkung dieses Couplets begründet. Sein zusätzlich zum *Allegro moderato* des Satzes nochmals in ein *Un poco più lento* zurückgenommenes Tempo entspricht dabei dem des ersten Satzes der *"Reliquie"* was den retrospektiven Charakter dieses Couplets nochmals unterstreicht.

Bis auf die *"Reliquie"* zurück weisen auch die auftaktigen Melodiefloskeln, die den betrachteten Motivvarianten in D 850 IV vorangestellt sind. Ihr Ursprung aus thematischen Ableitungen wie in D 840 I, T. 71ff ist leicht nachvollziehbar:

Die aus vier Achteln bestehende Auftaktvariante, die sich als Schlußfloskel in D 840 I, T. 85 findet,

bestimmt weitgehend das thematische Geschehen in den Takten des fragmentarischen Finales, die keine Triolen aufweisen:

D 840 IV, T. 7ff

Dieses unvollendete Finale prägt darüber hinaus nicht nur den für das Finale von D 845 bedeutsamen daktylischen Rhythmus aus (D 840 IV, T. 123ff; D 845 IV, T. 65ff), sondern im unmittelbaren Anschluß an diese Stelle auch die auf das Thema von D 850 I weisende Variante im Baß:

D 840 IV, T. 134 f

wie überhaupt die Entgegensetzung von triolischem und duolischem Rhythmus im Finalsatz von D 840 den rhythmischen Duktus von D 850 I vorwegnimmt.

Die dezidierte Ableitung der repetierten Achtelfigur, wie sie für den Kopfsatz von D 850 typisch ist, erfolgt jedoch im ebenfalls fragmentarischen Menuett der *"Reliquie"*, indem die aus dem ersten Satz übernommenen auftaktigen Achtelgruppen in ganztaktig rhythmisierte umgewandelt werden. Nach dem großangelegten Accelerando werden sie wieder in die Ausgangsgestalt zurückgeführt.

D 840 III, T. 30ff

D 840 III, T. 62ff

Ein Nachspiel

Sonate G-Dur D 894

Über ein Jahr nach den Klaviersonaten des Jahres 1825 und kurz nach Vollendung des bereits zwei Jahre ausstehenden G-Dur-Streichquartetts D 887 schreibt Schubert über die Klaviersonate G-Dur D 894 "IV. Sonate".[114] Da die These, dies als Reaktion auf die eventuell bereits als "III. Sonate" bei dem Verleger Pennauer liegende Es-Dur-Fassung D 568 der Des-Dur-Sonate D 567 von 1817 anzusehen, zwar sehr plausibel, aber dennoch nicht bewiesen ist,[115] sei hier auf die Möglichkeit verwiesen, daß - und dafür spricht auch die Vollendung des Streichquartettzyklus - ähnlich wie im Fall der erst späten Numerierung in der B-Dur-Sonate D 960 eine späte Reaktion Schuberts auf die zyklischen Möglichkeiten der bereits beendeten Sonaten vorliegen könnte. Da das Autograph der bei Artaria als *Seconde Grande Sonate* erschienenen D-Dur-Sonate D 850 keine Numerierung enthält und die G-Dur-Sonate ohne Zählung als *Fantasie oder Sonate* veröffentlicht wurde, ist es außerdem offenkundig, daß zwischen Schuberts vermutlich musikalisch intendierten Zählungen in den Autographen und den schließlich für die Veröffentlichung gewählten Bezeichnungen deutlich unterschieden werden muß.

Verbunden ist die Entstehung der G-Dur-Sonate D 894 auch mit dem Hauptproblem der Werkgruppe, der Nichtvollendung der Schlußsätze in der *"Reliquie"*. Die Entsprechungen im thematischen Material der Menuette beider Sonaten geht dabei über das bislang beobachtete, in den subthematischen Bereich weisende Verschränken der motivischen Substanz hinaus. Da zudem nichts darauf deutet, daß Schubert eine Vervollständigung des bis auf wenige Takte beendeten Menuetts erwogen habe,[116] kann in den zu beobachtenden thematischen Wiederaufnahmen kein retrospektivischer Verweis, sondern lediglich ein Ersatz vermutet werden. Zumindest ist das harmonisch prekäre neapolitanische Verhältnis As-Dur/A-Dur, auf dem die tonale Anlage des Reliquienmenuetts beruht, in das spätere Menuett der G-Dur-Sonate nicht übernommen. Dafür bezieht dieses deutlich seine thematische Substanz von dem bereits betrachteten Accelerando-Teil in D 840 III, T. 35ff.

D 894 III, T. 1ff

Mit lediglich 52 Takten entspricht das Menuett der G-Dur-Sonate in etwa auch der Länge des Accelerandoteils im Menuett der *"Reliquie"*. Deutlich entlehnt ist auch die Überleitung zum Trio,

D 840 III, T. 95ff

D 894 III, T. 53ff

deren charakteristische Hornmotivik sich ebenfalls in D 850 II findet.

D 850 II, T. 41ff

Als deutliche Hommage an das frühere Menuett mag auch die plötzliche Tonartrückung nach Gis-Dur und gis-moll anzusehen sein, die im H-Dur des Trios von D 894 auffällig die Tonart des Reliquientrios anklingen läßt.

D 894 III, T. 70ff

Die im Finale nachweisbaren Anklänge an Früheres sind weniger deutlich ausgeprägt und in keinem Fall mit der das thematische Geschehen komprimiert darstellenden Wiederkehr aller Motivableitungen im zweiten Couplet des Finales von D 850 vergleichbar. Vorherrschend ist im Finale von D 894 jedoch der pochende Achtelrhythmus, wie er sich in den beiden betrachteten Menuetten findet, aber auch auf den Kopfsatz der D-Dur-Sonate verweist.

D 894 IV, T. 1ff

Noch deutlicher weist die folgende Stelle auf D 850 I:

D 894 IV, T. 49ff

Indem dieses Motiv auch in dem zeitlich benachbarten Rondo h-moll D 895 Verwendung findet (T.52ff), zeigt sich jedoch deutlich das bereits erwähnte Problem der durch die Simplizität der Motivgrundgestalt bedingten Beliebigkeit der Verwendung. Wie auch im Fall der sowohl kompositorischen wie zeitlichen Nähe der Violinsonate A-Dur D 574 zur Klaviersonate H-Dur D 575, die in der Gruppe der Klaviersonaten des Jahres 1817 ausdrücklich als "Sonate VI" bezeichnet ist, wird deutlich, daß die Kontinuität der Auseinandersetzung mit einem identischen thematischen 'Rohmaterial' eher im Arbeitsprozeß zu der Bildung von Werkgruppen einer Gattung führt, als daß von einem vorher feststehenden Plan gesprochen werden könnte, wie sich die thematischen Querbezüge auch über Gattungsgrenzen hinweg jederzeit auf andere Werke ausbreiten können.

Ist der erste Satz von D 894 auch fast frei von solchen thematischen Anspielungen, so ist seine Verwandtschaft zur *"Reliquie"* sowohl durch die orchestral-lyrische Klangwelt als auch durch die episch-erhabene Ausdruckswelt beider Kopfsätze offenkundig. Beides verbindet sie auch mit dem späteren Kopfsatz der B-Dur-Sonate D 960. In dessen "Stil und Klavierbehandlung"[117] sah Maurice Brown Ähnlichkeiten zum Kopfsatz von D 894, offenkundig ist aber die Verwandtschaft der Themen zwischen D 840 und D 960.[118] Dies zeigt sich deutlich in den Themenvarianten in D 840 I, T. 30f:

und D 960 I, T. 345ff:

Die Analogien in den Schlußsätzen in Verbindung mit der Kennzeichnung "IV. Sonate" des Autographs belegen den 'Nachklang-Charakter' der G-Dur-Sonate. Die zuletzt aufgezeigten Bezüge in Verbindung mit der Veröffentlichung als *Fantasie oder Sonate* und der auffälligen Einbindung einer Fantasie in das *Die Symphonie* betitelte Gemälde Schwinds lassen die G-Dur-Sonate jedoch als erstes Indiz eines neuen Plans erkennen: Schuberts zweiten Weg zur *großen Sinfonie* als einer *Sinfonischen Fantasie*.[119]

Ästhetische Anlage

Sonaten C-Dur D 840 "Reliquie", a-moll D 845, D-Dur D 850, G-Dur D 894
Sonaten c-moll D 958, A-Dur D 959, B-Dur D 960
Impromptus D 899/935
Sonate As-Dur D 557

Die zuletzt festgestellte Verwandtschaft der Kopfsätze von D 840, D 894 und D 960 impliziert die Frage nach der Vergleichbarkeit ihrer Funktion in einem angenommenen ästhetischen Konzept der Werkgruppe, da diese Verwandtschaft nicht allein durch thematische oder klangliche, sondern mehr noch durch ästhetische Vergleiche bestimmt wurde. Da der diesen Werken attestierte 'lyrisch-epische Ausdruck' jedoch auch als Determinante des diesen Sätzen eigenen Moderatotempos angenommen werden kann, scheint es ratsam, das Problem der ästhetischen Dramaturgie der Werkgruppen mit einem analytischen Umweg über den Vergleich der Temporelationen anzugehen.

Die Tempi in der Sonatengruppe des Jahres 1825 sind deutlich in einer sukzessiven Intensivierung gestaffelt:

D 840: Moderato C; Andante 6/8; Allegretto 3/4; Allegro 2/4
D 845: Moderato 2/2; Andante, poco mosso 3/8; Allegro vivace 3/4; Alleggro vivace 2/4
D 850: Allegro 2/2; Con moto 3/4; Allegro vivace 3/4; Allegro moderato 4/4

Besonders deutlich wird dies in einem Vergleich der Kopfsatztempi sichtbar. Die sich in den Bezeichnungen ausdrückende Beschleunigung des Zählzeitwertes (D 840 I: Viertel; D 845 I und D 850 I: Halbe) wird durch die Unterteilung dieses Wertes in 1 (D 840 I: Viertel im 4/4-Takt), 2 (D 845 I: Viertel im Alla-breve-Takt) und 4 bzw. 6 Einheiten (D 850 I: Achtelduolen und -triolen im Alla-breve-Takt) in ihrer Bewegungsenergie noch potenziert. Diese an den weiteren Satzpositionen (2.Satz etc.) ebenfalls zu beobachtende Tendenz wird erst durch die Rücknahme des Finaltempos in D 850, das in der nochmaligen Rücknahme des zweiten Couplets (*un poco più lento*) in Tempo und Bewegung wieder dem Ausgangstempo am Beginn der Werkgruppe entspricht, plötzlich unterbrochen.

Ergänzt man nun die Werkgruppe durch die Sonate G-Dur D 894, so zeigt sich diese 'Rückkehr zum Anfang' neben den bereits aufgezeigten thematischen Reminiszenzen zwischen D 840 und D 894 auch in der Ähnlichkeit der Tempi:[120]

D 840: Moderato C; Andante 6/8; (Allegretto 3/4; Allegro 2/4)
D 894: Molto moderato 12/8; Andante 3/8; Allegro moderato 3/4; Allegretto C

Verzichtet man im Weiteren wegen der Unvollendung ihres dritten und vierten Satzes auf die *"Reliquie"* und nimmt das Tongeschlecht der Sonaten zu einem Tempovergleich hinzu, so ergibt sich für die vollendeten Sonaten der Werkgruppe 1825/1826 eine erstaunliche Parallelität zu der Anlage der Sonatentrias 1828:[121]

D 845/moll: Moderato 2/2	D 958/moll: Allegro 3/4
D 850/Dur : Allegro C	D 959/Dur : Allegro C
D 894/Dur : Molto mod. 12/8	D 960/Dur : Molto mod. C

Auf eine unruhig bewegte Mollsonate folgt jeweils eine bewegte Dursonate, während eine weitere Dursonate mit einem sehr mäßig bewegten und zugleich kantablen Kopfsatz die Werkgruppen beschließt. Diese Analogie legt die Schlußfolgerung nahe, daß die dramaturgisch-ästhetischen Abfolge der einzelnen Sonaten innerhalb der betrachteten Werkgruppen derjenigen der kanonisierten Satzfolge innerhalb einer Sonate entspricht, dieses jedoch in einer Umstellung der traditionellen Schnell-Langsam-Schnell-Abfolge in eine Mittel-Schnell-Langsam-Abfolge, wie sie sich vergleichbar in der E-Dur-Sonate op. 109 Beethovens oder der C-Dur-Fantasie op. 17 Robert Schumanns findet.

Anhand der zitierten Rezension zu D 894 war bereits auf deren charakterliche Einheitlichkeit hingewiesen worden. Für das Streichquartett d-moll D 810 hat Christoph Wolff auf dessen Entsprechung zu einem Konzept der *sinfonia characteristica*, wie es etwa in Beethovens *"Pastoral-Sinfonie"* verwirklicht ist, hingewiesen.[122] Das in diesem Konzept zu beobachtende Prinzip der *Einheit in der Mannigfaltigkeit* bleibt in dem hier diskutierten Zusammenhang wiederum nicht nur auf die Thematik der Einzelsätze einer Sonate oder die Beziehung der Sätze untereinander beschränkt, sondern strahlt ebenso auf die Beziehungen innerhalb der Werkgruppen aus. Auch im Ästhetischen zeigt sich somit das bereits im Formalen beobachtete verschieden-dimensionale Verschränken identischer Modelle. Letzte Konsequenz dieses Dimensionensprungs ist die Ausweitung des Prinzips von der *Einheit in der Mannigfaltigkeit* auf die Gesamtproduktivität einer oder sogar mehrerer Schaffensphasen bei Schubert - von der kleinteiligen Form des Liedes über die Kammermusik bis hin zu dem, was Schubert selbst als "das Höchste in der Kunst" bezeichnete: Oper, Messe und Sinfonie.[123]

Die inhaltliche Füllung dieser anhand des Tempovergleichs der Sonatengruppen der Jahre 1825/1826 und 1828 ermittelten Annahme soll im Folgenden durch eine Kombination dreier Verfahren versucht werden. In der inhaltlichen Anbindung der für bestimmte Werkgruppen und Schaffensphasen charakteristischen Motivpartikel im Wort-Ton-Verhältnis des Liedschaffens und in der für bestimmte Werke in der interpretierenden Literatur geprägten Metaphorik kann die inhaltliche Grundbestimmtheit in Annäherung gesucht werden, während die charakterliche Differenzierung durch einen Rückgriff auf die noch zur Zeit Schuberts in Wien verbreitete *"Charakteristik der Töne"*[124] Christian Friedrich Daniel Schubarts erläutert werden kann.[125]

Für die Sonatentrias des Jahres 1828 hat Arthur Godel auf die "nahezu programmatische" Bedeutung der von ihm nach seiner charakteristischen Verwendung im Heine-Lied *Der Atlas* D 967/8 'Atlas'-Motiv genannten rhythmischen Figur aufmerksam gemacht.[126] Dieser Verweis auf den "unglückseelgen Atlas" deckt sich auffällig mit einer Metaphorik, die für diese Sonaten von einer tragischen Spannung zwischen "Schicksal und Versöhnung"[127] spricht, von "Todesnähe"[128], "Paroxysmus"[129], "dunkel gefärbtem Pathos"[130] und "feierlichem Ernst"[131]. Eine ähnliche Grundbestimmtheit läßt sich durch die thematische Nähe zur Winterreise auch für die Reihe der Impromptus annehmen,[132] doch zeigt hier ein Verweis auf die Tonartencharakteristik beider Werke nicht nur die Tendenzen der inneren Ausgestaltung dieser Grundbestimmtheit in den einzelnen Gruppen, sondern auch die Differenzierungsmöglichkeiten zwischen ihnen auf.

In der folgenden Gegenüberstellung sind in der Sonatentrias D 958-960 alle Satztonarten, in der Reihe der Impromptus das bereits beschriebene Tonartenband dargestellt.[133]

Sonatentrias D 958-960

Sonate c-moll D 958	
c-moll	Klage der unglücklichen Liebe
As-Dur	Der Gräberton
Sonate A-Dur D 959	
A-Dur	Jugendliche Heiterkeit und Gottesvertrauen
fis-moll	Ein finsterer Ton: er zerrt an der Leidenschaft, Groll und Mißvergnügen
Sonate B-Dur D 960	
B-Dur	Heitere Liebe, Hoffnung, Hinsehnen nach einer bessern Welt
cis-moll	Bußklage, trauliche Unterredung mit Gott

Impromptus D 899/935[134]

Impromptu c-moll D 899/1	
c-moll	Klage der unglücklichen Liebe
As-Dur	Der Gräberton
C-Dur	Unschuld, Einfalt, Naivetät
Impromptu Es-Dur D 899/2	
Es-Dur	Ton der Liebe, der Andacht, des traulichen Gesprächs mit Gott
h-moll	Ton der Geduld, Ergebung in die göttliche Fügung
es-moll	Empfindungen der Bangigkeit, des allertiefsten Seelendranges; der hinbrütenden Verzweiflung, der düstersten Seelenverfassung
Impromptu Ges-Dur D 899/3	
Ges-Dur	Triumph in der Schwierigkeit, freies Aufathmen auf überstiegenen Hügeln
es-moll	Siehe oben
Impromptu As-Dur D 899/4	
as-moll	Griesgram, Jammerklage, schwerer Kampf
As-Dur	Der Gräberton
Cis-Dur	Leid und Wonne. Lachen kann er nicht, aber lächeln
Impromptu f-moll D 935/1	
f-moll	Tiefe Schwermuth, Leichenklage, Jammergeächz und grabverlangende Sehnsucht
As-Dur	Siehe oben
F-Dur	Gefälligkeit und Ruhe
Impromptu As-Dur D 935/2	
As-Dur	Siehe oben
Des-Dur	Siehe bei Cis-Dur
Impromptu B-Dur D 935/3	
B-Dur	heitere Liebe, gutes Gewissen, Hinsehnen nach einer bessern Welt
b-moll	Ein Sonderling, mehrenteils in das Gewand der Nacht gekleidet. Moquerien gegen Gott und die Welt, Vorbereitung zum Selbstmord
Ges-Dur	Siehe oben
Impromptu f-moll D 935/4	
f-moll	Siehe oben
As-Dur	Siehe oben

Die eindeutige Kennzeichnung von As-Dur als 'Gräberton' durch Schubart, die sich auch in den beiden As-Dur-Sonaten Beethovens wiederfinden läßt - Opus 26 aus den Jahren 1800/1801 enthält den programmatisch auf das ganze Werk ausstrahlenden *Marcia funebre sulla morte d'un Eroe*, Opus 110 aus dem Jahre 1821 den *Klagenden Gesang - Arioso dolente*, beide Werke sind um die Tonikavarianten As-Dur/as-moll zentriert - läßt auch die vielgescholtene As-Dur-Sonate Schuberts (D 557) aus dem Jahre 1817 in neuem Licht erscheinen. Zugleich wird die musikalisch eigentümliche Quintpolarität der Ecksatztonarten (Kopfsatz: As-Dur, Finale: Es-Dur) ästhetisch untermauert:

Sonate As-Dur D 557

1.Satz

As-Dur	Der Gräberton
Es-Dur	Der Ton der Liebe, der Andacht

2.Satz

Es-Dur	Siehe oben
Ges-Dur(T.17)	Nachklang einer Seele, die stark gerungen und endlich gesiegt hat
es-moll (Mittelteil)	Empfindungen der Bangigkeit, des allertiefsten Seelendrangs; der hinbrütenden Verzweiflung

3.Satz

Es-Dur	Siehe oben
B-Dur	heitere Liebe
Coda (T.120ff)	
es-moll	Siehe oben
Des-Dur	heulen kann er nicht, aber wenigstens das Weinen grimassieren
Ges-Dur	Siehe oben
Es-Dur	Siehe oben

Zeigt sich der 'Gräberton' des ersten Satzes vor allem in dem marschmäßigen Duktus des Beginns, so bleibt die Aufhellung zum dritten Satz hin durch den Mittelteil des zweiten Satzes und die Schlußbildung des dritten Satzes nur mit Vorbehalten durchgeführt. Die geforderte Einheit der Empfindung in der Mannigfaltigkeit der Ausdeutung bleibt somit auch in diesem Werk gewahrt.

Im Gegensatz zu der tragischen Färbung der bislang besprochenen Werke zeigt sich die Thematik - wie auch die interpretierende Literatur -[135] der Sonatengruppe der Jahre 1825/1826 von einer naturhaften, das Volkstümlich-Idyllische streifenden Idiomatik geprägt.[136] Die naturhafte Thematik, die Tonartencharakteristik und die syntaktische Disposition vor allem der Kopfsätze dieser Sonaten verbinden sich zu einer die ganze Werkgruppe umfassenden Entwicklung, die die eingangs dargestellte Bandbreite der Aspekte innerhalb der sinfonischen Ästhetik der Erhabenheit ausleuchtet.

Sonatengruppe 1825/1826

Sonate C-Dur D 840

C-Dur — ist ganz rein. Sein Charakter heißt: Unschuld, Einfalt, Naivetät, Kindersprache

c-moll — Liebeserklärung, und zugleich Klage der unglücklichen Liebe. - Jedes Schmachten, Sehnen, Seufzen der liebetrunknen Seele

(As-Dur entfällt durch die Nichtvollendung der Schlußsätze!)

Sonate a-moll D 845

a-moll — fromme Weiblichkeit und Weichheit des Charakters

C-Dur — siehe oben

Sonate D-Dur D 850

D-Dur — Der Ton des Triumphes, des Hallelujas, des Kriegsgeschrei's, des Siegsjubels

A-Dur — Unschuldige Liebe, jugendliche Heiterkeit und Gottesvertrauen

Sonate G-Dur D 894

G-Dur — Alles Ländliche, Idyllen- und Eklogenmäßige, jede sanfte und ruhige Bewegung des Herzens

D-Dur — siehe oben

h-moll — Ton der Geduld, der stillen Erwartung seines Schicksals

Von hier aus erhält auch die Nichtvollendung der C-Dur-Sonate D 840 in ihrem As-Dur-Menuett und ihre Ersetzung durch die G-Dur-Sonate, bzw. die Erweiterung der Werkgruppe um die G-Dur-Sonate eine ästhetische Begründung. Durch die bereits in den ersten Takten beider Werke vorgegebene räumliche Weite, durch die Einfachheit der Linienführung ihrer unprätensiösen Themen, durch die mäßige und gleichförmige Bewegung und schließlich durch die Ähnlichkeit ihrer tonalen Grundcharakteristik sind beide Werke als Ausdruck des *Mathematisch-Erhabenen der Natur* ausgewiesen. Durch diese Entsprechung bilden sie den Rahmen für die allmähliche Entwicklung zum *Dynamisch-Erhabenen der Natur*, nach Ignaz Jeitteles auch das "Erhabene der Kraft"[137], das im Kopfsatz der D-Dur-Sonate D 850 zu seiner stärksten Ausprägung gelangt.

Der Anschluß der G-Dur-Sonate an die D-Dur-Sonate führt dabei die in der D-Dur-Sonate ablaufende Entwicklung zurück zum Mathematisch-Erhabenen, wie es sich deutlich in der klanglichen Weitung des D-Dur-Schlusses zeigt,[138] lediglich vertiefend fort und entlastet somit das Finale dieser Sonate. Das Transitorische, Fortströmende als Ausdruck des Dynamisch-Erhabenen der Natur erhält so nach dem lediglich andeutenden Charakter des mit 211 Takten vergleichsweise kurzen D-Dur-Finales eine weitere Vertiefung.

Der 'Nachklang-Charakter' der G-Dur-Sonate wie auch ihre Einbindung in die (sinfonische) Unendlichkeit des Mathematisch-Erhabenen wird überdeutlich sichtbar in dem literarischen und emotionalen Kontext, in den Schubert den "eigentümlich ausgesetzten Dreiklang"[139] des Sonatenbeginns in seinem Liedschaffen verwendet:[140]

Strophe von Schiller (Die Götter Griechenlands) D 677 (1819)

Schöne Welt, wo bist du?
Kehre wieder, holdes Blüthenalter der Natur!
Ach, nur in dem Feenland der Lieder
Lebt noch deine fabelhafte Spur.

Kennst du das Land (Mignon) D 321 (1815)

Kennst du das Land, wo die Zitronen blühn,
Im dunkeln Laub die Gold-Orangen glühn,
Ein sanfter Wind vom blauen Himmel weht,
Die Myrte still und hoch der Lorbeer steht,
Kennst du es wohl?
Dahin! Dahin
Möcht ich mit dir, o mein Geliebter, ziehn.

Anmerkungen

[1] *Dokumente*, S. 235.
[2] Goldschmidt, *Ein Lebensbild*, S. 252.
[3] Vgl. Brown, *Schubert*, S. 119.
[4] *Dokumente*, S. 213.
[5] A.a.O., S. 398.
[6] Dies vermutet Brown (*Schubert*, S. 247).
[7] *Wiener Zeitschrift für Kunst* vom 29.9.1827, zit. nach *Dokumente*, S. 454.
[8] *Anzeiger* vom 19.9.1829, zit. nach Brusatti, *Wiener Vormärz*, S. 36.
[9] Vgl. W.Seidel, *Schnell-Langsam-Schnell*, S. 207, 211ff.
[10] Schwind erreichte die Nachricht von Schuberts Tod in München, wohin er kurze Zeit zuvor übersiedelt war. Vgl. *Dokumente*, S. 554f.
[11] Zit. nach Pommeranz-Liedtke, *Moritz von Schwind*, S. 28. 'Hoffnungsvolle Tage' und 'Schönere Zeit' meint im Briefwechsel Schwinds immer seine Wiener Zeit. Vgl. z.B. Litschauer, Neue Dokumente, S. 12f und S. 85.
[12] Die Personen der Zeichnung sind in dieser Zusammensetzung nicht bei einer Schubertiade zusammengekommen. Vgl. dazu Brown, *Essays*, S. 155ff.
Zur Stellung der Schubertiaden im Wiener Musikleben vgl. Hilmar, *Schubert*, S. 23ff; Biba, *Schubert's Position*, S. 106ff; Hanson, *Die zensurierte Muse*, S. 131ff; Klein, *Schuberts Konzertstätten*, S. 187ff; Schwarz, *Die ersten Interpreten*, S. 105ff.
[13] Eine genaue zeitliche Eingrenzung dieser Krise scheint kaum möglich, da neben der für 1822/1823 anzusetzenden schweren Erkrankung Schuberts auch andere, mit der Adoleszenz verbundene Faktoren eine Rolle spielen. Vgl. z.B. Dürr, *Wanderjahre*, S. 11ff.
[14] Die Selbstäußerungen Schuberts sind seine Traumerzählung (*Dokumente*, S. 159), seine Tagebucheintragungen (A.a.O., S. 232f) und der bereits zitierte Brief an Kupelwieser (A.a.O., S. 235). Edward T. Cone (*Schubert's Promissory Note*, S. 13ff) sieht in dem 1824 entstandenen Moment musical As-Dur D 780/6, aber auch in der *"Unvollendeten"* und weiteren Werken Reaktionen Schuberts auf die bei ihm vermutete syphillitische Erkrankung. Vgl. dazu auch Karallus, *Schuberts Traum*, S. 8ff; Goldschmidt, *Ein Lebensbild*, S. 211.
[15] Vgl. Pommeranz-Liedtke, *Moritz von Schwind*, S. 13. Bei diesen Zeichnungen handelt es sich teilweise um "'Grabdenkmäler' für viele seiner besten Freunde" (ebd.). Gerhard Pommeranz-Liedtke vermutet eine Beeinflussung durch die literarische Romantik, z.B. durch die *Hymnen an die Nacht* von Friedrich Novalis.
Vgl. dazu auch Kreutzer, *Schubert und die literarische Situation seiner Zeit*, S. 31: "Die tiefe Depression, die Neigung zu schwärzester Trauer, sie mögen von den Zeitverhältnissen bestimmt sein. In der Welt von Sprache und Stil können wir sie jedoch kaum unterscheiden von der Grave-yard-poetry der Hainbund- und Werther-Zeit, von der Schuberts Kompositionen wesentlich leben". Vgl. auch Wolff, *Der Tod und das Mädchen*, S. 169.
[16] Vgl. Michelsen, *Die "Aufbewahrung der Gefühle"*, S. 54f.

[17] Wackenroders literarische Musikergestalt Berglinger "geriet auf die Idee, ein Künstler müsse nur für sich allein, zu seiner eigenen Herzenserhebung und für einen oder zwei Menschen, die ihn verstehen, Künstler sein" (zit. nach Michelsen, a.a.O., S. 56).

[18] 1820 wurde Schubert kurzzeitig inhaftiert, sein Freund Senn nach vierzehnmonatiger Haft nach Innsbruck abgeschoben. Zu den Auswirkungen auf den Freundeskreis und zum offenkundigen Fehlen von Dokumenten zur politischen Haltung im Freundeskreis vgl. Hilmar, *Schubert*, S. 21 und 27ff.

[19] Pommeranz-Liedtke, *Moritz von Schwind*, S. 14.

[20] Aus Schwinds Brief, zit. a.a.O., S. 28.

[21] Brown, *Essays*, S. 158.

[22] Pommeranz-Liedtke, *Moritz von Schwind*, S. 27.

[23] Aus Schwinds Brief, zit. a.a.O., S. 28.

[24] Der Schubertkreis zeigt einen deutlich städtisch geprägten Charakter. Die Stadt bleibt daher auch bei der Naturbegegnung als Hintergrund präsent. Dies zeigt sich deutlich in Schwinds *Spaziergang vor dem Stadttor* von 1827, der Serie von Lithographien *Die Landpartie auf dem Leopoldsberg* oder dem *Brotschneider* von 1823. Entsprechungen finden sich auch in Schuberts Briefen von seinen Reisen nach Ungarn 1824 und Oberösterreich 1825.

[25] So schreibt Ferdinand Schubert seinem Bruder Franz aus Wien nach Gmunden: "Aber welche Sehnsucht ich nach Oberöst. habe, das ist unbeschreiblich" (*Dokumente*, S. 305). Daß 'Landschaft' als Thema der Kunst erst durch die kontrastierende Sicht des städtischen Künstlers ermöglicht wird, unterstreicht auch Joachim Ritter (*Landschaft*, S. 13): "Natur als Landschaft ist Frucht und Erzeugnis des theoretischen Geistes. Wie es bereits die Begegnung Petrarcas mit dem alten Hirten zeigt, ist Landschaft dem in der Natur wohnenden ländlichen Volk fremd und ohne Beziehung zu ihm". Diese Einschätzung findet sich z.B. auch bei Paul Cézanne und M.J.Friedländer (Vgl. a.a.O., S. 37f, Anm. 25).

[26] Aus dem Brief Schwinds, zit. nach Pommeranz-Liedtke, *Moritz von Schwind*, S. 28.

[27] Dies deckt sich mit der bereits dargestellten diskursiven Funktion des Scherzosatzes innerhalb des Satzzyklus. Vgl. Kapitel I unter *Satzformen*.

[28] Mit 'Arabesken' bezeichnet Schwind die Vignetten und Ornamente, die vornehmlich den zweiten Satz umgeben. Sie entsprechen jedoch in ihrer Gestaltung den in den Nischen und Kassetten der Bogenarchitektur angebrachten Darstellungen und verbinden sich mit diesen zu einer inhaltlich korrespondierenden Ebene.

[29] Jeitteles, *Aesthetisches Lexikon*, Artikel *Erhaben*, S. 253ff.

[30] A.a.O., S. 255.

[31] Ebd. Diese Bemerkung ließe sich direkt in eine Kennzeichnung z.B. der drei Klaviersonaten des Jahres 1825 übertragen.

[32] Himmelheber, *Kunst des Biedermeier*, S. 20.

[33] Kant, *Kritik der Urteilskraft*, S. 28f.

[34] Die Grundlegung der Macht der Musik in ihrer der Natur vergleichbaren Zeitlichkeit findet sich bei fast allen Autoren dieser Zeit. Unterschiede zwischen den Autoren ergeben sich jedoch in der Bewertung der Kunstfähigkeit dieses Phänomens. Ein diesbezüglicher Vergleich der Musikästhetiken bei Adam Smith, Immanuel Kant, C.G.Körner, Friedrich

Schiller, C.F.Michaelis und J.G.Herder findet sich bei W.Seidel, *Zwischen Immanuel Kant und der musikalischen Klassik*, S. 67ff.
[35] A.a.O., S. 72.
[36] A.a.O., S. 80ff.
[37] Vgl. Dahlhaus, *Beethoven*, S. 100ff. Auch die Odentheorie benutzt eine Naturbeschreibungen entlehnte Metaphorik, wie sie sich etwa bei Kant in der Beschreibung "Von der Natur als einer Macht" (*Kritik der Urteilskraft*, S. 28) findet und wie sie Schiller zur Beschreibung der "Macht des Gesangs" ins musikalische Gebiet überträgt (zit. bei W.Seidel, *Zwischen Immanuel Kant und der musikalischen Klassik*, S. 74f).
[38] A.a.O., S. 82.
[39] Bei der Uraufführung der Chorfantasie am 22.12.1808 hat Beethoven die Klavierintroduktion noch improvisiert (Vgl. Dahlhaus, *Beethoven*, S. 18). Die Chorfantasie sollte daher insgesamt nicht als eigentliches Konzertstück, sondern - wie von Schwind dargestellt - als halb-improvisiertes Gesellschaftsstück interpretiert werden, was die starken formalen Vorbehalte in der Beethoven-Literatur durch die hinzuzudenkende Musiziersituation hinfällig machen würde (W.Riezler, *Beethoven*, S. 40: "eines der wenigen Werke seiner Hand, die man als mißglückt bezeichnen darf").
[40] Die religiöse Überhöhung der Natur in der formalen Gestaltung eines Altarbildes weist zurück auf Caspar David Friedrich - z.B. auf dessen berühmten 'Tetschener Altar' von 1810 - und damit auf die geistesgeschichtliche Situation am Beginn des Jahrhunderts und der Lebenszeit Schuberts.
[41] Einen vergleichbaren Dreiklang - geistesgeschichtliche Vorbereitung und anschließende Durchführung des Werk und Leben betreffenden Teufelspaktes - hat Thomas Mann in seinem Roman *Doktor Faustus* für die literarische Gestalt des Komponisten Adrian Leverkühn gestaltet.
[42] Gülke, *Neue Beiträge*, S. 208. Zu D 936A vgl. ausführlich in Kapitel V.
[43] Wackenroder, *Werke und Briefe*, S. 353.
[44] Frisius, *Strukturelles bei Schubert*, S. 250ff.
[45] Schnebel, *Klangräume-Zeitklänge*, S. 104.
[46] Ansätze in dieser Richtung finden sich neben Frisius und Schnebel bei Kühn (*Themenbildung*, S. 504) und Flothuis (*Der Neuerer*, S. 65ff). Auch Schuberts Annäherung an Beethoven könnte sich mehr als an formalen Bezügen an satztechnischen Fragen entzündet haben. Gerade anhand von D 894 bemerkt der Rezensent der *Wiener Zeitschrift für Kunst* (*Dokumente*, S. 454): "Die beiden Hände sind gewöhnlich voll griffig beschäftigt, und die von Beethoven eingeführte Art und Weise, ..., scheint ebenfalls eine Lieblingsweise des Hrn. Schubert zu sein".
[47] Wie für Franz Liszt, den großen Bearbeiter, erst die späten Streichquartette eine unüberwindbare Hürde für seine Klaviertranskriptionen der Streichquartette Beethovens bildeten.
[48] Chusid (*Das 'Orchestermäßige'*, S. 77ff) weist auf eine entsprechende Praxis in Schuberts Elternhaus hin.
[49] Hortschansky, *Nachahmung und 'Originalton'*, S. 227: "gemeint ist der Klavierauszug, der seit Mitte des 18. Jahrhunderts seinen Siegeszug antrat".

[50] Schuberts Werke waren in besonderem Maße davon betroffen: "Other indications of Schubert's popularity are the arrangements of keyboard dances which Cappi & Diabelli regularly commissioned from anonymus journeymen. The puplic clamored for these works to be made available in other than a solo configuration - for example, for guitar and flute" (Biba, *Schubert's Position*, S. 111).

[51] Als Stichprobe vgl. zur *Schönen Müllerin* in den *Dokumenten*, S. 226.

[52] Die Streichquartettfassung ist abgedruckt in Beethoven-Werke VI/3, G.Henle-Verlag, München-Duisburg 1962, S. 151ff.

[53] A.a.O., Vorwort von Paul Mies, S. VIII.

[54] Ebd.

[55] Vgl. auch Uhde/Wieland, *Denken und Spielen*, S. 477ff.

[56] Ausführlicher behandelt in Kapitel III.

[57] Die Problematik wird dargestellt von Thomas Kabisch (*Liszt und Schubert*, S. 131ff) anhand von Liszts Bearbeitung der *"Wanderer-Fantasie"* für Klavier und Orchester. Eine Übersicht über verschiedene Bearbeitungen von Klavierwerken Schuberts findet sich mit weiterführenden Literaturangaben a.a.O., S. 132, Anm. 171.

[58] NGA VII/I, Bd. 5 - Ouvertüren, Vorwort von W.Litschauer, S. IX.

[59] Vgl. a.a.O., S. IXff.

[60] Chusid, *Das 'Orchestermäßige'*, S. 79ff; Wolff, *Der Tod und das Mädchen*, S. 143ff.

[61] Brendel, *Nachdenken über Musik*, S. 100. Marius Flothuis (*Der Neuerer*, S. 76) sieht dagegen in D 960 "eine Fülle von orchestralen Klängen in einem Werk vereinigt".

[62] Walther Dürr (*Zwischen Romantik und Biedermeier*, S. 57) führt den "Widerspruch eines gleichzeitigen Zugs zum Privaten wie zum Monumentalen" zwischen 1815 und 1820 weiter aus. Carl Dahlhaus (*Beethoven*, S. 106ff) leitet Monumentalität als sinfonisches Prinzip am Beispiel von Beethovens 9. Sinfonie aus der Ästhetik der Erhabenheit ab. Nicht zufällig steht auch Schuberts Drang zur 'großen' Sinfonie offenbar in Beziehung zu diesem Werk Beethovens, denn er schreibt in direktem Anschluß an das bereits mehrfach erwähnte Zitat: "Das Neueste in Wien ist, dß Beethoven ein Concert gibt, in welchem er seine neue Sinfonie, 3 Stücke aus der neuen Messe, u. eine neue Ouvertüre produciren läßt. - Wenn Gott will, so bin auch ich gesonnen, künftiges Jahr ein ähnliches Konzert zu geben" (*Dokumente*, S. 235).

[63] Vgl. z.B. Biba, *Schubert's Position*, S. 107ff; Chusid, *Das 'Orchestermäßige'*, S. 77ff.

[64] In der ästhetischen Diskussion vor 1800 sind Sinfonie und 'Kammerstyl' noch deutlich getrennt. In der bekannten Definition von J.A.P.Schulz ist die Sinfonie "zu dem Ausdruck des Großen, des Feierlichen und Erhabenen vorzüglich geschickt" (zit. nach Dahlhaus, *Beethoven*, S. 101). Dagegen ist die Sonate in der erst 1806 in Wien publizierten Ästhetik C.F.D.Schubarts (S. 364) "ein Spiel der Instrumente, traulich und gesellschaftlich .. mithin musikalische Conversation". In Robert Schumanns Tagebucheintragung vom 13.2.1828 (*Dokumente*, S. 532) spürt man dagegen die neue Nobilität der Gattung: "Fantasie aus C-Dur; Schubert wollte hier ein ganzes Orchester in zwei Händen vereinen, u. der begeisterte Anfang ist eine Seraphhymne zum Lobe der Gottheit; man sieht Engel beten; das Adagio ist eine milde Reflexion über das Leben u. nimmt die Hülle von ihm herab: dann donnern Fugen ein Lied von der Unendlichkeit des Menschen u. der Töne".

[65] Zit. nach Hortschansky, *Nachahmung und 'Originalton'*, S. 229. Der gehobene ästhetische Anspruch wird deutlich, indem Türk fortfährt: "so müßte der Komponist kühne Gedanken und vollstimmige Griffe mit melodischen Stellen abwechseln lassen, um dadurch die gewohnte Mannigfaltigkeit der Instrumentalsinfonien einigermaßen nachzuahmen" (ebd.).
[66] Zu D 29 vgl. Hoorickx, *Schubert Problems*, S. 81f; zu D 46 und D 48 ders., *Reminiscences*, S. 374. Nach Reinhard van Hoorickx kann sogar eine Skizze zu einem Fugenfinale keinem der beiden Werke mit Sicherheit zugeordnet werden: ".. either for part of the string quartet D 46 or the finale of the piano duet D 48" (ebd.).
[67] Zum Streichquartettsatz in der E-Dur-Sonate D 459 vgl. Bisogni, *Sonate giovanili*, S. 463 und Cervone, *Sonate I*, S. 405. Das polyphone Ideal des Streichquartettsatzes sieht Gabriele Cervone (*Sonate II*, S. 45) ansonsten eher auf die langsamen Sätze der frühen Sonaten Schuberts beschränkt.
[68] Im Scherzo der Sonate H-Dur D 575 (T.11ff) hat Schubert ein Fugato eingefügt. Auf dem Klavier ausgeführt ergeben sich an dieser Stelle Probleme mit der Aufteilung der Stimmen auf beide Hände. Die Klassifizierung von Költzsch (*Klaviersonaten*, S. 73), es handle sich hier um eine "Schreibpultarbeit" verkennt jedoch den von Streichinstrumenten her gedachten klanglichen Reiz dieser Stelle.
[69] Das Fis der rechten Hand in Takt 10 ist bereits nicht mehr der Grundtonart fis-moll, sondern der Untermediante D-Dur zugeordnet. Die fragende Haltung der Takte 3 und 4 ergibt sich aus der Umwandlung des Dominantseptakkordes in Takt 3 zu einem verminderten Septakkord in Takt 4 durch Alteration des cis zu d, die sich wiederum im Thema der rechten Hand wiederfindet.
[70] Ausführliche Analysen der Fragmente befinden sich in Kapitel III.
[71] Schnebel, *Klangräume-Zeitklänge*, S. 95.
[72] Vgl. die formale Analyse in Kapitel III sowie die Analyse der Zeitstruktur von D 784 in Kapitel I unter *Tempo und Takt*.
Die einzig sichere Harmonisierung des Themenkopfes ist die des dis durch H-Dur. A-moll ist zwar überall spürbar, doch erscheint die Grundtonart in der Exposition nie explizit als Akkord in Grundstellung.
[73] Riezler (*Schuberts Instrumentalmusik*, S. 47) findet in diesem Satz "dürre Stellen", Brown (*Schubert*, S. 184) nennt ihn "hart und spröde". Ausgewogener ist dagegen das Urteil von Walter Vetter (*Der Klassiker Schubert*, Bd. I, S. 287): ".. namentlich im ersten Satze, der nicht aus der Eigenart des Klavierklangs heraus, sondern absolut musikalisch entworfen ist. .. Plötzlich gewinnt sein Satz eine ganz bestimmte klingende Sachlichkeit. .. aber kein gewöhnlicher Spieler vermag diese Musik ganz zum Klingen zu bringen".
[74] Schopenhauer, *Metaphysik des Schönen* (Cap.9), S. 104.
[75] A.a.O., S. 104.
[76] Jeitteles, *Aesthetisches Lexikon*, S. 254. Als Beispiel des Unendlichen nennt Ignaz Jeitteles den Sternenhimmel.
Die Unterscheidung des Mathematisch-Erhabenen und des Dynamisch-Erhabenen geht zurück auf Kant (*Kritik der Urteilskraft*, S. 23-29). Beide Unterteilungen des Erhabenen werden jedoch auch bei diesem als Eigenschaften der Natur erläutert.
[77] Dahlhaus, *Beethoven*, S. 109.
[78] Jeitteles, *Aesthetisches Lexikon*, S. 254.

[79] Diese trotz der ähnlichen Syntax ganz unterschiedliche Raumwirkung kann leicht am Klavier überprüft werden.
[80] Besonders deutlich hörbar ist die unter dem Quintoktavklang liegende Oktav des Grundtons, die den ersten Ton der Obertonreihe bildet, deren zweiter, dritter und vierter Ton von dem gespielten Quintoktavklang gebildet werden.
[81] In Kapitel I unter *Tempo und Takt* ist bereits für die Sonate a-moll D 784 die Kontinuität der zugrundezulegenden Zählzeitbewegung über alle drei Sätze aufgezeigt worden.
[82] Jeitteles, *Aesthetisches Lexikon*, S. 255.
[83] Bis auf wenige Ausnahmen liegt die Länge der Kopfsätze in den Klaviersonaten vor 1820 kaum über 200 Takten, nach 1824 ungefähr zwischen 250 und 350 Takten. Das Allegro a-moll D 947 *"Lebensstürme"* weist sogar eine Taktzahl von 623 Takten auf. Die langsamen Sätze sind erheblich erweitert, die Hinzunahme eines Menuett- oder Scherzosatzes ist obligatorisch geworden. Am deutlichsten ist die Erweiterung an den Taktzahlen der Schlußsätze ablesbar, deren frühere Obergrenze (in den Klaviersonaten) von etwa 300 Takten in der späteren Zeit bis zu den 717 Takten des Finales der Sonate c-moll D 958 verschoben ist.
[84] Dürr, *Zwischen Romantik und Biedermeier*, S. 57.
[85] Diese Ambivalenz ist von Költzsch (*Klaviersonaten*, S. 36) nicht gesehen worden: "Der Begriff Hausmusik kennzeichnet diese Kunst wohl am treffendsten".
[86] Vgl. Kapitel I unter *Formverschränkungen*.
[87] Die aus verwandten Strukturprinzipien entwickelten Freskenzyklen Schwinds ließen sich in Anlehnung an Schwinds Pläne zu einem Schubertraum als 'raumfüllend' apostrophieren. Hinter beiden Arten der Formdehnung äußert sich ein Anspruch auf Totalität.
[88] *Dokumente*, S. 398.
[89] Vgl. Hilmar (*Faksimile D 950-960*, Begleitheft, S. 17), der Schuberts Äußerung lediglich "taktische Bedeutung" beimißt, aber zugleich einräumt, daß Schubert sie zumindest einmal (vgl. *Dokumente*, S. 538) gespielt haben könnte.
[90] *Dokumente*, S. 540. Indem Schubert fortwährt "das Quintett aber wird dieser Tage erst probirt" gewinnt die ganze Briefstelle an Plausibilität.
[91] Die Kontroverse zwischen Arthur Godel (*Letzte Sonaten*, S. 39f) und Ernst Hilmar (*Faksimile D 958-960*, Begleitheft, S. 19f u. S. 23) um die Reihenfolge des Entwurfs der Einzelsätze beider Werke spielt für diese Feststellung keine Rolle.
In der Reinschrift ist allen 3 Sonaten eine römische Zählung beigegeben.
[92] *Dokumente*, S. 257.
[93] Vgl. Brown, *Schubert*, S. 146 u. 228.
[94] Vgl. NGA VII/2:5, S. XIIf.
[95] Godel, *Letzte Sonaten*, S. 26. Als Vorbild für die Sonatentrias D 958-960 weist Arthur Godel auf Beethovens Opera 10 und 31 hin, vermeidet aber den Hinweis auf die von ihm ebenfalls erwähnte Sammlung mit drei frühen Klaviersonaten Hummels, dem Schubert bekanntlich diese Trias widmen wollte. Diese Sonaten Hummels erschienen ausgerechnet 1828 bei Hofmeister in Wien, zwei dieser Sonaten stehen in Halbtonspannung zueinander (G-Dur/As-Dur), was bei Schubert ebenfalls der Fall ist (A-Dur/B-Dur).
[96] Vgl. auch Költzsch, *Klaviersonaten*, S. 1ff.
[97] Diese sind in Kapitel III ausführlich behandelt.

[98] Költzsch, *Klaviersonaten*, S. 71.
[99] Da die Sonatentrias D 958-960 erst unlängst von Arthur Godel interpretiert wurde, wird auf sie nur verweisend eingegangen.
Vgl. auch Költzsch, *Klaviersonaten*, S. 131.
[100] Eine eingehende Analyse erfolgt erst in der Diskussion der Fragmentproblematik in Kapitel III.
[101] Vgl. NGA VII/2:5, S. XIIf.
[102] Diese Entwicklung ist unter dem Begriff einer 'Quintisierung' der Grundtonart in Kapitel II unter *Orchestrale Raumweitung* bereits beschrieben worden.
[103] Zur besseren Übersicht ist das h-moll in D 899/2 enharmonisch nach ces-moll verwechselt. Deutlicher noch als es die tabellarische Aufstellung deutlich machen kann, sind die Übergänge zwischen den Impromptus 2-4 tonal ineinander verzahnt. Das es-moll im Schluß von D 899/2 ist bereits im zweiten Takt von D 899/3 wieder hörbar. Das as-moll am Beginn von D 899/4 ist die zweite Stufe des gerade verklungenen Ges-Dur, das darauffolgende Ces-Dur dessen Subdominante. Der Wechsel nach h-moll/ces-moll weist ebenfalls in die Coda von D 899/3 zurück.
[104] Auf die ebenfalls auf das erste Impromptu zurückweisende Quintfärbung wurde bereits hingewiesen. Diese zeigt sich besonders deutlich in dem für die Schubertzeit außergewöhnlichen Erscheinen eines leeren Quintoktavklanges in Takt 2, Zählzeit 4.
[105] Robert Schumanns bekannte Annahme, das dritte Impromptu der zweiten Reihe könne nicht zum Zusammenhang der von ihm in den Impromptus D 935 gesehenen Sonate gehören, sei hier kurz widerlegt.
Indem statt der Dominante C-Dur die Durparallele As-Dur erscheint, wird B-Dur im Kadenzzusammenhang von f-moll zu deren Gegentonart. Die Satzfolge f-As-B-f ist daher durchaus plausibel. Indem die dritte Variation nach b-moll ausweicht, nimmt sie den in allen Impromptus wirksamen Konflikt der Tongeschlechter auf, während der Ges-es-Gegensatz der vierten Variation auf D 899/3 zurückzuweisen scheint. Die erste Variation bindet das Impromptu klanglich ein, indem es auf die den Quintklang verstärkenden Begleitmuster der linken Hand zurückgreift, wie sie in D 899/2 und D 935/2 ausgiebig vertreten sind. Die Harmonik des Themas wiederum durchmißt den gesamten harmonischen Raum des Zyklus in den ursprünglich zwischen erstem und fünftem Impromptu wirkenden Quintbeziehungen. In Takt 9-12 erfolgt eine Quintschrittsequenz über fünf fallende Quinten von D-Dur nach B-Dur, die bezeichnenderweise über C-Dur nach F-Dur aufgefangen wird und nach B-Dur kadenziert.
[106] Beide Zitate Hinrichsens (*Spätwerk*, S. 49) meinen die Form der Kopfsätze in zahlreichen von ihm untersuchten Werken Schuberts.
[107] Kabisch, *Liszt und Schubert*, S. 20.
Der Zusammenhang zwischen diskursiv und assoziativ genutzten Parametern wird ausführlich am Beispiel der Sonate D-Dur D 850 in Kapitel IV diskutiert werden.
[108] A.a.O., S. 9.
[109] Das in der hier behandelten Werkgruppe genutzte Motivpartikel findet sich deutlich auch in der Arpeggione-Sonate a-moll D 821 Schuberts, allerdings auch z.B. in Beethovens Opus 109, 3.Satz, 2.Variation: Teneramente.

[110] Vgl. Költzsch, *Klaviersonaten*, S. 110; Kämper, *Nach Beethoven*, S. 39; Riezler, *Schuberts Instrumentalmusik*, S. 74; Vetter, *Der Klassiker Schubert*, Bd. 1, S. 393.

[111] In der D-Dur-Sonate D 850 hat Schubert die Tempobezeichnung des ersten Satzes von Allegro vivace im 4/4-Takt in Allegro im Alla-breve geändert. Dies bedeutet nicht, daß ein umrechenbares Äquivalent vorliegt, sondern daß Schubert das Tempo nochmals beschleunigt wissen wollte, ohne dies durch einen Tempocharakter auszudrücken. Im Gegenteil ist sogar die Charakteranweisung 'Vivace' durch die neue Vorschrift entfallen.

[112] Kabisch, *Liszt und Schubert*, S. 8. Zitat leicht umgestellt.

[113] Aus dieser Variante leitet Vetter (*Der Klassiker Schubert*, Bd. I, S. 394f) eine Beeinflussung durch Beethovens 5. Sinfonie ab.

[114] Vgl. Deutsch-Verzeichnis.

[115] Orientiert man sich an der frühen Datierung 'Sommer 1826' für die Umarbeitung von D 567 - wie sie von Michael C. Tusa (*Opus 122*) und John Reed (*A new date*) vertreten wird - und an der Voraussetzung, "that Pennauer described opus 122 as the 'Third' Grand Sonata because Schubert himself had so designated it on his autograph" (Tusa, *Opus 122*, S. 215), so bleibt die Frage offen, warum Pennauer bereits im Sommer 1828 die Es-Dur-Sonate D 568 angekauft haben sollte, sie jedoch erst drei Jahre später veröffentlicht. Folgt man dagegen der Annahme Chusids (*Redating*, S. 40), Pennauer habe die Sonate erst kurz vor Schuberts Tod übernommen, bleiben zwei Folgerungen plausibel. Entweder hätte Pennauer sich am Status quo der bisherigen Veröffentlichungen orientiert und die Numerierung eigenhändig vorgenommen oder aber Schubert hätte dies selbst noch veranlaßt, da durch das Erscheinen von D 894 als 'Fantasie' diese Möglichkeit offen bleibt. Da Schubert aber zu diesem Zeitpunkt bereits die Sonatentrias D 958-960 in wesentlichen Teilen entworfen hatte, kann ihm an einer fortlaufenden Zählung der veröffentlichten Sonaten nichts mehr gelegen gewesen sein, da er nun ja drei Sonaten in einem Opus zu veröffentlichen hoffte.

[116] In den Proportionen überzeugender als die Vervollständigung von Paul Badura-Skoda (Klaviersonaten Bd. 3, S. 212, T. 81-90) ist die von Harold Truscott (*Schubert's unfinished piano sonata in C*, S. 132).

[117] Brown (*Schubert*, S. 239) konstatiert diesen Sachverhalt ohne ihn zu begründen.

[118] Stephen Edward Carlton (*Schubert's Working Methods*, S. 45) und Peter Gülke (*Neue Beiträge*, S. 209) verweisen auf Einflüsse des Reliquienthemas auf das späte Sinfoniefragment D-Dur D 936A.

[119] Vgl. ausführlich in Kapitel V.

[120] Die beiden letzten Sätze der *"Reliquie"* sind wegen ihrer Unvollendung in Klammern aufgeführt.

[121] Zur besseren Übersicht sind nur die Kopfsätze aufgeführt.

[122] Wolff, *Der Tod und das Mädchen*, S. 169f.

[123] *Dokumente*, S. 495.

[124] Schubart, *Ästhetik*, S. 381ff.

[125] Auf die Rezeption der Tonartcharakteristik in Wien hat Alice M. Hanson (*Die zensurierte Muse*, S. 159) hingewiesen.

[126] Godel, *Letzte Sonaten*, S. 27: "Es ist dies eine rhythmische Figur mit kurzem, geschärften Auftakt und zwei nachfolgenden Vierteln."
A.a.O., S. 28 findet sich eine Aufstellung einer Reihe weiterer Werke Schuberts aus dem Jahr 1828, in denen dieses Motiv ebenfalls eine zentrale Rolle spielt. Für das Streichquintett D 956 vgl. Gülke, *Zum Bilde des späten Schubert*, S. 114ff.

[127] Ulrich Schreiber (*Schicksal und Versöhnung*, S. 294) bezeichnet das "ungeschiedene Nebeneinander von Schicksal und Versöhnung", das er u.a. in der Sonatentrias D 958-960 feststellt, als "Strukturprinzip" dieser Werke. Vgl. auch Sittner, *Biedermeiergrauen*, S. 487.

[128] Arrau, *Leben mit der Musik*, S. 300.

[129] Brendel, *Nachdenken über Musik*, S. 99.

[130] Költzsch, *Klaviersonaten*, S. 130.

[131] Ebd.

[132] Die Thematik des Liedes *Der Wegweiser* aus der *Winterreise* (D 911/20 mit seinem Schrittrhythmus und der Duraufhellung der zweiten Strophe weisen deutlich auf D 899/1.

[133] Im Folgenden wird auf eine Interpretation dieser Gegenüberstellung verzichtet. Es sei nur darauf hingewiesen, daß unabhängig von der Gleichheit des Ausgangspunktes (c-moll/As-Dur) durch die aufgeführten Tonarten in beiden Tabellen unterschiedliche formale Dimensionen dargestellt sind, da das Tonartenband der Impromptus bereits die innere Struktur des Satzes betrifft.

[134] Die Tonartencharakteristika sind ein Auszug aus Schubarts *Ästhetik*, S. 381ff. Im Fall der Impromptus mußten Cis-Dur und as-moll enharmonisch verwechselt als Des-Dur und gis-moll interpretiert werden, da sie sich nicht bei Schubart finden. Aus Platzgründen mußte zudem auf die durch die A-B-A-Form mehrerer Impromptus sinnvolle Wiederholung der Anfangstonarten verzichtet werden.

[135] Vgl. z.B. Riezler, *Schuberts Instrumentalmusik*, S. 76.

[136] Bereits Hans Költzsch entdeckte Einflüsse der "tschechisch-slawischen Volksmusik und der Wiener Tanzmusik" (*Klaviersonaten*, S. 125). Zu erwähnen bleibt auch die Waldhorn-idiomatik, etwa in den langsamen Sätzen von D 840 und D 850 (Vgl. Kapitel IV unter *Präformierte Thematik*).

[137] Jeitteles, *Aesthetisches Lexikon*, S. 254.

[138] Vgl. Kapitel IV unter *Das subthematische Klangnetz*.

[139] Frisius, *Strukturelles bei Schubert*, S. 250.

[140] Auf diese Bezüge hat Nicholas Temperley (*Schubert and Beethoven's Eight-Six Chord*, S. 150ff) aufmerksam gemacht.

III. Die "Jahre der Krise" - Jahre der Fragmente

Die Klaviersonatenfragmente Schuberts: Ein formales oder ein ästhetisches Problem?

Dem Begriff *Fragment* haftet in der Musik und insbesondere bei Schubert das Odium des Scheiterns an.[1] Im System der Wirklichkeitsebenen dieser Kunst, deren Fixierung auf die im Notentext oder im Erklingen realisierte Gestalt einen "besonderen Vollendungsdruck"[2] spürbar werden läßt, scheint kein Platz für die Bedeutung, die dem Fragment im ästhetischen Konzept der literarischen Frühromantik etwa bei Friedrich Schlegel zukommt: "Schlegels Erkenntnis: *'Viele Werke der Alten sind Fragmente geworden. Viele Werke der Neuern sind es gleich bei der Entstehung'*, wird versöhnlich, indem im Fragment ein futuristisches Element hervortritt. Das Fragment wird als Projekt aufgefaßt, als der subjektive Keim eines werdenden Objekts, als Vorbereitung der ersehnten Synthese. Im Fragment wird nicht mehr das Nicht-Erreichte, das Bruchstück-Gebliebene gesehen, vielmehr die Vorwegnahme, das Versprechen."[3]

Eben das Nicht-Erreichte, das Bruchstück-Gebliebene bestimmt jedoch weitgehend die Diskussion um die Klaviersonatenfragmente Schuberts, obwohl Schubert gerade in den Jahren nach 1817 in größerem Umfang mit romantischer Dichtung bekannt wurde.[4] Die Verkürzung auf den technischen Aspekt der Reprisenproblematik, die in der Annahme von "Routine"[5] und "rein mechanischer Wiederholung"[6] zusätzlich entseelt erscheint, verkennt jedoch, daß im Fall der Fragmente die "Bandbreite der Tatsächlichkeit von Werken"[7] über ein gestaltfixiertes Denken hinausweist. Fragmentästhetik und Entwicklung eines Personalstils im mehrmaligen Wechsel der Arbeitsmethoden, Auseinandersetzungen mit tradierten Formmodellen und deren Schöpfern, vielleicht auch ein zu ironisierender Brechung neigender "Sarkasmus"[8] Schuberts fokussieren nicht nur in Schuberts kompositorischen Bemühungen nach 1817,[9] sondern lassen sich mottoartig auf Schuberts Kontakt zur literarischen Romantik zurückführen: *"Aus dem romantischen Gesichtspunkt haben auch die Abarten der Poesie, selbst die ekzentrischen und monströsen, ihren Wert, als Materialien und Vorübungen der Universalität, wenn nur irgend etwas drin ist, wenn sie nur original sind."*[10]

Nicht nur aufgrund dieser ästhetischen Legitimation lassen sich Schuberts Klaviersonatenfragmente als Konsequenz einer Auseinandersetzung Schuberts mit dem überkommenen Begriff des *Opus perfectum* in der Gestalt der Sonatenform begreifen, die im experimentellen Verzicht auf die "formelhafte, geradezu lästige Wiederholung"[11] der Reprise beginnend über die in der *"Wanderer-Fantasie"* gipfelnden Fantasieversuche zu Schuberts "Umqualifizierung der Sonatenform"[12] führt, als deren erste Verwirklichung die Klaviersonate a-moll D 784 angesehen werden kann. Gerade im Verzicht Schuberts auf die im Einzelfall leicht zu erlangende Komplettierung der Fragmente zeigt sich die Priorität der als formallogischer Prozeß begriffenen Werkidee über die teleologischen Prämissen der an die Vollendung der äußeren Gestalt im Sinne der Sonatenform gebundenen Werkindividualität. In den im Folgenden konstatierten, den Schaffensverlauf über die Bruchstellen der Form verfolgenden Attacca-Anschlüssen kann daher ein Versuch Schuberts gesehen werden, die Reinheit der romantisch im Sinne einer Öffnung der Idee über das Werk hinaus verstandenen Werkidee[13] gegenüber den formalen Ansprüchen der klassischen Sonatenform zu bewahren, um diese Form in einem erneuten, den klassizistischen Vorbehalt vermeidenden Aneignungsprozess allmählich in das sich vorerst nur im Fragment verwirklichende ästhetische Konzept einzubinden.

In ihrer Formproblematik läßt sich die 1817 beginnende und bis ins Jahr 1822 reichende Kette von Fragmenten in den Sonatengattungen[14] in zwei deutlich unterscheidbare Fragmentarten unterteilen:[15]

1. Sonatenhauptsatzfragmente:	Sonate fis-moll D 570/571
	Sonate C-Dur D 612/613
	Sinfonie D-Dur D 615
	Sonate f-moll D 625
	Sonate cis-moll D 655
	Sinfonie D-Dur D 708A
	Sonate e-moll D 769A

Bei zum Teil fertig ausgearbeiteten Mittelsätzen brechen die in Sonatenhauptsatzform projektierten Ecksätze bei Einsatz der Reprise oder in der Durchführung ab (D 570/571, D 612/613, D 625), sofern sie nicht nur aus einem unvollendeten (D 655, D 769A), zwei unvollendeten (D 615) oder vier unvollendeten (D 708A) Sätzen bestehen.

2. Zyklusfragmente: Fantasie D 605
Streichquartett c-moll D 703
Sinfonie e-moll/E-Dur D 729
Sinfonie h-moll D 759
(Sonate C-Dur D 840)[16]

Dieser auf ein verändertes Vorgehen schließen lassende Fragmenttyp zeigt bei fertig ausgearbeiteten (Ausnahme: D 729) Kopfsätzen ein Abbrechen der Arbeit in der Skizzierung des zweiten (D 703), bzw. Ausarbeitung des dritten (D 759) oder dritten und vierten Satzes (D 840).

Diesen Fragmenten stehen an vollendeten Sonatenwerken gegenüber:
Violinsonate A-Dur D 574
Sonate H-Dur D 575
Streichtrio B-Dur D 581
6. Sinfonie C-Dur D 589
Fantasie C-Dur D 605A *"Grazer"*
Sonate B-Dur für Klavier zu vier Händen D 617
Sonate A-Dur D 664
Klavierquintett A-Dur D 667 *"Forellen"*
Fantasie C-Dur D 760 *"Wanderer"*
Sonate a-moll D 784

Die Klaviersonatenfragmente gehören - bis auf die in D 840 gegebene Ausnahme - zur ersten und zeitlich früheren Fragmentart.[17] Im Bereich der Klaviersonate könnte demnach mit der vierhändigen Sonate B-Dur D 617 (1818) und der Sonate A-Dur D 664 die "Desorientierung und Krisis"[18] im Jahre 1819 als beendet angesehen werden, wie das scheinbar mühelose Vollenden zahlreicher Werke bis 1819 die Existenz einer umfassenden Krise überhaupt infragestellt.

Das völlige Fehlen vollendeter Sonatenwerke in den Jahren 1820-1822, die starke Präsenz von Molltonarten im Bereich der Fragmente und das völlige Fehlen dieses Tongeschlechts im Bereich der vollendeten Werke bis zur offenkundigen Stabilisierung um die Jahreswende 1822/1823 untermauern dagegen die Annahme, daß das an den Fragmenten erkennbare Ringen Schuberts sich nicht primär an der Form im Rahmen einer klar umrissenen Gattung wie der Klaviersonate, sondern gattungsübergreifend an der formalen Gestaltung eines neuen ästhetischen Wollens entzündete. Dieses neue ästhetische Wollen scheint sich im Klaviersonatenjahr 1817 an der für Schubert untypischen Verwendung von Tonarten mit immer höherer Vorzeichenzahl - Höhepunkte sind die Sonaten Des-Dur D 567 und H-Dur

D 575 - entzündet zu haben, denen wiederum in der Tonartencharakteristik Christian Friedrich Daniel Schubarts auch eine emotional stark gefärbte Ausdruckshaltung zugesprochen wird.

Die tonale Anlage des Kopfsatzes wie die der Satzabfolge in dem Fragment fis-moll D 571/570, wie überhaupt das Fragmentarische dieses Werks, sind sogar als direkte Folge des in der Tonart liegenden Charakters deutbar: Zwar ist das fis-moll des Schubertfragments nicht der *"finstere Ton"* Schubarts, doch auch bei Schubert *"schmachtet er immer nach der Ruhe von A-Dur, oder nach der triumphierenden Seligkeit von D-Dur hin"*.[19]

Nicht zufällig erfolgt auch die Vorwegnahme des Beginns der H-Dur-Sonate kurz vor dem Ende des fragmentarischen Finalsatzes der fis-moll-Sonate in eben jenem D-Dur, das ästhetisch als Ausweichtonart der ästhetisch letzlich nicht abschließbaren Grundtonart fis-moll ausgewiesen ist. Die Flucht aus dem Fragment in die nachfolgende H-Dur-Sonate folgt daher programmatisch sowohl der Charakterisierung des fis-moll bei Schubart wie auch der Kennzeichnung von H-Dur: *"H dur. Stark gefärbt, wilde Leidenschaften ankündend, aus den grellsten Farben zusammengesetzt. Zorn, Wuth, Eifersucht, Raserei .. liegt in seinem Gebiet"*[20]. Diese Kennzeichnung ist leicht in dem fast skuril zu nennenden Beginn der H-Dur-Sonate wiedererkennbar.

In der neapolitanischen Spannung f-moll/E-Dur des Fragments D 625 ist die ästhetische Herkunft der Tonartengegenüberstellung ebenfalls deutlich nachvollziehbar, wobei vor allem die Ausgestaltung des E-Dur-Charakters im Scherzo besonders subtil der Tonartencharakteristik folgt: *"F moll, tiefe Schwermuth, Leichklage, Jammergeächz und grabverlangende Sehnsucht" "E dur. Lautes Aufjauchzen, lachende Freude, und noch nicht ganzer voller Genuß liegt in E dur"*[21].

Der sich im Jahre 1817 vollziehende Schritt hin zu emotional extremen Tonarten und Tonartkombinationen ist bereits in sich ein deutlicher Schritt hin zu der in der romantischen Ästhetik Friedrich Schlegels geforderten Exzentrizität. Nicht verwunderlich ist es daher, daß Schubert in dieser Zeit, in der er nachweislich mit romantischer Literatur in Berührung kam, eine kompositorische Auseinandersetzung mit dem Werk Beethovens sucht, dessen "Bizarrerie"[22] er noch 1816 - unter Einfluß der Gluck-Tradition Salieris - als nicht gangbaren Weg empfunden haben mag.[23]

Der geänderten ästhetischen Grunddisposition Schuberts im Jahre 1817/1818 entsprechend erfolgt diese Annäherung vor allem anhand zweier Werke Beethovens, die sowohl formal als auch in ihrer, sich in den späteren Benennungen äußernden ästhetischen Ausprägung eine romantische Rezeption ermöglichen: die *"Mondschein-Sonate"* und die *"Appassionata"*.

Dies jedoch auf sehr unterschiedlichen Wegen: Die Annäherung reicht vom kurzen Zitat (D 613/*"Waldstein-Sonate"*) über die Orientierung an Klangcharakter, harmonischer Wendung, Satztechnik (D 571 I/*"Mondschein-Sonate"*; D 625 I u. III/*"Appassionata"*) und der Übernahme von Modulationsplänen bei Änderung der thematischen Formteilung (D 625 I/*"Appassionata"*) bis hin zum strikten Nachvollzug eines Satzmodells (D 571/570 Finale/*"Mondschein-Sonate"*: Finale).[24] Diese Abstufung der Anlehnung wie auch die Tatsache, daß Schubert in der Ersetzung des ursprünglichen Des-Dur-Mittelsatzes durch den E-Dur-Satz in dem f-moll-Fragment D 625 die ästhetische Vorgabe des Beethovenwerks - die *"Appassionata"* hat ebenfalls einen Des-Dur-Mittelsatz - tiefgreifend ändert, zeigen deutlich die Freiheit Schuberts im Umgang mit dem Vorgefundenen.

Der im Folgenden ausführlich dargestellte, gattungsübergreifende Nachvollzug der sich im Kompositionprozeß anhand der Reprisenproblematik äußernden Auseinandersetzung Schuberts mit der längst souverän beherrschten Sonatenform innerhalb einer bis zur paradigmatischen Gegenüberstellung der *"Wanderer-Fantasie"* und der Sonate a-moll D 784 andauernden Spannung zwischen Fragment, Fantasie und mehrsätziger Sonatenform zeigt daher einen zwar "zwischen Ausgriff und Zurücknahme, Wagnis und Taktik"[25] schwankenden, aber dennoch seine kompositorischen Möglichkeiten als äußerer Konsequenz eines sich wandelnden Ausdrucksbedürfnisses zielgerichtet ausweitenden Schubert.

Die Sonatenhauptsatzfragmente

Die Reprisenproblematik in der Sonate H-Dur D 575

In den Sonatenhauptsatzfragmenten ist die Auseinandersetzung Schuberts mit der Reprisenproblematik evident. Nimmt man das Sinfoniefragment D 708A aus, das 1821 einen möglichen Rückgriff auf an für sich schon geänderte Arbeitsweisen bedeutet haben mag,[26] so fällt auf, daß diese Fragmentart in die Zeit vor 1820 fällt. Erschwert wird die Bewertung des Fragmentarischen durch Schuberts Angewohnheit, die Skizzierung eines Sonatensatzes nach der Festlegung des ersten geschlossenen Formabschnitts (Exposition) des Kopfsatzes wie z.B. in

D 615,[27] D 655, D 958,[28] D 959,[29] D 960,[30] D 936A,[31]

oder nach zwei Abschnitten (Exposition/Durchführung) wie in

D 154, D 459 II,[32] D 571/570 I/III,[33] D 575 I/II/IV, D 613 I/III, D 625 I, D 708A,[34] D 916C,[35] D 959 I und D 960 I[36]

abzubrechen, um sich den folgenden Sätzen zuzuwenden. Das Fragmentarische ergibt sich demnach nicht aus diesem Stadium der Skizzierung, sondern erst aus der Entscheidung Schuberts, es bei diesem Stadium zu belassen. Daß Schubert auch in den in einem weiteren Arbeitsschritt vollendeten Werken der weitere Fortgang des jeweiligen Satzes nicht immer bereits nach Beendigung der Skizze vor Augen stand,[37] und daß mithin das Problem der Reprise für Schubert ein Problem der weiteren tonalen Fortschreitung war, zeigt ein Blick auf Entwurf und Abschrift[38] der Sonate H-Dur D 575.

Im Entwurf ist der erste Satz 10 Takte in die Reprise hinein skizziert. Nach der wie in der Reinschrift mit einer Kadenz in der Tonika endenden Überleitung am Ende der Durchführung erfolgt im Gegensatz zur Ausarbeitung, die das erste Thema aus der Subdominante heraus eintreten läßt, der Wiedereintritt des ersten Themas in dem Entwurf in der Tonika H-Dur in wörtlicher Wiederholung der Takte 1-5 der Exposition. Erst daran anschließend wird das Thema in die Sudominante transponiert und nochmals wörtlich wiederholt. Die auf diese Wiederholung folgende Viertelpause mit Fermate[39] legt die Vermutung nahe, daß das Ausweichen in die Subdominante die Funktion der neapolitanischen Rückung in Takt 10 der Exposition übernehmen sollte, die dort über C-Dur die zweite Themengruppe der insgesamt vier in der Exposition feststellbaren Themengruppen vorbereitet.[40] Diese zweite Themengruppe hätte nach der Fermate in der Entwurfsreprise dann in E-Dur oder - wahrscheinlich -[41] in der Tonika H-Dur folgen müssen, die durch diese Maßnahme zur beherrschenden Tonart der Reprise geworden wäre. Dies hätte aber eine tiefgreifende Änderung der tonalen Anlage der durch die Exposition vorgegebenen, stark sektionalisierten vier Tonartfelder in der Reprise provoziert.

Einstweilen skizzierte Schubert, ohne im Entwurf weiteren Raum für die Reprise freizulassen, die übrigen Sätze, deren Tonartenordnung genau dem in der Exposition vorgegebenen Tonartenverhältnis entspricht:

1.Satz	Tonartfeld 1	H-Dur	Zyklus	1.Satz	H-Dur
	Tonartfeld 2	G-Dur		2.Satz	G-Dur (Scherzo)
	Tonartfeld 3	E-Dur		3.Satz	E-Dur (Andante)
	Tonartfeld 4	Fis-Dur		4.Satz	H-Dur

Lediglich der vierte Satz erscheint durch seine Schlußfunktion in der Tonika, nicht ohnc jcdoch mclodisch übcr dic Dominantc Fis cingclcitct zu werden und so die Tonartenordnung der Kopfsatzexposition zumindest mittelbar weiterzuführen.[42]

Die auffällige Anordnung der Mittelsätze, die, da die H-Dur-Sonate als einzige der Klaviersonaten dieser Zeit mit Bestimmtheit viersätzig konzipiert ist, mehr auf die gleichzeitig entstandene, dieselbe Satzanordnung aufweisende Violinsonate A-Dur D 574 verweist, erhält durch diese Entsprechung von Satzbinnen- und Zyklusanlage eine kompositionelle Begründung, die fast überdeutlich Schuberts mehrdimensionales Verschachtelungssystem aufzeigt.

In dieser Phase der Skizzierung wurde lediglich das Scherzo mit Trio ganz ausgeschrieben. Das Andante ist allerdings ebenfalls zehn Takte in die figurierte Wiederkehr des A-Teils, das Finale sogar 42 Takte über den in der Tonika erfolgenden Reprisenbeginn hinaus bis zum Wiedereintritt des

Themas - entsprechend der Reprisenskizze im ersten Satz - in der Subdominante skizziert.

In der endgültigen Version löst Schubert diese modellhafte Ähnlichkeit der Reprisenlösungen der Ecksätze und im weiteren auch die abbildhafte Tonartordnung der Satzfolge wieder auf, indem er die Reprise des ersten Satzes fast willkürlich ohne Änderung der Modulation gleich aus der Subdominante statt aus der Tonika beginnen läßt, um die Tonartenordnung der Exposition als in sich schwingendes Gebilde zu erhalten und gleichzeitig dem weiteren Verlauf des Zyklus nutzbar zu machen.

In der Exposition hat das allmähliche Erreichen der Dominante Fis-Dur über die Untermediante G-Dur und die Subdominante E-Dur eine Schwächung der Dominantpolarität zur Folge. Diese Schwächung wird noch dadurch verstärkt, daß im Schlußteil der Exposition (T.41ff) der Dominante Fis-Dur die volle kadenzierende Bestätigung vorenthalten wird, indem die letzten 12 Takte (T.48ff) nur zwischen Fis-Dur und der Doppeldominante Cis-Dur schwankend die Tonika H-Dur, der in diesem neuen Gefüge die Funktion einer Subdominante zukommt, auffallend meiden. Dies hat zur Folge, daß die Dominante nicht etabliert wird, sondern nur als Übergang zurück zum Gravitationszentrum der Tonika erscheint. Der Rückfall auf den Expositionsbeginn wird zu dem für Schubert typischen In-Sich-Kreisen.

Als Konsequenz dieses Rückwärtsgewandtseins erfolgt der Eintritt der Durchführung wieder in der Tonika, die lediglich durch ihre Mollvariante substituiert wird. So, wie die Tonartordnung der Exposition das Erreichen der Dominante unbefriedigend erscheinen läßt, erscheint nun auch in der endgültigen Reprisenfassung die Restituierung der Tonika, die als Hauptaufgabe der Reprise von der Theorie gefordert wird, behindert. Nicht nur ist "die tonale Zentrierung mit einer in der Subdominante angesetzten Reprise eigentlich aufgehoben, da die Tonika erst als Modulationsergebnis erscheint, als eine gegenüber der Reprisentonart in Spannungszustand befindliche Lage"[43], sondern darüber hinaus erscheint das Modulationsergebnis entsprechend der in der Exposition entwickelten Tonartkonstellation tonal unbefriedigend, indem durch die fehlende kadenzierende Absicherung der ursprünglichen Tonika H-Dur gegenüber der Subdominante E-Dur die Grundtonart des Satzes entsprechend der in der Exposition dargestellten harmonischen Bewegungsrichtung nun auf ihre Subdominante und damit auf den Beginn der Reprise zurückverweist.

Dieses tonale Ungleichgewicht fängt Schubert nun nicht durch eine Coda auf, sondern er sichert die Fortführung des tonalen Ablaufs durch eine Änderung der Satzabfolge. Das durch die Transpositionsreprise gestörte Tonartgefüge des Kopfsatzes wird nutzbringend im Sinne der Ausbalancierung der Tonartfelder statt durch eine immerwährende Wiederholung der Reprise durch das nun an die zweite Satzposition gerückte Subdominant-E-Dur des neuen zweiten und ehemals dritten Satzes (Andante) abgestützt.[44] Die geänderte Satzordnung erscheint somit als Folge der geänderten Kopfsatzanlage, Satzbinnen- und Zyklusstruktur zeigen sich wiederum deutlich voneinander abhängig.

Die am Beispiel der H-Dur-Sonate aufgezeigte Spannung zwischen den tradierten Gegebenheiten der Sonatenform und Schuberts auf die zyklische Gestaltung gerichtetem Gespür für tonale Gewichtungen äußert sich in der Zeit bis 1823 immer wieder in einem Schwanken Schuberts zwischen den die Reprisenproblematik umgehenden, aber deutlich vom Sonatendenken geprägten Fantasieversuchen, zu denen auch die Klaviersonatenfragmente gerechnet werden müssen, und direkt von der Kopfsatzreprisenproblematik ausgehenden Experimenten vor allem auf dem Gebiet von Streichquartett und Sinfonie.

Mögliche Attacca-Anschlüsse

Fragmente fis-moll D 571/570, C-Dur D 613/612, f-moll D 625

Die Frage nach der Aufführbarkeit der Klaviersonatenfragmente ist immer wieder durch Vervollständigungen beantwortet worden. Die im folgenden vertretene These möglicher Attacca-Anschlüsse zwischen den fragmentarischen Sätzen der einzelnen Fragmente und sogar zwischen dem Fragment D 571/570 und der Sonate D 575 sowie zwischen den Fragmenten D 613/612 und D 625 macht solche Vervollständigungen unnötig. Es bleibt dabei offen, inwieweit die dargestellten Lösungen ein bewußtes Formexperiment Schuberts darstellen oder ob sie lediglich die Kontinuität des Kompositionsprozesses auch über formale Brüche hin aufzeigen. Die sich ergebende formale Skurrilität könnte jedoch durch die Fragmenttheorie der literarischen Romantik, wie sie bereits in den Schlegel-Zitaten deutlich geworden ist, intendiert sein, wie ja auch die Collagentechnik der Sonate C-Dur D 613/612 in diese Richtung weist.[45]

Im Gegensatz zur Autographskizze der H-Dur-Sonate D 575 bricht die Ausarbeitung des ersten Satzes des C-Dur-Fragments D 613/612 bereits mehrere Takte vor dem vermutlichen[46] Eintritt in der Tonika ab. Dies ist verwunderlich, da in allen übrigen Fällen Schubert entweder genau bis zum Ende eines Satzteils wie in D 613 III, D 571/570, D 615, D 708A, D 655 oder bis in die Reprise hinein skizzierte wie in D 575 I/IV und D 625 I. Betrachtet man den tonalen Verlauf der Durchführung von D 613 I, so fällt auf, daß nach einem ständigen Kreisen um die Untermediante As-Dur (T.87-116), die zum Ende der Exposition in der Dominante G-Dur in einer neapolitanischen Spannung steht, durch eine Terzrückung die Obermediante E-Dur unvermittelt über einen leeren Oktavklang eingeführt und kadenzierend bestätigt wird (T.117-121). Der weitere Fortgang der Überleitung zur Reprise erscheint durch diese überraschende harmonische Wendung durchaus ausarbeitungsbedürftig, der Abbruch mithin auffällig.[47] Dieses um so mehr, als der zu erwartende nächste Klang (E-Dur) die Grundtonart des Adagio-Mittelsatzes D 612 ist.[48] Auch sonst ist die Obermediante eine der bestimmenden Tonarten des Fragments, sei es im Schwanken der Kopfsatzschlußgruppe zwischen der Dominante G-Dur und ihrer Mollparallele e-moll oder in der Ausbildung des zweiten Schlußsatzthemas in E-Dur.

Diese bereits in der H-Dur-Sonate beobachtete Verschränkung der Tonartenbereiche der Einzelsätze zeigt sich noch deutlicher im Fragment f-moll D 625.[49] Die harmonisch weit entfernt liegende Grundtonart E-Dur des einzigen gesicherten Mittelsatzes (Scherzo) wird in diesem bestätigend zu ihrer Dominante H-Dur entwickelt, dann aber in einem durchführungsartigen Teil (T.49ff) mit dem Neapolitaner der Ausgangstonart E-Dur, also F-Dur, kontrastiert. Im Sinne der Menuettsonatenform folgt nach der Rückleitung zur Dominante die Reprise in der Tonika E-Dur (T.87ff). Das Trio in der Subdominante A-Dur wiederholt dieses tonale Formspiel, indem es in sich wiederum eine Sonatenform darstellend enharmonisch verwechselt B-dur streift (T.123). Da das Trio auf thematischem Material der Durchführung des Scherzo basiert, ist die Form des gesamten Satzes als mehrmalige, symmetrische Verschränkung einer A-B-A- mit einer Sonatenform interpretierbar. Jeder Formteil (Scherzo/ Trio) ist in sich sowohl als Sonatenform wie als A-B-A-Form erklärbar; das Trio, das den B-Teil der

Großform bildet, bezieht sich gleichzeitig auf die B-Teile der das Trio durch das Da-Capo rahmenden Scherzoteile; alle B-Teile sind gleichzeitig auch Durchführungen.

Das bis auf Weniges ausgearbeitete Finale des f-moll-Fragments kehrt die in Mollsonatensätzen übliche Tonartordnung spiegelbildlich um. Das in Takt 27 unvermittelt einsetzende, charakterlich deutlich als solches ausgewiesene zweite Thema kontrastiert die Grundtonart f-moll des Satzes überraschend mit ihrer Durvariante F-Dur. Im entsprechenden Teil der in der Tonika einsetzenden Reprise erscheint dieses Thema dann in der Durparallele von f-moll, As-Dur. Diese Anordnung kehrt die tonale Regel, die das zweite Thema eines Sonatensatzes in Moll in der Exposition in ihrer Durparallele und erst in der Reprise in der Durvariante fordert, um. In einer weit ausholenden Modulation führt Schubert dann jedoch die ursprünglich exponierten Tonarten zu den von der Theorie geforderten (Exposition: As-Dur, Takt 63; Reprise: F-Dur Takt 237), kontrastiert sie mit einer Klangfläche in der jeweiligen Mollvariante, um sie dann im Fortissimo mit dem Material des zweiten Themas deutlich ausbrechen zu lassen. Daß diese Restitution 'korrekter' Verhältnisse nur eine Täuschung war, zeigt die in beiden Fällen erfolgende, rasche Rückkehr zur Grundtonart f-moll (T.85ff, 260ff) mit Variantenkontrast. Die Durchführung führt den harmonischen Konflikt in die tonalen Regionen des Scherzosatzes, indem sie von as-moll ausgehend E-Dur (T.119: Fes-Dur), A-Dur (T.165) und D-Dur (T.115ff) streift. Die fertig ausgearbeitete Coda läßt den Tonartenkonflikt der Tonikavarianten ohne Lösung enden.

Vor diesem Hintergrund ist die Nichtvollendung des Kopfsatzes von besonderem Interesse, da die Durchführung in einer flächenhaften Ausbreitung der Durvariante F-Dur der Satzgrundtonart f-moll ausläuft und damit die Durvariante als neue Tonika überzeugend etabliert.[50] Diese dominantisch umzudeuten, um die Reprise in der Subdominante beginnen zu lassen, erscheint durch die fehlende harmonische Bewegungsrichtung wenig glaubhaft:

Gabriele Cervone[51] deutet den zu einem Ges-sixt-ajouté mit übermäßiger Sexte enharmonisch verwechselten Ges-Septakkord der Takte 110/111 als Dominantseptnonakkord auf C ohne Grundton und mit tiefalterierter Quinte, der doppeldominantisch über F-Dur zur Mollsubdominante b-moll führt. Diese Auffassung kollidiert jedoch mit der sich in der sechstaktigen Länge äußernden Lösung der Spannung bei Eintritt des F-Dur-Akkords in Takt 112, der jedes weitere harmonische Drängen vermissen läßt. Darüber hinaus sind von Schubert die ersten zwei Takte der Reprise ausdrücklich in der Tonika notiert.[52] Lediglich das Tongeschlecht des Reprisenbeginns bleibt offen, da die Skizze vor dem entscheidenden Terzton des Themenkopfes abbricht. Diesen Reprisenbeginn muß Gabriele Cervone vernachlässigen, indem er ihn "come il simbolo dell'avvio della ripresa"[53] interpretiert.

Der fragliche Akkord der Takte 110/111 ist jedoch auch als Folge melodischer Veränderungen mit Leittonwirkung erklärbar,[54] deren einziges Ziel das Erreichen der Tonika ist.

Ausgehend von Takt 105 durchläuft die Baßlinie chromatisch fallend den Quintschritt C-F. In Takt 110 retardiert diese Bewegung auf Ges, indem für den weiteren Schritt zum F nun zwei Takte statt eines Taktes benötigt werden. Das Erreichen des F in Takt 112 wird durch ein Fortepiano deutlich markiert. Harmonisch wird F-Dur durch eine über mehrere Takte melodisch herbeigeführte mediantische Auflösung eines Dominantseptakkords auf As (T.108), der auf den Ausgang der Modulation aus der As-Dur/as-moll-Fläche der Takte 96-100 zurückverweisend nach der Ausgangstonart der Durchführung (Des-Dur) drängt, abgeleitet.

Die dieser Richtung zugrundeliegende harmonische Bewegung weist deutlich von dem von Gabriele Cervone und Paul Badura-Skoda anvisierten b-moll weg, das von As-Dur aus durch zwei Quintschritte nach oben zu erreichen wäre. Der Dominantseptakkord auf As wird in Takt 109 durch chromatische Rückungen in einen Septakkord auf der zweiten Stufe in f-moll, G-B-Des-F, umgewandelt. Dieser Akkord wird wiederum melodisch in einen zweifach verminderten Septakkord G-B-Des-E verwandelt und gleichzeitig durch den lastenden Baßschritt mit dem nach unten gerichteten Leitton Ges versehen.

Der so entstandene Akkord bedarf der Hilfskonstruktion des angenommenen Dominantseptnonakkords auf C ohne C und mit Ges statt G nicht, da er sich nicht aufgrund der imaginären Quintspannung C-F, sondern durch die neapolitanisch-chromatischen Spannungen, die in diesem Fragment in Verbindung mit mediantischen Vermittlungen Quintbeziehungen substituieren, mit vierfacher Leittonkraft im F-Dur der Takte 112ff löst.[55] Auf diese Auflösung einen einfachen Quintsprung abwärts folgen zu lassen, erscheint daher als schwache Lösung.

Doch auch eine Fortführung der Reprise in der Tonika, die Schuberts Skizzierung des Reprisenbeginns als Entsprechung der Expositionstakte 14/15 interpretiert, ist wegen der komplexen harmonischen Verhältnisse der Exposition durchaus problematisch.[56]

Die Exposition hatte auf einem weiten Modulationsweg über f-moll/As-Dur/Ces-Dur/as-moll durch mediantische Rückung E-Dur erreicht und durch sechs Takte stabilisiert,[57] anschließend durch mediantische Rückkehr nach As-Dur in einer flächenhaften Ausbreitung die Durvariante gemäß den Erfordernissen einer Mollexposition jedoch deutlich etabliert. In diesem Modulationsweg ist As-Dur die entscheidende Scharniertonart zu der den Satzzyklus bestimmenden chromatischen Spannung f-moll/E-Dur, die am Ende der Durchführung durch den Konflikt der Tonikavarianten noch erweitert wird. Auch hier ist As-Dur die vermittelnde Tonart, da in der

Durchführung spiegelbildlich zur Anordnung in der Exposition der Grundton von Des-Dur ausgehend über E-Dur/Ces-Dur(H-Dur)/As-Dur und die bereits beschriebene chromatische Modulation erreicht wird.

Mit dieser Rückmodulation ist die klassische Funktion der Reprise, in einer variierenden Wiederkehr die in der Durchführung aufgebauten Spannungen abzubauen, in komprimierter Spiegelung vorweggenommen. In dem Moment, in dem über die tonal kontroversen Fortsetzungsmöglichkeiten - Dur oder Moll - zu entscheiden ist, bricht Schubert die Skizzierung daher ab. Da über dem letzten ausgeschrieben Ton G auch nicht das zu erwartende Trillerzeichen steht, ist die Frage nach der von Schubert intendierten tonalen Fortsetzung in jeder Hinsicht eine offene.

Das Überraschende ist nun, daß in jedem der drei Fragmente - D 571/570, D 613/612, D 615 - der auf den fragmentarischen Kopfsatz folgende zweite Satz einen harmonisch und melodisch so befriedigenden Attacca-Anschluß erlaubt, daß diese Häufung eine Intentionalität nicht unwahrscheinlich macht.

Im f-moll-Fragment ist der Melodieton des ersten Akkords im Scherzo eben das am Anfang der Kopfsatzreprise vermutete As,[58] enharmonisch nach Gis verändert. Das zum F-Dur des Durchführungsendes chromatisch einsetzende E-Dur nimmt nicht nur die bereits im Kopfsatz vorhandene Spannung der Tonarten wieder auf, sondern führt den das Durchführungsende bestimmenden chromatischen Baßfall noch bis zum Dis des fünften Scherzotaktes weiter.[59] Die gerade erst verlassene Tonart F-Dur des Durchführungsschlusses wird bereits in Takt 53 des Scherzo wieder erreicht, auch hier - die Irritation vom Beginn des Scherzo ausbalancierend - melodisch über eine chromatische Rückung (H/C) in Takt 48/49 vermittelt. Zusätzlich knüpft das Scherzo durch die Verwendung übermäßiger Dreiklänge und chromatischer Vorhaltbildungen auch klanglich an die Durchführung des Kopfsatzes an.

Noch einsichtiger ist der direkte Anschluß des Adagio E-Dur D 612 an die Abbruchstelle im Kopfsatz von D 612. Der die Kopfsatzskizze beendende H-Septakkord läßt sich mühelos in den ersten Takt des Adagio auflösen: Quartschritt im Baß aufwärts (H/E), die zusätzlich auf der letzten Zählzeit eingeführte Mittelstimme löst die Septe A abwärts nach Gis, das Gis im Diskant des Adagio ergibt sich aus der Oberstimme der Triolenbewegung (H-A-Fis - Gis). Durch diese Auflösung wird die eigentümliche Stimmführung des ersten Adagiotaktes mit ihrer dem strengen Satz widersprechenden Verdopplung der Terz und die Erhöhung der Stimmenzahl von zwei auf drei auf der Schlußzählzeit der Durchführung des Kopfsatzes erklärbar. Da das Thema des Adagio bereits in den Takten 87ff der Kopfsatzskizze vorgebildet ist,[60] vollzieht sich der Anschluß bruchlos.

D 613 I, T. 117ff

D 612, T. 1ff

D 613 I, T. 87ff

Auch für das Fragment fis-moll D 571/570 ist ein Attacca-Anschluß zwischen den beiden ersten Sätzen nachweisbar, doch muß dieser ausführlicher begründet werden.

Die Durchführung von D 571 endet direkt vor einem Doppelstrich, hinter dem zwei Kreuze vorgeschrieben sind.[61] Die zu erwartende Tonart ist demnach die Subdominante h-moll oder aber die Tonart des Scherzosatzes, D-Dur. Betrachtet man den Tonartplan der Exposition genauer, so fällt auf, daß die Grundtonart fis-moll relativ schnell zu ihrer Durparallele A-Dur entwickelt wird. Dieser Vorgang stellt sich jedoch lediglich als ausweichende Färbung der Thematonart dar, indem fis-moll bereits in Takt 20 wieder erreicht wird. Der zweite tonale Hauptbereich - wegen der strikten Monothematik des Satzes verbietet es sich, von einem zweiten Themenbereich zu reden -[62] wird entgegen der Sonatentheorie ganz von der Untermediante D-Dur beherrscht (T.54ff), die durch die eigentlich in dieser Funktion zu erwartende Durparallele A-Dur eingeführt wird (T.44ff) und diese zu ihrer Dominante umdeutet. Wie bereits in D 625 I beobachtet, wird die Durparallele somit nicht als Konflikt-, sondern als Scharniertonart genutzt.

Die kadenzierende Bestätigung erhält das neue tonale Zentrum durch seine Subdominante G-Dur (T.66) mit anschließendem Dominantseptakkord auf A (T.69). Erst in Takt 70 der Exposition ist damit ein zweiter Tonartbereich etabliert, der seinen Themacharakter durch das an den Beginn des Satzes erinnernde Absinken ins Pianissimo unterstreicht. Seine Verbundenheit mit dem ersten Thema zeigt sich im Weiteren durch die plötzliche Kontrastierung der neuen Grundtonart D-Dur mit ihrer Mollvariante d-moll (T.74f), die sich wie die beschriebene Ausweichung am Beginn des Satzes zu ihrer Durparallele, diesmal F-Dur, wendet. Das Schwanken der Tonart innerhalb der Parallelen erhält dadurch thematischen Charakter.[63]

Am Ende der Exposition moduliert Schubert von D-Dur plötzlich über einen fis-moll-Quartsextakkord (T.99f) zu dessen Dominate Cis-Dur, die jedoch nicht als Dreiklang, sondern dem Rückleitungsverfahren am Expositionsende von D 625 I gleich als Dominantseptnonakkord für einen Takt erscheint (T.101, prima volta).

Die Durchführung wendet sich durch Rückung den B-Tonarten zu, die bereits in der Exposition kurz gestreift wurden (T.78ff). Diese Rückung verdient durch die Folge 'falsch' aufgelöster Dominantseptakkorde besonderes Interesse:

D 571, T. 100 seconda volta, ff[64]

$$_5\mathrm{F}\ -\ \mathrm{C}^{7\ 9\text{-}8}\ -\ _5\mathrm{e}\ -\ \mathrm{H}^{7\ 9\text{-}8}\ -\ _5\mathrm{es}\ -\ \mathrm{B}^{7\ 9\text{-}8}\ -\ \mathrm{Es}\ (!)$$

Erst die letzte Auflösung erfolgt harmonisch korrekt. Die 'falsche' Auflösung der übrigen Dominantseptnonakkorde wird melodisch in Sopran und Baß durch chromatische Abwärtsschritte vermittelt. Der Es-Dur-Bereich ab Takt 106 imitiert nun das Parallelenspiel des D-Dur-Bereichs der

Exposition, auf den er unmittelbar folgt und zu dem er in einer neapolitanischen Spannung steht. Auf Es-Dur folgt es-moll (T.114), das sich nach seiner Durparallele Ges-Dur wendet. Indem dieses dominantisch umgedeutet über es-moll nach Ces-Dur vermittelt, wird in der Etablierung dieser Subdominantvariante (Ces-Dur statt h-moll) imitiert, wie in der Exposition der D-Dur-Bereich durch Umdeutung der Tonikaparallele A-Dur zur Dominante von D-Dur erreicht wurde.

Daß Ces-Dur nicht als Subdominante aufzufassen ist, zeigt sich, indem im Folgenden deutlich mittels mediantischer Rückungen abwärts moduliert wird, bis ab Takt 135 die harmonische Bewegung über einem immer wieder farblich aufgelösten Fis-Septakkord zum Stillstand zu kommen scheint:[65]

D 571, T. 129ff

Ces - as
H - gis - E - cis - ${}_{9}\not{A}^{7^{9}}$ - ${}_{3}Fis^{7}$ - ${}_{9}\not{A}^{7^{9}}$ - ${}_{3}Fis^{7}$ - $G^{5^{6+7}}$ - ${}_{7}Fis^{7}$ - ${}_{5}h$ - ${}_{5}Fis^{7}$
T. 129 130 132 134 135 136 137 138 139 140 141

Entscheidend ist, daß die Dissonanzen keine harmonische Bewegungsrichtung zur Folge haben, sondern den flächig ausgebreiteten Fis-Akkord wie ein Kordon im Pianissimo einhüllen. Dieses Pianissimo steht einer weiteren Vervollständigung dieses Satzes nun auch deutlich im Wege.

Die Dynamik des ersten Satzes ist völlig verhalten. Das Pianissimo des ersten Tonartbereichs wird erst zur Dominantisierung der Durparallele in Takt 44 durch ein Forte ersetzt, das mit Erreichen des zweiten Tonartbereichs in Takt 54 in ein Piano zurückgenommen wird. Der 'thematische' Bereich ab Takt 70 ist wiederum ins Pianissimo entrückt. Rechnet man die Expositionswiederholung mit, stehen bis zum Ende der Durchführung 20 Takten im Forte und 32 Takten im Piano 191 Pianissimotakte gegenüber. Von Takt 70 bis zum Ende der Durchführung in Takt 141 sind 71 Pianissimotakte zu zählen. Unter Hinzunahme eines vervollständigten Reprisenbeginns ergäben sich 114 Takte Pianissimo ohne Unterbrechung.[66]

Betrachtet man nun die satztechnischen Bildungen am Schluß der Durchführung, so fällt auf, daß der Diskant ab Takt 132 aus einer zunehmend chromatischen Einkreisung des Melodietons fis" besteht:

D 571, T. 132ff, Diskant

gis - e - fis - g - eis - fis

und diesen stabilisiert. Im Gegensatz zu dieser Stabilisierung der Diskanttonhöhe sinkt der Baß stetig bis zur Untergrenze des Tonumfangs eines Klaviers der Schubertzeit, dem Kontra-Fis. Die Mittelstimme verharrt in einer Mittellage.

Der Anschluß des Scherzo erfolgt daher unter Aufgabe der im Dunkel der Baßregion verschwindenden Baßstimme in Mittelstimme und Oberstimme. Spielt man ihn wie das Ende der Durchführung mit gekreuzten Händen oder wechselt man bereits auf der zweiten Halben des Durchführungsschlußtaktes in D 571 die Handverteilung, so wird die Logik der Stimmführung dieses Übergangs auch pianistisch evident.

D 571, T. 141 *D 570, Scherzo. T. 1ff*

Die Oberstimme des Scherzo nimmt die chromatische Umspielung des fis" auf und entwickelt sie zu einem Motiv weiter. Die Scherzounterstimme löst sukzessiv die melodischen Richtungen des Durchführungsmittelstimmenendes zum Kleinen-d und über das eingestrichene cis' nochmals verzögert zum d'. Die nach der Mediantenharmonik des Kopfsatzes kaum noch erstaunliche Auflösung eines Fis-Septakkordes nach D-Dur, die zudem das Verhältnis der beiden Haupttonarten fis-moll und D-Dur der Kopfsatzexposition widerspiegelt, wird zusätzlich am Ende des Scherzoteils unter Nutzung der Akkordik des Durchführungsendes legitimiert:

D 570, Scherzo, T. 38-41

Fis^7 - h$^{5-6}$ (= $\not{D}^{5\;6+\;8+}$) - A^7 - D

Die Zyklusgestalt: Eine Frage nach dem Modell

Die über die zwei jeweils Attaca aufeinander folgenden Sätze hinausgehende Gestalt der Fragmente D 571/570, D 613/612 und D 625 kann nur durch weiterreichende Überlegungen und lediglich näherungsweise bestimmt werden. Die Problematik der zyklischen Gestalt dieser Werke liegt nicht allein in der Nichtvollendung zweier Finalsätze (D 571, D 613), sondern für die Mollfragmente D 571/570 und D 625 ist darüberhinaus durch die Hinzunahme langsamer Sätze zu den einzig gesicherten Scherzo-Mittelsätzen eine vierteilige Satzanlage vermutet worden.[67]

Die ab 1817 feststellbare Annäherung Schuberts an Beethoven kann interpretiert werden als eine Annäherung an die noch kurz zuvor verworfene "Bizarrerie"[68], die Schubert im Gefolge seines Lehrers Salieri im Werk Beethovens sah. Daß diese Annäherung nicht durch ein Aufgeben von bei Salieri gelernten und bis dahin praktizierten "überlieferten Regeln"[69] und "allgemein akzeptierten Mustern"[70] erkauft wurde, ist ebenso evident wie die Tatsache, daß diese Annäherung sich nicht vorwiegend auf formalem, sondern vielmehr auf satztechnischem Gebiet vollzogen zu haben scheint.[71] Feststellbare Zitate und modellhafte Übernahmen in den Werken dieser Zeit weisen daher nicht nur in die Richtung Beethovens,[72] sondern lassen erkennen, daß Schubert seinen bisherigen kompositorischen Stand an den wichtigsten musikalischen Tendenzen erprobte, wie er auch den Kontakt zu Komponistenkollegen pflegte.[73]

Der vermuteten Annäherung an Beethovens "Bizarrerie" entsprechend zeigen sich die in der thematischen Außengestalt offenliegenden[74] Beethovenzitate in den Klaviersonatenfragmenten denn auch als "Übersteigerung"[75] wie der als *"Appassionata"*-Zitat interpretierbare Beginn des f-moll-Fragments D 625[76]

oder als ironisierende Brechung wie das *"Waldstein"*-Zitat im C-Dur-Fragment.[77]

D 613 I, T. 13ff

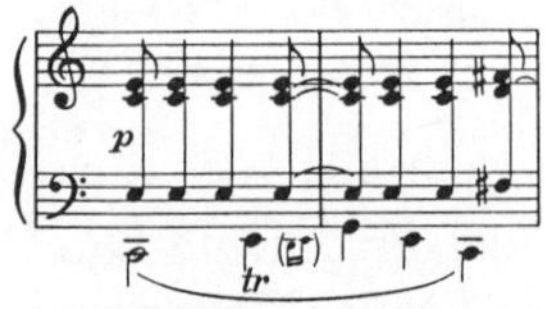

Beethovens schroffe Übergänge spiegeln sich in der Skurilität der die erlernten Formen verstümmelnden Attacca-Anschlüsse wider. Der sich in ihnen äußernde Mutwille opfert im Anschluß der H-Dur-Sonate D 575 an das fragmentarische fis-moll-Finale D 570 und des f-moll-Fragments D 625 an den fragmentarischen C-Dur-Finalsatz D 613 überdies die Geschlossenheit des *Opus perfectum.*

In Takt 125 der Finalsatzdurchführung in D 570 führt Schubert regelkonform ein neues Thema ein. In der Abspaltung der Takte 133ff zeigt es sich als Vorwegnahme des Eingangsthemas der H-Dur-Sonate. Der Anschluß der H-Dur-Sonate an das Ende der Finalsatzdurchführung von D 570 ist zwar ein deutlicher tonaler Bruch, er scheint aber durch die Stimmung und die Gioccoso-Extravaganz des neuen Sonatenbeginns legitimierbar.

Dieselbe Absicht, statt der zu erwartenden Tonika eine Quinte tiefer einen Neubeginn zu versuchen, kennzeichnet den Übergang vom C-Dur- ins f-moll-Fragment. Bindeglied ist hier die lediglich bei Stephen Edward Carlton abgedruckte Bleistiftnotiz Schuberts,[78] deren chromatisch gefärbtes Unisono die zuvor gewonnene Dominante deutlich ausdünnt und damit den Unisonoeintritt des f-moll-Themas über das erwartete C vorbereitet. Indem die Durchführung im C-Dur-Finalsatz D 613 deutlich im Bereich der B-Tonarten verbleibt, ist die doppeldominantische Umdeutung des Durchführungsschlusses besser vorbereitet, als dies für D 570 feststellbar ist. In beiden Fällen ist das Verfahren der doppeldominantischen Umdeutung der erreichten Dominante jedoch gleich. Da der Finalsatz des f-moll-Fragments bis auf einige Füllstimmen[79] vollendet ist, liegen somit aufführungsfähige Fassungen vor, die keiner weiteren Ergänzung bedürfen.

D 570 Finalsatz, T. 133ff

D 570 Finalsatz, T. 171ff

D 575 I, T. 1ff

D 613, Finalsatz, T. 123ff

D 613, Finalsatz, Bleistiftnotiz

D 625 I, T. 1ff

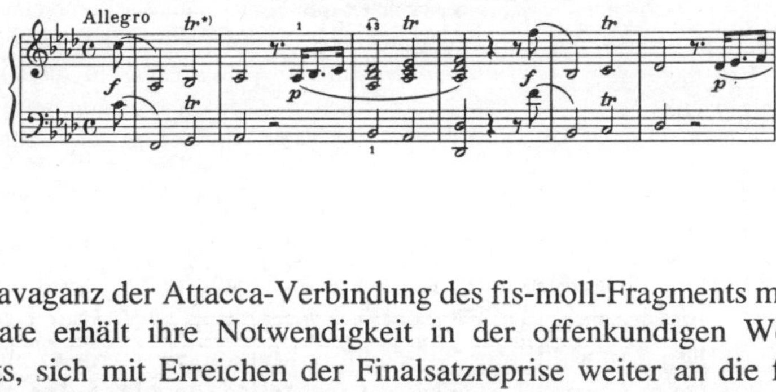

Die Extravaganz der Attacca-Verbindung des fis-moll-Fragments mit der H-Dur-Sonate erhält ihre Notwendigkeit in der offenkundigen Weigerung Schuberts, sich mit Erreichen der Finalsatzreprise weiter an die formalen Vorgaben des selbstgewählten Modells zu halten. Dieses Modell ist nicht in einer der seltenen Sonaten in derselben Tonart fis-moll zu suchen,[80] sondern es findet sich in der als *"Mondschein-Sonate"* Beethovens berühmt gewordenen *Sonata quasi una fantasia* op. 27/2 in der verwandten Tonart cis-moll, deren Thematik ebenso wie das Abbild aus einer "profondissima conoscenza dei timbri più suggestivi e delle più sottili sfumatore di sonorità realizzabili sul pianoforte"[81] abgeleitet ist.

In beiden Werken folgt auf einen klanglich bestimmten ersten Satz, der sein Hauptmotiv aus repetierten Noten in einer Klangfläche entstehen läßt, ein attacca angeschlossener, scherzohafter Mittelsatz. Das Finale knüpft an den ersten Satz an, wandelt dessen weiche Klanglichkeit aber in ein unruhig arpeggiertes Thema ab. Einer der Hauptunterschiede zwischen den Sonaten ist in den unterschiedlichen Tempovorschriften gegeben, da Schubert dem Adagio-Presto-Gegensatz der Beethovensonate eine symmetrische Allegro-Bezeichnung der Ecksätze gegenüberstellt. Der prinzipielle Gegensatz zwischen Ruhe und Unruhe ist jedoch auch im fis-moll-Fragment gewahrt, indem dem Allabreve-Allegro des Kopfsatzes, dessen "Moderato-Charakter"[82] ins "Ruhige und Lyrische"[83] verlangsamt ist, ein im 2/4-Takt notiertes Allegro als Finale gegenübersteht, dessen innere Unruhe nicht nur in den Sechzehntelarpeggien, sondern ebenso in der Dynamik ausgewiesen ist. Die "Epiphanie neuer Klangräume, .. deren endlos strömende Klänge Zeit und somit Vergänglichkeit selbst vergessen lassen"[84], weist beiden Werken zudem ihren Hauptcharakter zu.

Die in beiden Werken divergierende Konstellation der Satztonarten - Schubert setzt der Grundtongleichheit (cis-moll/Des-Dur) in Beethovens Werk ein Mediantverhältnis (fis-moll/D-Dur) entgegen - ergibt sich aus der anderen Tonartwahl Schuberts für den zweiten Themenbereich des Kopfsatzes bei einer nahezu identischen Anlage der Eingangsthemen beider Sätze, die von der Ausgangstonart in Moll ausgehend sofort ihre Durparallelen anstreben (Beethoven T.5-9, Schubert T.5-16). Beethoven entwickelt seinen Adagio-Kopfsatz, der wie D 571 im Alla-breve steht, aber anders als dieser in einer durchführungslosen Sonatenform ausgearbeitet ist, von der Durparallele sofort weiter zur Dominante: E-e-h-H-fis-cis-Gis.[85] Nach dem Orgelpunkt auf Gis (T.28-41) folgt die Reprise, die von cis-moll ausgehend nach dem Wechsel zur Durparallele E-Dur die Tonikavariante Cis-Dur anstrebt, die dann enharmonisch nach Des-Dur verwechselt die Grundtonart des durch eine dezidierte Attacca-Vorschrift angeschlossenen zweiten Satzes wird.[86] Wie bereits weiter oben dargelegt, kehrt Schubert dagegen nach der frühen Ausweichung in die Durparallele nochmals zur Tonika zurück, um dann in der transitorischen Reexposition umso deutlicher in der Durparallele zu verweilen (T.32-53). Dieses wird dann zur Dominante der Untermediante D-Dur umgedeutet, die das zweite Tonartfeld und den zweiten Satz bestimmt.[87]

Im Gegensatz zum Kopfsatz, den Schubert eher in Anlehnung an den entsprechenden Satz der *"Mondschein-Sonate"* konzipiert zu haben scheint, folgt er in den vollendeten Teilen des Finalsatzes von D 570 der Beethovenvorgabe durch eine modellhafte Übernahme, die auch als variierende Kopie bezeichnet werden könnte.

Obwohl die unterschiedliche Disposition der Satztonarten in vielen Details der Finali nachwirkt, wird die modellhafte Übernahme in der tonalen Anlage und der thematischen Ausformung der Hauptteile erkennbar. Nahezu identisch ist der Tonartenplan beider Sätze - bezogen auf die in D 570 vollendeten Formteile (Exposition und Durchführung) - und die Anzahl an Zählzeiten in der Exposition. Ebenfalls übereinstimmend ist die Proportionalität von erstem und zweitem Themenbereich.

Beethoven, Opus 27/2, Finale

Exposition					Durchführung	
1.Thema		2.Themenbereich				
cis - gis - cis -	gis -	A -	gis - (Gis) :	:	Cis - fis -	G - Gis
T. 1	21	43			65	79

Schubert, D 571/570, Finale

Exposition					Durchführung	
1.Thema		2.Themenbereich				
fis - D-A - fis -	A -	F -- cis - (Cis) :		:	fis -A-D-d-	C - Cis
T. 1	41	73			121	159

Beethovens Exposition weist 64 Takte im 4/4-Takt auf. Der Eintritt des zweiten Themenbereichs in der Molldominante erfolgt in Takt 21. In Takt 43 beginnt ebenfalls in der Molldominante ein satztechnisch deutlich abgegrenzter Abschnitt. Schuberts Exposition weist 120 Takte im 2/4-Takt (= 60 4/4-Takte) auf. Der Eintritt des zweiten Themenbereichs kann auch hier nach 41 Takten (= 20,5 4/4-Takte) angesetzt werden. Wenn auch die Molldominante als endgültige Tonart des zweiten Themenbereichs erst in Takt 73 (= 36,5 4/4-Takte) erreicht wird, so ist durch die satztechnische Anlage dieser Stellen die Nachahmung des Originals evident. Wie bei Beethoven beginnt der zweite Themenbereich mit einer in der rechten Hand geführten Melodie, die in der linken Hand von Albertibässen begleitet wird. Mit Erreichen der Molldominante (Beethoven T.43, Schubert T.73) wird die vorhergehende Sechzehntelbewegung plötzlich durch eine stakkatierte Achtelbewegung ersetzt (Beethoven duolisch, Schubert triolisch und erst ab Takt 97 ebenfalls in Akkorden). Die Rückleitung aus der Molldominante am Ende der Exposition zurück zur Tonika erfolgt in beiden Sätzen mit der bereits aus dem Kopfsatz von D 571/570 bekannten eintaktigen Rückung in einen Dominantseptakkord.

Die Durchführung Schuberts folgt dem Modell Beethovens, indem von der Tonika (Beethoven Dur, Schubert moll) aus die Domiante über ihre verdurte 7. Stufe angestrebt wird. Die Handhabung des Modells ist in der Durchführung jedoch freier als in der Exposition.

Die Beibehaltung des Beethovenmodells auch für die Finalsatzreprise scheint Schubert nicht mehr erwogen zu haben. Das Fehlen einer Reprisenskizze in D 571/570 kann aber mit Blick auf das Beethovenvorbild nicht mehr durch das Argument der "formelhaften, geradezu lästigen Wiederholung"[88] erklärt werden, zumal das fis-moll-Fragment in der Reihe der Klaviersonaten des Jahres 1817 die erste und einzige unvollendete Sonate ist. Die von Schuberts Finallösungen dieses Jahres aus gesehen 'bizarre' Formlösung Beethovens scheint ihn vielmehr zu einer Vertagung des Problems und im Anschluß an das Durchführungsthema im Finale D 570 zum subdominantischen Neubeginn der H-Dur-Sonate D 575 bewogen zu haben.[89]

Beethovens Finale zeichnet sich durch eine weit ausgeführte Coda aus, die mit 41 Takten (159-200) etwa 2/3 der Expositionslänge erreicht. Für Schubert wäre daher die Komposition einer Coda von 80 Takten erforderlich geworden. Die Notwendigkeit zur Codabildung ist bei Beethoven durch die Übernahme des Mollcharakters für den zweiten Themenbereich mit der eingebauten neapolitanischen Spannung (Exposition A-Dur/gis-moll T. 33ff, Durchführung D-Dur/ cis-moll T. 128ff) gegeben. Dem weiteren Verlauf der Exposition entsprechend, beginnt Beethoven die Coda in der Subdominante und nutzt die 41 Schlußtakte zur kadenzierenden Bestätigung der Grundtonart cis-moll. Da bereits der Überleitungsteil der Reprise ab Takt 108 ebenfalls durch eine Subdominantrückung nach fis-moll beginnt, kann die außerordentliche Länge der Coda nur als Indiz dafür aufgefaßt werden, daß der zweite Tonartbereich zwar in der Grundtonart steht, durch die neapolitanische Spannung sich jedoch nicht tonikal stabilisieren kann.

Die Funktion des Neapolitaners im Beethovenmodell übernimmt in Schuberts Finalsatzexposition die in Terzteilung der Oktave über A-Dur und F-Dur nach cis-moll führende Modulation am Beginn des zweiten Themenbereichs ab Takt 40.[90] Da die Molldominante in der Exposition im Gegensatz zum Beethovenmodell durch diese Maßnahme erst als Modulationsergebnis innerhalb des zweiten Themenbereichs etabliert wird, ist die tonikale Festigung der Grundtonart bei einer transponierenden Übernahme dieser Modulation in die Reprise (D-Dur/B-Dur/fis-moll) noch weniger gegeben, als dies schon bei Beethoven der Fall ist. Ohne eine tonale Stabilisierung durch eine ausführliche Coda in Beethovendimensionen bleibt daher jede Vervollständigung unbefriedigend. Eine solche Coda scheint aber Schuberts Formbestrebungen widersprochen zu haben.

Die mehrfach geäußerte Vermutung,[91] das Klavierstück A-Dur D 604 sei der langsame Satz des fis-moll-Fragments, ist mit Blick auf das *'Modell Mondschein-Sonate'* als eher unwahrscheinlich zu bezeichnen. Es zeigt sich in dieser Vermutung die auch durch die Reprisenvervollständigung spürbare Neigung zu einer formalen Weitung der in einer knappen und dichten Formulierung überlieferten Fragmente: Fragmentarische Sätze werden durch Reprisen, scheinbar unvollständige Satzzyklen durch zusätzliche Sätze ergänzt. Falls das A-Dur-Andante D 604 dennoch eingegliedert wird - wie in den Ausgaben des Henle-Verlages und des Associated Board - so sollte dies aus dramaturgischen Gründen an dritter Stelle des Satzzyklus geschehen, wie Paul Badura-Skoda dies für den als langsamen Satz des f-moll-Fragments D 625 vermuteten Adagio-Satz Des-Dur D 505 vorgeschlagen hat.

Für die Einbindung des Klavierstücks A-Dur 604 in den zyklischen Zusammenhalt des fis-moll-Fragments D 571/570 spricht neben der tonalen Anlage des in A-B-A'-B'-Form[92] gehaltenen Satzes vor allem die motivische Rückbindung der B-Teile an den Eröffnungssatz D 571 und das Scherzo D 570. Auf die Wiederkehr der das Thema des ersten Satzes konstituierenden repetierten Oktaven in Takt 19 hat bereits Gabriele Cervone hingewiesen.[93] Indem die Oktaven in D 604 aber in einem punktierten Rhythmus gegeben sind, kann darüber hinaus ein Nachwirken des *'Modells Mondschein-Sonate'* vermutet werden, für dessen Kopfsatz diese Punktierung - der in D 571 keine Bedeutung zukommt - charakteristisch ist. Die auffällige Umspielung der Dur-Terz Fis desselben Taktes durch Eis, die im folgenden die Figuration bestimmt, weist darüber hinaus deutlich auf das Scherzo.

D 604, T. 19ff

Der in diesem Sachverhalt offenkundig werdende 'Erinnerungscharakter' dieser Stelle läßt es daher kaum plausibel erscheinen, daß dieser Satz vor dem Scherzo stehen sollte. Hinter diesem ist auch seine tonale Funktion für den Gesamtzusammenhang einsichtiger. Indem sich das A-Thema in D 604 sofort von A-Dur nach D-Dur wendet, ist der Beginn des Klavierstücks als dominantische Bestätigung des Scherzoschlusses interpretierbar, der durch die bereits beschriebene Wiederaufnahme der eigentümlichen, auf das Ende der Durchführung in D 571 weisenden Modulation über Fis-Septakkord nach D-dur besonders hervorgehoben ist.

Diese charakteristische Wendung ist nun auch in D 604 aufzufinden: Der A-Teil moduliert nach Fis-Dur (T.16), das zum Fis-Septakkord verändert (T.17) sich mediantisch zum D-Dur des B-Teils wendet.[94] Die tonale Rückbindung des A-Dur-Andante an das D-Dur-Scherzo ist durch diese Maßnahme eindeutig, während durch die Vorwegnahme des Andante vor das Scherzo der diese harmonische Wendung erst konstituierende Attacca-Anschluß des Scherzo an den Kopfsatz entfiele.

Aufgrund des Schriftbilds hat Ernst Hilmar die Entstehung des Klavierstücks D 604 auf "Herbst (September?) 1817"[95] datiert. Die Komposition der angenommenen viersätzigen Sonate hätte sich dann von Juni 1817 (Kopfsatz D 571) über den "Sommer 1817"[96] (Scherzo und Finale D 570) bis in den Herbst 1817 hingezogen. Erst nach Vollendung der dreisätzigen Fassung hätte Schubert dann "not .. as hastiliy executed"[97] wie die ersten Sätze den langsamen Satz - eventuell als Reaktion auf die Viersätzigkeit der H-Dur-Sonate D 575, die jedoch in Verbindung mit der viersätzigen Violinsonate A-Dur D 574 zu sehen ist - nachträglich komponiert. Da er für alle Entwürfe zu dieser Sonate altes und bereits benutztes Papier verwendete,[98] ist aus diesen Gegebenheiten die geplante Abfolge der Sätze nicht mehr ermittelbar.[99]

Auch im f-moll-Fragment D 625 steht das ursprüngliche Modell, als das ohne Zweifel Beethovens *"Appassionata"* f-moll op. 57 angesehen werden kann, einer Aufstockung der dreisätzigen Anlage auf vier Sätze durch Hinzunahme des Des-Dur-Adagios D 505 entgegen. Diese Aufstockung stützt sich auf einen handschriftlichen Incipit-Katalog aus dem Besitz Kreißles, der vermutlich auf Ferdinand Schubert zurückgeht und der das Adagio als zweiten Satz des Werkes ausweist.[100] In der Abschriftensammlung Witteczek-Spaun ist die Sonate dagegen nur mit dem Scherzo und der Adagio-Satz separat überliefert. Das Autograph der Sonate ist verschollen. Diese Indizien lassen nun aber auch die Annahme plausibel erscheinen, daß nicht eine viersätzige, sondern zwei dreisätzige Lösungen mit unterschiedlichen Mittelsätzen vorliegen, von denen diejenige mit dem Des-Dur-Adagio als die frühere anzusehen ist.

Der Kopfsatz des f-moll-Fragments zeigt deutlich, wie Schubert die Beethovenvorlage auf seine formalen Vorstellungen hin verändert. Signifikant ist die Verlagerung der bei Beethoven in der Dissonanztonart E-Dur beginnenden Durchführung (op. 57 I, T.66) auf den bei Beethoven späteren Eintritt des Des-Dur (T.109) und als Folge die Hereinnahme der E-Dur-Dissonanz in das Gefüge der Exposition (D 625 I, T.66). Dies läßt den Schluß zu, daß für Schubert die tonalen Wege Beethovens in der *"Appassionata"* von größerem Interesse als dessen formale Disposition waren, da er die modulatorische Einbindung des E-Dur kopiert und diese trotz der unterschiedlichen weiteren Satzproportionen auch mit derselben Taktzahl beginnen läßt, sie dann jedoch auf wenige Takte komprimiert. Eine identische Länge weist dagegen die weitere Modulation von Des-Dur nach F-Dur auf (Beethoven 43, Schubert 46 Takte). Mit Erreichen des F-Dur bricht Schuberts Skizze ab. Auch hier ist wie in D 570 (Finale) eine Transpositionsreprise mit Blick auf das Beethovenmodell, das eine symmetrische Vierteiligkeit ausbildet,[101] unwahrscheinlich.

Beethoven op. 57 I

Takt	1	17	35	51	66	79	87	109	121	152
	f -	f -	As -	as -	E -	e -	As -	Des -	G/C -	F
Takt	1	15	30	52	54	58	60	76	88 94	112

Schubert D 625 I[102]

Anschließend könnte Schubert dem Beethovenmodell entsprechend einen langsamen Satz in Des-Dur, das Adagio D 505, und den Finalsatz komponiert haben. Beide Sätze weisen in ihrer Themenbildung deutliche Anklänge an das Vorbild auf.

Unterstützt wird diese These durch die Tatsache, daß der für das Scherzo nachgewiesene Attacca-Anschluß an das Durchführungsende des Kopfsatzes auch für das Adagio D 505 (durch den Melodieton As) möglich ist.

Paul Badura-Skodas Begründung für die gegenüber dem Incipit-Katalog vertauschte Reihenfolge der Mittelsätze, "die Aufeinanderfolge von zwei ruhigen und zwei bewegten Sätzen"[103] vermeiden zu wollen, spricht nun aber ebenso für die Annahme, daß Schubert aus diesem Grund den Adagio-Satz aussonderte und durch das Scherzo unter Beibehaltung des Attacca ersetzte. Nicht nur durch das bewegtere Tempo, sondern auch durch die dissonierende Schärfe der Scherzogrundtonart E-Dur erhält der Satzzyklus eine verstärkte Dramatik, die die gegenüber dem Beethovenvorbild deutlich geringere rhythmische Kraft des Kopfsatzes zu kompensieren vermag.[104] Gleichzeitig wird die Rückbindung an das C-Dur-Fragment D 612 verstärkt, indem eine symmetrische Anlage zweier in Quintabstand stehender, dreisätziger Satzzyklen entsteht, die in sich um einen E-Dur-Mittelsatz oszillieren.[105]

Die Zyklusfragmente

Das Fragment cis-moll D 655

An der Nahtstelle zwischen den als Sonatenhauptsatz- und Zyklusfragmenten unterschiedenen Fragmentarten der "Jahre der Krise" steht das Fragment cis-moll D 655 aus dem April 1819. Als einziges Fragment besteht es aus nur einem in sich geschlossenen Formteil,[106] der als erste Hälfte eines Sonatensatzes bezeichnet werden muß. Nicht ganz ohne Bedeutung ist hierbei die durch Schuberts Wiederholungsforderung am Ende des Fragments angeregte Frage, ob es sich bei diesem Formteil lediglich um eine Exposition[107] oder um einen integrierten Exposition-Durchführung-Teil[108] handelt. Zahlreiche Details der tonalen Anlage weisen nochmals auf den Kopfsatz von Beethovens Fantasiesonate in derselben Tonart - Opus 27/2 *"Mondschein-Sonate"* -, der in einer durchführungslosen, zweiteilig-symmetrischen Sonatenform geschrieben ist. Das zugrundeliegende Modell eines Moll-Sonatensatzes, der in der Exposition den zweiten Tonartbereich in der Durparallele setzt und in der Durchführung ausführlich von der Durparallele aus zur Dominante kadenziert, findet sich dagegen im Kopfsatz der Klaviersonate a-moll KV 300d(310) Mozarts. Da bei Mozart der den zweiten Teil der zweiteiligen Sonatenform bildende Block aus Durchführung und Reprise wiederholt wird, prallt in der Ausführung dieser Wiederholung die Durparallele als eigentliche Konflikttonart nochmals unvermittelt auf den Tonikaschluß der Reprise. Die auch in der Reprise ausgiebig vertretene Dominante erscheint so in der Funktion einer Scharniertonart.

In Beethovens Opus 27/2 wird die Modulation über die Durparallele zur Dominante in der Exposition zusammengefaßt. Beethoven verbindet dabei zugleich die beiden in einer Mollexposition möglichen Modulationstypen, er verzichtet dann aber auf eine Durchführung:

cis - E - Gis

Die Dominante wird bei der Modulation von der Durparallele aus in aufsteigenden Quintschritten erreicht.[109] Im motivischen Mikrokosmos der

Eingangstakte wird die Dominante dagegen über die Untermediante A-Dur und den (neapolitanischen) Sextakkord der tiefalterierten zweiten Stufe angestrebt:

cis - A - $_3$D - Gis

Diese beiden harmonischen Wendungen, die in ihrer Funktion einmal die tonale Anlage des Formteils *Exposition* und das andere Mal die tonale Struktur der Eingangsmotivik ausbilden, sind in gleicher Funktion bei deutlich gedehnten Taktzahlen auch im Fragment D 655 anzutreffen. Weist die Setzung der Wiederholungszeichen am Ende des Fragments auch auf das Beethovenvorbild der integrierenden Exposition, so deutet die ausgedehnte Sicherung der Durparallele durch deren Dominante, die thematische Autonomie und Ausgestaltung dieses Teils sowie satztechnische Details gleichermaßen auf das Vorbild Mozarts, das wohl auch in der Wiederholung des Durchführungs-Reprisenblocks in den Sonaten a-moll D 537 und A-Dur D 664 wiedererkennbar ist. Die Motivik des Eröffnungsthemas weist dagegen auf Haydn, insbesondere auf die Sonate cis-moll Hob XVI:36 oder die Sonate Es-Dur Hob XVI:49.

Der erste Themenbereich gliedert sich unsymmetrisch in einen themensetzenden, fünftaktigen Vorder- und einen bereits durchführungsartigen, achttaktigen Nachsatz. Indem sich der Vordersatz zur Durparallele, der Nachsatz jedoch zur Dominante entwickelt, nimmt dieser erste Formabschnitt die weitere tonale Entwicklung der Exposition bereits vorweg.

	cis -	E ---	cis -	A -	$_3$D -	A^7 -	(Gis) ---	E ...
T.	1	5	6	8	9	10	12	14

Im Nachsatz findet sich die in der Eingangsmotivik der Beethovensonate aufgefundene, zweifache Neapolitanerreizung, die sowohl auf den Grundton (D/cis) als auch auf die Dominante (A/Gis) gerichtet ist. Die Auflösung in die Dominante (T.12) erfolgt durch eine enharmonische Umdeutung der im Regelfall abwärts aufzulösenden Septe G des A-Septakkords (T.10) in ein leittoniges Fisis, das durch die Halbtonumkreisung in Takt 11 verstärkt, schließlich aufwärts und rein melodisch nach Gis aufgelöst wird. Die nicht akkordisch bestätigte und daher nur vage Dominante wird durch eine chromatisch aufwärts wandernde Trillerbewegung weiter verunklart und schließlich durch die Durparallele E-Dur ersetzt.

In Fortführung der chromatischen Reizung bleibt jedoch auch der Beginn des lyrischen zweiten Themenbereichs tonal instabil und klangflächenhaft irisierend. Erst in Takt 26 wird die Durparallele deutlich stabilisiert, indem die Begleitung auf harmonisch eindeutige Achteltriolen reduziert wird. In weiteren vier Takten wird mit doppeldominantischer Bestätigung die Dominante H-Dur der Durparallele E-Dur erreicht, die - und dies wird für das Weitere von großer Bedeutung - mit ihrer Mollparallele, der Molldominante gis der Grundtonart cis-moll spielt (T.30-33). Diese durch die Anwesenheit der Doppeldominante Dis-Dur der Grundtonart verstärkte Irritation ist auch durch die nochmalige Entwicklung von E-Dur nach H-Dur (T.34-37) nicht mehr rückgängig zu machen. Der H-Dur-Akkord in Takt 37 wird daher der Überleitung in Takt 12 entsprechend auf eine chromatisch schweifende Linie reduziert, die in Takt 38 in der bereits aus Takt 11 bekannten Halbtonumkreisung des Dominantgrundtons Gis ausläuft.

	E - H ---	E - H -	E -	Fis^7 -	H -	Dis -	gis -	H -	E - H -	(Gis)
T.	14-25	26 27	28	29	30	31	32	33	33-37	38

Vergleicht man diese ersten 38 Takte mit der Exposition des f-moll-Fragments, wird ersichtlich, daß mit der Ausbreitung der Durparallele und einer eintaktigen Rückung zur Dominante auch hier das Ende einer Exposition erreicht ist. Wie am Klavier leicht überprüfbar, ist die Rückkehr zum Beginn am Ende des Taktes 38 in greifbarer Nähe, würde die Existenz von die Wiederholung hier fordernden Doppelstrichen eine homogene Lösung bilden.

Schubert komponiert sich stattdessen in eine Durchführung des ersten Themas hinein, die trotz ihrer harmonischen Abweichungen als eine mit 32 Takten überdimensional auskomponierte Dominante interpretiert werden muß. Diese Maßnahme entspricht wiederum dem Beethovenvorbild, da dort die durch Quintschritte erreichte Dominante durch einen Baßorgelpunkt Gis über immerhin 12 Adagiotakte stabilisiert wird.

Weist der G-Septakkord der Takte 39-41, der im Wiederaufgriff des Kopfthemas auch die Funktion einer Schlußgruppe übernehmen könnte, noch deutlich zur Tonika und damit auf den Expositionsbeginn, so führt der auffällige weitere Modulationsweg zu einer Lösung der Tonikadominantbeziehung, als deren äußeres Zeichen die enharmonische Umdeutung der Dominante Gis-Dur zu As-Dur steht.

	$_3Gis^7$ -	$_3A^7$ -	C^7 -	F -	$_3C^7$ -	As -	$_3Es^7$ -	As --	Gis -	gis/Gis -	(Gis)
T.	39	43	45	47	49	52	53	55	59	63-71	73

Wenn Schubert auch die bereits mehrfach erprobte eintaktige Unisono-Überleitung ausschreibt (T.73), um wieder den Grundton anzusteuern, wird bei einem versuchten Anschluß des Expositionsbeginns deutlich, daß das weit zurückliegende cis-moll inzwischen seine Tonikaqualität verloren hat und zur Subdominante seiner Dominante umqualifiziert worden ist. Zusätzlich hat das Hauptmotiv des Satzes durch die Länge des Durchführungsteils seinen Mollcharakter in den Takten 39-53 gänzlich eingebüßt. Eine mögliche Fortsetzung ist daher wegen der Unklarheit der weiteren tonalen Anlage nicht erkennbar.[110]

Wichtiger als Fragen nach der Qualität des Vollendeten ist die Feststellung,[111] daß Schubert im Gegensatz zu der im Mai 1818 entstandenen Sinfonieskizze D-Dur D 615, deren Kopfsatz ebenfalls bis zum Dominantschluß eines ersten Formteils entwickelt ist, nicht von dem eben skizzierten in einen darauffolgenden und im Zuge der Skizzierung eventuell wieder attacca anschließbaren weiteren Satz springt. Dies ist umso auffälliger, als es sich im cis-moll-Fragment "nicht um einen Entwurf, sondern um einen mit großer Sorgfalt begonnenen ersten Satz"[112] handelt.

In diesem Innehalten Schuberts markiert sich ein Wechsel der Vorgehensweise. Die in Entwurf und Reinschrift[113] zur H-Dur-Sonate D 575 beobachtete Reihenfolge, die die Ausarbeitung der Reprisen einem späteren Zeitpunkt überließ und sie damit dem innovativ-schöpferischen Vorgang zu entziehen schien, hatte in den Klaviersonatenfragmenten zu so organischen Verknüpfungen der skizzierten Teile geführt, daß eine nachträgliche Vervollständigung - wie bereits in D 575 spürbar - zu einer nicht mehr tragfähigen Lockerung der tonalen Beziehungen geführt hätte. Die auf die Klaviersonatenfragmente folgenden Versuche zeigen denn auch deutlich das Anliegen, die auch in den Fragmenten beobachtbare symmetrische Anlage der Formteile der Sätze und der Anlage der Sätze im zyklischen Ganzen nun im kontinuierlichen Ablauf der Zeit unter Beibehaltung des tradierten Formenablaufs auszubilden. Die in den Formexperimenten der Fragmente gefundenen Attacca-Modifikationen wirken parallel zu dieser Entwicklung in den Fantasieversuchen dieser Zeit nach. Indem einige tonale Gemeinsamkeiten von dem Fragment cis-moll D 655 auf die vermutlich wenig zuvor entstandene *"Grazer-Fantasie"* verweisen,[114] erweist sich das cis-moll-Fragment als letzte Schnittstelle beider Entwicklungen.

Eine erfolgreiche Sonatensaison 1818/1819

Sonaten B-Dur D 617 und A-Dur D 664
Ouvertüren g-moll D 668 und F-Dur D 679

Es ist kaum zufällig, daß das verstärkte Auftreten von Fragmenten ab 1817 mit einer Häufung von Molltonarten verbunden ist. Von den bislang betrachteten Fragmenten stehen drei - D 571/570, D 625 und D 655 - in Moll, lediglich ein Fragment - D 613/612 - steht in Dur. Die Fragmente zeigen denn auch eine Auseinandersetzung Schuberts mit den verstärkten Möglichkeiten zur leitereigenen Ausprägung von Enharmonik, Chromatik und Mediantik, die sich aus der Variabilität der VI. und VII. Tonstufe der Molltonleiter ergibt. An den dominantischen Übergängen zwischen Kopfsatzexposition und Durchführung der Fragmente D 571 und 625 - ein solcher Übergang findet sich ebenfalls in der späteren Sonate a-moll D 845 - wird deutlich, daß Schubert offenbar zwischen der Ausdrucksqualität von Tonarten und deren statisch-kadentialem Vermögen unterschied oder aber, daß die sich in diesen Fragmenten zeigende neue Ausdrucksqualität ihm der diatonischen Absicherung bedürftig erschien.

Besonderen Widerwillen scheint Schubert gegen die Regel entwickelt zu haben, dem von ihm in zahllosen Kombinationen als Ausdrucksmittel genutzten Gegensatz der Varianten eines Tones die in der Reprise von Mollsätzen übliche statische Funktion zuzuweisen, in der der erste Tonartbereich in der Molltonika durch einen in der Durtonika stehenden, zweiten Tonartbereich abgelöst wird.[115] Auch die weitere Möglichkeit, einen in der Molltonika stehenden zweiten Reprisentonartbereich durch eine entsprechende Coda statisch abzusichern, scheint Schubert mißfallen zu haben. Beide Annahmen sind durch die dargestellte Weigerung Schuberts, den gewählten Modellen in diesen Punkten weiter zu folgen, gerechtfertigt.

Dieser Problematik entsprechend stehen die vollendeten Sonatenwerke der Jahre 1818/1819, die teilweise parallel zu der Arbeit an den Fragmenten entstanden sein dürften, in Dur - 6. Sinfonie C-Dur D 589, Sonate B-Dur für Klavier zu vier Händen D 617, Klaviersonate A-Dur D 664, *"Forellen-*

Quintett" A-Dur D 667 - oder sie sind einsätzig wie die Ouvertüren für Klavier zu vier Händen g-moll D 668 und f-moll/F-Dur D 675 und die Orchester-Ouvertüre e-moll D 648.

Ein Blick auf die Ouvertüren zeigt die vor 1820 für Schubert bestehenden, gattungsbedingten Formalternativen innerhalb der Sonatenform. Bis auf die e-moll-Ouvertüre besitzen alle Ouvertüren eine Introduktion und eine Coda,[116] dafür aber keine Durchführung und bestehen nur aus einem Satz, während in den Klaviersonaten sowohl die Kopfsatzdurchführung als auch die Mehrsätzigkeit mit dem Verzicht auf Introduktionen und ausführliche Codalösungen verbunden ist. Eine additive Verknüpfung beider Formtypen - eine vollständige Sonatenhauptsatzform mit Introduktion und Coda in einer mehrsätzigen Anlage - schien Schubert in diesen Jahren offenbar nur in der Gattung *Sinfonie* angebracht zu sein.[117]

Die formale Besonderheit der e-moll-Ouvertüre D 648, die als einzige der Konzertouvertüren Schuberts in einer vollständigen Sonatenhauptsatzform ohne Introduktion, aber mit Coda ausgeführt ist, läßt sich durch die von Brown gesehene Abhängigkeit des melodischen Reichtums dieser Ouvertüre von klaviergemäßen Vorstellungen erklären.[118] Die in der in ihrer Vertauschung der Themenkomplexe auf den Streichquartettsatz c-moll D 703 weisenden Reprise durchgeführte tonale Lösung, die auch das Hauptthema des Satzes in der Durtonika erscheinen läßt, bedingt durch ihren finalen Charakter zugleich die Einsätzigkeit der Form, indem eine Fortführung des tonalen Diskurses über weitere Sätze jeglichen Ansatzpunkt verliert. Die in dieser Ouvertüre gefundene Reprisenlösung konnte Schubert daher bei den sich kurz darauf im cis-moll-Fragment zeigenden Problemstellungen nicht anwenden.

Wie die e-moll-Ouvertüre zeigen auch die beiden Klavier-Ouvertüren in F-Dur D 675 und g-moll D 668 das Bestreben Schuberts, einen Grundtonvariantenkontrast frühzeitig zu vermeiden. Die F-Dur-Ouvertüre nutzt das zu Beginn der langsamen Einleitung nur vage über die melodische Mollsexte angedeutete f-moll lediglich koloristisch, da bereits der Modulationsweg dieser Einleitung über As-Dur, Des-Dur und C-Dur zum F-Dur des Allegro-Hauptteils den nur in den Mollsextvorhalten durchschimmernden Mollcharakter beharrlich leugnet.[119] In der g-moll-Ouvertüre wird die Molltonika sowohl in der Introduktion als auch im Allegrettoteil auf kadentialem Wege so geschwächt, daß ihre rasche Substitution am Beginn der Reprise ohne einen Charakterkonflikt der Tongeschlechter möglich wird.

Bereits der Introduktionsbeginn vermeidet eine Auskadenzierung der Molltonika, die im ersten Viertakter lediglich im Unisono exponiert wird. Die anschließende akkordische Bestätigung wendet sich dagegen unter Nutzung der Medianten sofort zur Dominante.

Tonart	(g) ---	Es -	B -	c^{6}_{5} -	D
Funktion[120]	t	tG	tP	S	D
Takt	1-4	5	6	7	8

Diese Tendenz der Tonikavermeidung bestimmt auch den Allegrettoteil. Die Tonika wird dort erst am Ende der ersten 24-Takt-Periode erreicht, während vorher die Tonalität, g-moll lediglich streifend, zwischen D-Dur und B-Dur schwankt (T.45-68). Diese zwischen drei Tonarten schwebende Tonalität wird bis zum Ende der Exposition aufrechterhalten. Die endgültige Substitution der Molltonika durch ihre Durvariante erfolgt in der in Takt 220 beginnenden Reprise über die Substitution der Molltonikaparallele B-Dur (tP) durch den Durtonikagegenklang (TG) H-Dur. Wie bisher wird dadurch die Grundtonart nicht durch sich selbst, sondern durch von ihr abhängige Tonarten definiert und damit verschleiert. Die Tonikavarianten werden auf diese Weise über 70 Takte voneinander distanziert (G-Dur erst ab Takt 298), der für die Reprisen von Mollsätzen charakteristische Tonikavariantenkonflikt umgangen. Die erst spät gewonnene Durtonika wird abschließend durch eine ausgedehnte Coda im Allegro-vivace kadenzierend bestätigt.

Wie sicher Schubert im Bereich der Durtonarten die Anreicherung seiner auf einfache Proportionalität weniger Formteile gerichteten 'Kammer'-Sonatenform durch die Tonika-Dominant-Polarität erweiternde Tonarten beherrschte, zeigt die Sonate für Klavier zu vier Händen B-Dur D 617. Angesichts der tiefgreifenden Umarbeitung der Des-Dur-Sonate D 567 zur verspäteten Drucklegung sollte zwar auch im vorliegenden Fall die Datierung auf 1818 durch das spätere Datum der Drucklegung 1823 ergänzt werden, doch repräsentiert die veröffentlichte Fassung auch unter dem Vorbehalt der substantiellen Umarbeitung zumindest Schuberts auf zyklische Einheit gerichtete tonale Formbestrebungen der 'Krisenjahre' 1818-1823.

Die großformale Einbindung dissonanter Tonartebenen durch eine A-B-A-Verschachtelung der Formen weist der B-Dur-Sonate eine Mittlerfunktion auch für die Mollsonaten dieser Zeit zu, erscheinen doch die Formversuche des in zeitlicher Nähe zur Enstehung der B-Dur-Sonate komponierten Fragments f-moll D 625 und der in zeitlicher Nähe zur Veröffentlichung dieser Sonate entstandenen a-moll-Sonate D 784 wie Versuche zur Übertragung der Formlösung der B-Dur-Sonate in die für Schubert schwieriger zu handhabende Mollsphäre. Schon an diesem Punkt muß angemerkt werden, daß Schubert in der a-moll-Sonate D 784 auf die in den Fragmenten cis-moll und f-moll prekären neapolitanischen und chromatischen Dissonanzen verzichtet und wiederum auf die B-Dur-Sonate weisende Tonika/Dominant- und mediantische Verhältnisse wählt. Die Tendenz, selbst diese gegenüber chromatischen Spannungsverhältnissen schwächeren Mediantdissonanzen in übersehbaren A-B-A-Strukturen zu 'domestizieren', verbindet beide Werke zudem mit der 1819 entstandenen A-Dur-Sonate D 664.[121]

Die Einbindung der Obermediante D-Dur in das von einer eindeutigen Dominantstatik getragene tonale System der B-Dur-Sonate D 617 erfolgt in mehreren Abstufungen einer A-B-A-Verschachtelung. Bereits die dreiteilige Großform bindet sie durch eine Duraufhellung der leitereigenen III. Stufe ein:

1. Satz	-	B-Dur
2. Satz	-	d-moll/D-Dur
3. Satz	-	B-Dur

In den in Sonatenform gehaltenen Ecksätzen geht die Durchführung jeweils von der III. Stufe aus. In im Vergleich zur Abfolge im Mittelsatz vertauschter Reihenfolge steht der Durchführungsbeginn im Kopfsatz in D-Dur, im Finalsatz dagegen in d-moll. Da in den Ecksatzexpositionen und -durchführungen die stabilisierende Wirkung der Dominante angestrebt wird, ergibt sich der folgende, symmetrische Ablauf:

1. Satz	Exposition	|: B-Dur -- F-Dur :|
	Durchführung	D-Dur -- F-Dur
	Reprise	B-Dur -- B-Dur
2. Satz	A	d-moll
	A'	d-moll - A-Dur
	A''	D-Dur
3. Satz	Exposition	B-Dur -- F-Dur
	Durchführung	d-moll - F-Dur
	Reprise	B-Dur -- B-Dur

Ebenfalls spiegelbildlich ist die tonale Annäherung an den Mittelsatz gelöst. D-Dur erscheint in der Schlußkadenz des Kopfsatzes (T.159) und - äußerst auffällig - im Anfangstakt des Finalsatzthemas, das sich erst nach diesem direkten tonalen Anschluß an den Mittelsatz nach B-Dur wendet.

Durch diese tonale Statik der Formteile wird erst die in den Formteilen wirksame, weit schweifende Harmonik ermöglicht, die vor allem in den "parallelen harmonischen Vorgängen"[122] des Kopfsatzes die mediantische Erweiterung der grundlegenden diatonischen Kadenzierungen prozessual herleitet.

Die am Ende des ersten Tonartbereichs erreichte Dominante F-Dur (T.31) wird mediantisch nach Des-Dur verändert. Durch diese Maßnahme wird die III. Stufe erstmals destabilisiert. Von dort aus wird der Quintzirkel abwärts durchmessen. Auf a-moll wird jedoch kurz mediantisch zur Dominante ausgewichen (T.51), die anschließend nochmals durch die Quintschrittsequenz angestrebt wird. In diesem Quintfall erscheint die III. Stufe als D-Dur-Septakkord wiederum in ihrer korrekten tonalen Beziehung zum Grundton gestört.

D 617, Kopfsatzexposition

B - F --- Des - As^7- cis - fis - H^7 - e - a - F -- A - D^7 - g - C^7 - F

T. 1-31 33 43 45 46 47 48 49 51 56 58 59 60 61

In der Durchführung wird diese Umdeutung der dritten Stufe bestätigt. Stark vereinfacht läßt sich die Modulation auf das tonale Dreieck D-Dur/B-Dur/D-Dur/F-Dur verkürzen:

D 617, Kopfsatzdurchführung

D - es - B - es - b - f - g - Es - B - As - E - A - D - Fis --- F

T. 69 73 74 75 76 77 79 80 81 82 83 87 92 93 99

In der Reprise führt die vollständige Subdominanttransposition des zweiten Tonartenbereichs zum Aufeinanderprallen (T.151ff) der am tonalen Diskurs beteiligten Tonarten d-moll, B-Dur, D-Dur und F-Dur, womit kurz vor Beginn des zweiten Satzes ohne Hinzufügung einer Coda die Fortführung dieses Diskurses ermöglicht wird.

D 617, Kopfsatzreprise

B - B --- Ges - Des^7 - fis - h - E - a - d - B -- D - G^7 - C - F^7 - B

T. 106-133 135 145 147 150 151 159 160 161 162 163

Der zweite Satz exponiert in seiner A-A'-A''-Reihung nochmals den Variantenkonflikt der III. Stufe in B-Dur, indem der erste Teil in d-moll verbleibt, der zweite zur Dominante A-Dur entwickelt wird und der dritte das Thema nach Dur aufhellt. Im dritten Satz ist die Obermediante D-Dur zum selbstverständlichen kadentialen Teil des Themas geworden, der Diskurs hat sich erschöpft.

Die sich in der B-Dur-Sonate zeigende Verbindung von prozessual-diskursiven harmonischen Entwicklungen und statisch-gerüsthafter Absicherung in einem wohlkalkulierten Formablauf bleibt beispielhaft auch für die expandierenden zyklischen Formen der Zeit nach 1824.[123]

Ein Gattungsexkurs

Streichquartettsatz c-moll D 703
Sinfoniefragmente D-Dur D 615, D-Dur D 708A, E-Dur D 729, h-moll D 759 "Unvollendete"

Die in die von November 1817 bis November 1822 reichende und durch die Ouvertüre F-Dur D 675 und die *"Wanderer-Fantasie"* C-Dur D 760 markierte Lücke der klavieristischen Sonatenversuche fallenden Fragmente in anderen Sonatengattungen zeigen - bei einer Vernachlässigung der sich aus den unterschiedlichen Gattungstraditionen ergebenden Aspekte -[124] die Kontinuität der Formexperimente Schuberts auf dem Gebiet der für Schubert zentralen instrumentalen Großform *Sonate*. Dies zeigt sich in Bezug auf die tonale Disposition des Kopfsatzes in der deutlich erkennbaren Profilierung eines dann durch großformale Vorhaltbildungen chromatischen oder mediantischen Reizungen unterworfenen Tonika-Dominant-Gerüsts (auch in Mollsätzen, wie bereits im Fragment cis-moll D 655 beobachtet) und im Experimentieren Schuberts mit modifizierten Reprisenlösungen, die auf eine verstärkte Auseinandersetzung mit den auf Einsätzigkeit hin konzipierten Ouvertüren-Sonatenformen verweisen.[125]
In Bezug auf Schuberts Kompositionsverfahren ist anhand der vorliegenden Fragmente die bereits für die B-Dur-Sonate D 617 vermutete stärkere Orientierung des Skizzierungsverlaufs am Zeitverlauf des zu gestaltenden Tonstücks dokumentierbar.

Weisen die beiden Sinfoniefragmente in D-Dur D 615 (1818) und D 708A (1821) deutlich auf das an den Klaviersonatenfragmenten festgestellte Verfahren, das in der Skizzierung der Eingangsteile der Sätze - ob willentlich oder nicht, bleibe dahingestellt - diese in einem Attacca-Denkprozeß ohne ausreichende Berücksichtigung der noch einzugliedernden Formteile in eine fantasieartige Reihungsform verwandelt, so zeigen das Streichquartettfragment c-moll D 703 (1820) und die Sinfoniefragmente E-Dur D 729 (1821) und h-moll D 759 *"Unvollendete"* (1822) deutlich das Ringen Schuberts um die traditionelle Form des Satzzyklus aus in sich geschlossenen, aber aufeinander verweisenden Formen.

Gerade bei den Sinfoniefragmenten D 615 und D 708A wird überdeutlich, daß die Legitimation des zweiten Satzes - die innere Notwendigkeit seiner Abfolge auf den ersten - sich nicht von dem nur vermutbaren Satzende des

Kopfsatzes, sondern von dem Ende der ersten und einzig konzipierten Formsektion ableiten läßt.[126] Im Fragment D 615 ist der prozessuale Anschluß des langsamen Satzes, der auffällig ebenfalls in der Grundtonart D-Dur steht, an das Unisono-A des Expositionsendes im Enwurf durch das Fehlen jeglichen Raumes für die Skizzierung weiterer Formteile des Kopfsatzes ablesbar.[127] Im Fragment D 708A hat Schubert zwar ausreichend Platz für die weitere Skizzierung vorgesehen, doch ist auch hier der gedankliche Anschluß des langsamen Satzes in A-Dur an das auch hier die Kopfsatzskizze beendende Unisono-A evident.

Die unter dem offenbar selbst auferlegten Zwang zur Skizzierung im Zeitverlauf entstandenen weiteren Versuche dokumentieren die Problematik, einerseits die tonale Form des Kopfsatzes abzurunden und gleichzeitig von der zweiten Satzhälfte her eine tonale Progression in die weiteren Sätze zu entwickeln, um den offenbar in den Attaccaversuchen neu gefundenen, engen Zusammenhang der Sätze beizubehalten.

Die Exposition des Streichquartettsatzes c-moll D 703[128] baut das tragende Tonika-Dominant-Gerüst über einen neapolitanischen Vorhalt (As-Dur) der Dominante G-Dur auf, der im thematisch ausgeformten Überleitungsteil ab Takt 27 als Mediante (tG) der Grundtonart c-moll eingeführt wurde.[129] Indem die Reprise unter Auslassung des Expositionsbeginns mit diesem Überleitungsteil - nun allerdings aus B-Dur (T.195) - beginnt und den weiteren thematischen Verlauf der Exposition beibehaltend zur Durtonika C-Dur moduliert,[130] umgeht Schubert - wie bereits in den Ouvertüren - den für Mollsätze üblichen Grundtonvariantenkonflikt der tragenden thematischen Abschnitte. Indem die erste Themengruppe in der Molltonika als Coda wiederaufgenommen wird, ergibt sich eine Hybridform, deren Verbindung aus Sonatensatz und Ouvertürenform am ehesten als "M-N-O-N-M or mirror form"[131] (Spiegelform) bezeichnet werden kann.[132]

Im Sinfoniefragment E-Dur D 729 erfolgt der Repriseneintritt aus dem Neapolitaner der zuvor in der Durchführung reichlich auskadenzierten Dominante (C-Dur/H-Dur), nachdem in der Exposition der Eintritt des zweiten Themas in G-Dur, also der Durparallele der e-moll-Introduktion, erfolgt war. Entsprechend der Expositionsanordnung wird die Tonika in der Reprise durch Terzvermittlung erreicht. Obwohl Schubert in der fortlaufenden Skizzierung dieser Sinfonie immer wieder auf den ersten Satz Bezug nimmt - der zweite Satz in der Subdominante A-Dur weist die gleiche ungewöhnlich fünftaktige Periodisierung des Hauptthemas auf wie der Hauptgedanke des ersten Satzes, der dritte Satz intensiviert die durch ihre Funktion als Reprisentonart im ersten Satz deutlich exponierte Tonart C-Dur (erniedrigte VI. Stufe), das Finale bringt das zweite Thema wie im Kopfsatz in G-Dur und verkürzt wie im Quartettsatz D 703 die Reprise um das erste Thema - bricht die Ausarbeitung im Beginn des zweiten Themas der Kopfsatzexposition ab, gleichsam in dem Moment, in dem der für das Weitere entscheidende und ungewöhnliche Modulationsschritt vollzogen ist.[133] Im Streichquartett-Fragment sind lediglich 43 Takte eines langsamen As-Dur-Satzes skizziert. In beiden Fällen könnte somit die aus dem Verzicht, das Hauptthema an der vorgesehenen Stelle des Reprisenbeginns in der Tonika beginnen zu lassen, resultierende Klammerfunktion der Tonika - Expositionsbeginn und Reprisenende - als der weiteren tonalen Progression entgegenstehend interpretiert werden.[134]

Der strukturelle Grundgedanke der bisherigen Versuche, das auf einer Tonika-Dominant-Spannung beruhende tonale Gefüge des Sonatensatzes durch die Einführung kontrastierender Tonartfelder zu erweitern, wird in dem Sinfoniefragment h-moll D 759 *"Unvollendete"* nun deutlich auf eine satzübergreifende Anlage ausgedehnt. Auffällig ist jedoch, daß in diesem Fragment starke neapolitanische Spannungen vermieden werden und das Quintgerüst auf die vom Grundton aus fallende Quint gestützt ist.[135] Deren Statik beruht im wesentlichen auf der melodischen Fixierung, da die tongeschlechtliche Ausformung changierend in der Schwebe gehalten wird und alle die großformale Anlage betreffenden Modulationen aus Unisonofiguren abgeleitet werden.[136] Erkennbar ist eine differenzierte Unterscheidung zwischen den aus 'nackten' Stufenfolgen gebildeten Spannungsverhältnissen und deren charakterlicher Ausgestaltung durch tongeschlechtlich und klangfarbenmäßig differenzierende Akkordsysteme.

In dem Ausdünnen der Akkordik zu statischen Unisono-Spannungen zeigt sich denn auch die Kontinuität, die vom Fragment f-moll D 625 über das Fragment cis-moll D 655 und die Sinfoniefragmente D 615 und D 708A auf die *"Unvollendete"* D 759 und die Sonate a-moll D 784 weist. Indem in diesen Werken die tonale Spannung durch der akkordischen Bestätigung entkleidete Unisoni zu Beginn und zu Ende der komponierten Sektionen gerüsthaft bloßliegt, werden diese Sektionen als in sich schwingende Gebilde zwischen zwei in Spannung zueinander stehenden, aber statisch fixierten Tonstufen interpretierbar.

War Schubert in den fragmentarischen Kopfsätzen über die Komposition der ersten auf diese Art zusammengehaltenen Formsektion nicht hinausgekommen - unter diesem Aspekt verschmilzt im Sinfoniefragment D 615 Introduktion und Exposition zu einer Sektion - so nutzt er in der *"Unvollendeten"* erstmals die in diesem System liegenden Möglichkeiten zur Umdeutung, Reihung und Formverschränkung und zur Steuerung einer langfristigen tonalen Progression,[137] die über die Formabschnitte des Kopfsatzes hinausgehend die beiden vollendeten Sätze aneinander bindet.

Das 'Ende der Krise'

Fantasie C-Dur D 760 "Wanderer"
Sonate a-moll D 784

Als fast paradigmatisch zu nennende Zusammenfassung der Experimente der "Jahre der Krise" entstehen in unmittelbarem Anschluß an das Sinfoniefragment h-moll D 759 zwei Werke, die zusammen betrachtet die ganze Bandbreite der gewonnenen kompositorischen und ästhetischen Möglichkeiten aufzeigen: Die repräsentativ-virtuose Fantasie C-Dur D 760 und die ganz auf klangliche Subtilität angelegte Sonate a-moll D 784. Wenn auch in der Fantasie durch die stärker rhythmische Kraft des Zugrundeliegenden offenkundiger durchgeführt, steht in beiden Werken der ästhetische Gehalt und die thematische Ausformung in direktem Bezug zu den in den langsamen Sätzen offengelegten Zitaten der Lieder *Der Wanderer* in der Fantasie und *An den Mond* in der Sonate.[138] In der Konsequenz ihrer Übernahme dokumentieren sie nicht allein die ästhetische Vertiefung der Instrumentalmusik Schuberts in diesen Jahren, sondern nochmals den Primat des Ästhetisch-Literarischen in der Kunst und wohl auch im Leben des Schubertkreises. Scheint sich auch in ihrer äußeren Vollendung eine Wiedergewinnung der in den Fragmenten aufgegebenen Gestalt des *Opus perfectum* anzukündigen, so weist gerade die für beide Werke immer wieder behauptete Un-Schlüssigkeit der Finallösungen auf das an den Fragmenten entwickelte neue, auf Hegels Definition des *Romantischen* weisende Werkverständnis.[139]

Nicht zufällig stehen auch vom Kompositorischen die Fantasie und die Sonate als Paradigmen der sich aus den tonalen Aspekten der vergangenen Experimente ergebenden Konsequenzen nebeneinander. Nicht nur aus der Sicht des Jahres 1823 tendieren die Werke Schuberts, die auf stark chromatischen Spannungen vor allem zum Grundton des Werkes beruhen, zur Ausbildung in sich geschlossener Formen, also einsätziger wie im Streichquartettsatz D 703 oder durch ihre tonale Kontinuität als einsätzig zu betrachtenden wie im Fragment f-moll D 625 und den Fantasien,[140] während mediantische Verhältnisse für Schubert offenbar leichter in den klassischen Satzzyklus einzubinden waren, obwohl ursprünglich mediantische Spannungen in den Fragmenten D 571/570 und D 613/612 am Beginn der formalen Irritationen gestanden hatten.

1. vollendete Werke mit chromatischer Spannung

Fragment D 625	f-moll/E-Dur
Fantasie D 605A *"Grazer"*	D-Dur/Cis-Dur
Streichquartettsatz D 703	c-moll/Des-Dur
Fantasie D 760 *"Wanderer"*	C-Dur/cis-moll
Fantasie D 940	f-moll/fis-moll
Sonatensatz D 840 I[141]	C-Dur/h-moll
Allegro D 947 *"Lebensstürme"*	a-moll/B-Dur/As-Dur

2. unvollendete Werke mit chromatischer Spannung

Fragment D 605	C-Dur/h-moll
Fragment D 655	cis-moll/D-Dur
Sinfoniefragment D 708A I	D-Dur/As-Dur/A-Dur
Sinfoniefragment D 729	E-Dur/C Dur/H-Dur

Offenkundig ist, daß Schubert in der *"Unvollendeten"* die Exponierung neapolitanischer Kontraste vermeidet, obwohl die irreguläre Setzung des zweiten Tonartbereichs in der Kopfsatzexposition als Untermediante G-Dur solche Spannungen geradezu provozieren müßte.

Wie im Fragment fis-moll D 571 bildet die Untermediante auch in der Kopfsatzexposition der *"Unvollendeten"* einen neapolitanischen Vorhalt zur Dominante aus. In beiden Fällen wird dieser für die kadentiale Rückleitung zum Expositionsbeginn wichtige harmonische Zusammenhang jedoch kaschiert. Im fis-moll-Fragment wird zwischen die Untermediante D-Dur (T.98) und den Dominantseptakkord auf Cis (T.101a) die Tonika eingeschoben. In der *"Unvollendeten"* wird die Auflösung der Untermediante G-Dur in die zur Tonika überleitende Dominante zuerst in melodischer Reduktion in den Bässen unter dem Halteton H vorbereitet (T.107/108), bevor die Dominante in Takt 110 in Quintlage und somit melodisch als harmonische Auszierung der in dem Baßgang zur Tonika erreichten II. Stufe erscheint und damit - harmonisch paradox - eine subdominantische Färbung bekommt. In der Reprise umgeht Schubert die bei konsequenter Übertragung der Expositionsverhältnisse zu erwartende neapolitanische Spannung h-moll/C-Dur und steuert statt dessen die Durtonika über die Durparalle D-Dur an.[142] Die so entstehende Miniatursonatenform nutzt er in Verbindung mit der von dieser Form aus gesehen autonomen Durchführung-Coda-Klammer des Satzes zur Umqualifizierung der Tonika als Molldominante des folgenden Satzes.

Die Grundlage dieser tonalen Progression ist die blockhafte Trennung der einzelnen Formteile durch die den musikalisch-thematischen Vorgang suspendierende Ausdünnung der Übergänge auf fast beliebig umdeutbare Gerüsttöne.

Der behutsame Umgang mit mediantischen Spannungen, die langfristige Vorbereitung der Tonart des langsamen Satzes in der Kopfsatzdurchführung und die Sektionalisierung der tonalen Entwicklung, die nochmals an der *"Unvollendeten"* exemplifiziert wurden, bilden die kompositorische Grundlage auch der Sonate a-moll D 784.[143] Wie in der *"Unvollendeten"* die beiden Sätze, stehen hier die beiden Expositionsabschnitte in einer ausbalanciert schwebenden Quintpolarität.

Im ersten Tonartbereich wird die akkordische Bestätigung der Tonika a-moll auffällig vermieden, während der Subdominantbereich (ab Takt 30: d-moll/g-moll) und vor allem der Dominantbereich deutlich abgetastet werden. Läßt sich im ganzen ersten Tonartbereich kein vollständiger Tonikaakkord in Grundstellung finden,[144] so sind zwei Dominant- und ein Subdominantakkord auffällig im achttaktigen Eingangsthema plaziert. Die Tonika wird so nicht durch sich selbst, sondern lediglich durch das von ihr abhängige Beziehungssystem definiert. Die sich der Wahrnehmung entziehende Fragilität dieses Systems unterstreicht Schubert, indem er in den Takten 18/19 die machtvolle Etablierung der Dominante durch die allerdings ebenfalls bereits geschwächte Doppeldominante (H-Dur, Takt 18, Zählzeit 1 als Quartsextakkord, Zählzeit 3 ohne Quinte) verhindert und nur die Mollvariante erscheinen läßt. Statt einer Polarität wird so der auf den Themenkopf zurückzuführende Quintaufschwung zur tonalen Variante deklassiert.

Die Überleitung in den zweiten Tonartbereich erfolgt mit der aus der *"Unvollendeten"* bekannten Aussetzung des tonalen Prozesses im Zuge einer 'verharrenden' Umdeutung. Sind es dort die unendlich scheinenden Unisonotöne, die sich erst nach langem Verharren dem neuen Ziel zuwenden, so sind es hier die aus dem Thema abgespaltenen trochäischen Seufzer, die ab Takt 46 über immerhin 17 Takte in zwei ungewöhnlichen chromatischen Rückungen auf rein melodischem Weg allmählich den akkordischen Dominantklang des zweiten Tonartbereichs entwickeln und so fast gewaltsam den in Takt 47 drohenden Absturz in die Subdominante abwenden.[145] Diese Überleitung ist zugleich ein Musterbeispiel für die von Dieter Schnebel an anderen Beispielen ausgeführte Zeitstrukturierung Schuberts als Verlauf, "wo nichts weitergeht, Musik sozusagen auf der Stelle tritt"[146], erkennbar an den Dehnungen und Stauchungen des trochäischen Seufzers.

Der so eingeführte Dominantbereich kann nur als geschwächt empfunden werden. Dies äußert sich im Schwanken des klangflächenartig im Pianissimo ausgebreiteten Pulsierens zwischen der Dominante E-Dur und ihrer Subdominante A-Dur, der Tonikavariante der Satztonart (T.61ff). Eine kadentiale Bestätigung der Dominante unterbleibt völlig. Indem das Pulsieren des Klanges ab Takt 75 in den Pausen des wiederaufgenommenen trochäischen Seufzers versiegt, wird die Vagheit der Tonalität wieder auf das den Satz eröffnende Gerüst des tongeschlechtlich unbestimmten Quintaufschwungs zurückgeführt (T.76ff): a-moll, E-Dur, e-moll, zweimaliger Kadenzierungsversuch über H-Septakkord, in ihrer Fortissimo-Leere zerstörend wirkende Oktave E (T.86/90) und resignierender Rückzug über e-moll (T.94), F-Dur-Sextakkord, C-Dur und schließlich d-moll in die mit a-moll (T.98) und E-Dur (T.101) die Polyvalenz des Satzbeginns nachdrücklich dokumentierende Wiederaufnahme der leittonigen Unisonofloskel. Eine Ortsbestimmung unterbleibt auch hier, die die Exposition abschließende Generalpause steht daher nicht ohne Sinn.

Ohne tonale Zentrierung ist eine Dissonanzbildung erschwert. Wenn vom Harmonischen der F-Dur-Beginn der Durchführung auch im Halbtonkontrast zum Expositionsende steht, ist eine neapolitanische Spannung dennoch nicht feststellbar. In den durch den harmonisch nicht darstellbaren Oktavgang h'-h der Oberstimme in den Expositionsschlußtakten 93ff vermittelten Durchgangsharmonien war F-Dur als Sextakkord bereits äußerst subtil eingeführt worden. In der durch Tremoli aufgelösten Eingangsfläche der Durchführung tritt die harmonische Ausdeutung des sich über dem Orgelpunkt der leeren Quint erhebenden chromatischen Oktavbewegungen deutlich zurück (T.104-109). In der anschließenden dynamisch-rhythmischen Eskalation erscheint F-Dur (T.122) als Durparallele der Mollsubdominante (d-moll) und ersetzt diese in ihrer Funktion zur Durtonika A-Dur. Die neapolitanische Einführung tritt so hinter das Mediantverhältnis zur Tonika.[147] Im Weiteren kadenziert die Durchführung ausführlich im Bereich der F-Tonalität, nicht ohne auch hier ein Quintverhältnis nach C-Dur auszubauen, das schließlich f-moll als Subdominante gewinnt. Die Rückleitung zur Grundtonart des Satzes erfolgt, eingebettet in die rhythmische Bewegung durch mediantische Rückung von C-Dur zur Dominante E-Dur (T.157f). Auch hier bleibt die neapolitanische Reizung der Dominante melodischer Art (T.160ff).

Das nur durch die Generalpause getrennte Aufeinandertreffen der durch die Leittonreizung der Quinte bereits in sich harmonisch instabilen Themenkopfvarianten auf der Dominante (Durchführungsschluß) und auf der Tonika (Reprisenbeginn) intensiviert die Instabilität des tonalen Gefüges. In dem nun am Ende des ersten Teils drohenden Absturz über e-moll (T.184) und d-moll (T.212) nach g-moll kommt die 'Rettung' unter fast völligem Verzicht auf den quälend langen,[148] den Zeitverlauf suspendierenden Überleitungsteil völlig überraschend (T.216f) durch die aus der Durchführung geläufige mediantische Stabilisierung der Durtonika A-Dur durch F-Dur, die die Mediante als vollwertigen Ersatz für die nun folgende dominantische Bestätigung profiliert: F-Dur-Septakkord/A-Dur/E-Dur/A-Dur. Erst diese Ordnung der tonalen Beziehungen ermöglicht die sich in dem stärkeren Pulsieren äußernde, frei und gelöst wirkende Stimmung, die trotz Beibehaltung der Trübungen diesem Teil einen von dem der Exposition völlig verschiedenen Charakter gibt. Gleiches läßt sich von der Wiederaufnahme des Überleitungsteils als Coda sagen, die jedoch in Erinnerung an ihre Funktion in der Exposition den Schluß zum nächsten Satz hin öffnet.

Das Andante kehrt in gewisser Hinsicht zum Durchführungsbeginn zurück. Sein rückblickender Charakter zeigt sich neben den zahlreichen thematischen Reminiszenzen vor allem in der Affinität, die die Grundtonart des Satzes, F-Dur, zu ihrer Mollparallele d-moll aufrechterhält, der sie in der Durchführung die Annäherung an die Durtonika A-Dur des Satzzyklus verdankte. An die rhythmische und dynamische Macht der Durchführung erinnert zudem die akkordische Ballung in Ges-Dur, die gewaltsam zur Doppeldominante der Satztonart weiterdrängt und die ebenfalls aus der Kopfsatzdurchführung bekannte Quintpolarisierung nach C-Dur hin einleitet. Im Gegensatz zur Kopfsatzdurchführung bleibt hier die Spannung zwischen F-Dur und C-Dur bis zum Schluß des Satzes bestehen. Die nach der Fermate in Takt 61 angefügte Wiederkehr des Eingangsthemas bildet denn auch keinen Abschluß, sondern dient durch die kadenzierende Einbeziehung des d-moll lediglich der Rückleitung zum a-moll des Finales.

Die eigenartige Form des Finales, das sich als Sonatenform mit zweifach ausgeführter Exposition erklären läßt,[149] führt das tonale Ergebnis des ersten Satzes, das die Mediante F-Dur als Substituenz der Dominante charakterisierte, und des zweiten Satzes, der die Quintspannung F-Dur/C-Dur thematisierte, unter offenkundiger Nutzung der im Kopfsatz der *"Unvollendeten"* gemachten Erfahrungen zusammen. Erst diese Abhängigkeit deckt den Umstand auf, daß auch in der *"Unvollendeten"* die zweiten Tonartbereiche in Exposition und Reprise in einer Quintspannung zueinander stehen: G-Dur/D-Dur. Die Innenspannung des ersten Tonartbereichs ist ebenfalls eine Quintspannung: h-moll/Fis-Dur. Der zweite Tonartbereich der Exposition tritt in der Untermediante ein.

Im Finale der a-moll-Sonate D 784 ist die Quintspannung des ersten Tonartbereichs a-moll/E-Dur. Der zweite Tonartbereich (T.51ff), der in seinem lyrischen Schwingen in deutlichem thematischem Gegensatz zum unruhig flackernden Thema des ersten Tonartbereichs steht,[150] tritt in der Untermediante F-Dur ein, die lediglich für einen Takt (T.79) - über die Molltonika vermittelt - zur eben in die Molltonika zurückführenden Dominante E-Dur 'umgebogen' wird. Dieses Verfahren war weiter oben anhand der Kopfsatzexpositionen der *"Unvollendeten"* und des fis-moll-Fragments D 571 beschrieben worden. Die zweite Exposition bringt das lyrische Thema nach den entsprechenden Modulationen im ersten Thema (T.80ff) nun in der Durparallele C-Dur (T.131ff). Dieser Teil wendet sich nun - und hier wird die Übernahme aus der Reprise des ersten Satzes der *"Unvollendeten"* evident - zur Durtonika A-Dur, erst in Andeutung, dann deutlich in Takt 165.

Im Gegensatz zur von der Reprise im Kopfsatz der *"Unvollendeten"* gebildeten Miniatur-Sonatenform, die sich mit der aus der Schlußgruppe gebildeten Miniaturreprise in der Durtonika begnügen muß, ist im Finale der a-moll-Sonate der in Takt 165 mögliche direkte Anschluß der das zweite Thema in der Durtonika wiederholenden Takte 227ff (die Lage der Töne ist identisch) aus proportionalen Erwägungen der Schlußbildung jedoch verfrüht. Es folgt deshalb eine kurze Durchführung, die mit chromatischem Gebaren ihre harmonische Zentrierung um die bereits mehrfach als Scharniertonart benutzte Subdominante d-moll zu verbergen sucht (T.165ff).

Aus dem aus der Kopfsatzexposition bekannten Dominant-Subdominant-Rahmen erwächst schließlich die Reprise, die den geforderten Grundtonvariantenkonflikt unversöhnlich gegeneinder setzt (T.199ff). Die tumultartige

Coda schließt, nicht ohne nochmals deutlich die Untermediante gestreift zu haben (T.257), nach dem das Thema konstituierenden Kontrapunkt beider Hände, die die Dominante und die Molltonika in Skalen aufgelöst nebeneinander setzt, in Moll.

Da in diesem Finale die Spannungen lediglich nebeneinander gesetzt sind und weder im Tonalen noch im Thematischen eine klärende Durchführung erfolgt, ist die Kennzeichnung Riezlers, dieser Satz sei "doch mehr nur ein 'Kehraus'"[151] zutreffend, sofern sie unabhängig von ihrem deklassierenden Beigeschmack betrachtet wird. Thema der Sonate ist nicht die diskursive Lösung eines zu Beginn dargestellten Gegensatzes, sondern die gleichwohl diskursive Entwicklung eines nicht mehr auflösbaren Spannungsgefüges.[152] Der geöffnete Schluß ist untrennbarer Bestandteil der Ästhetik dieser Sonate.

Angesichts der soeben aufgezeigten Zusammenhänge bleibt unklar, warum nicht die Sonate a-moll D 784, sondern die *"Wanderer-Fantasie"* C-Dur D 760 in unmittelbarem Anschluß an die Komposition der *"Unvollendeten"* D 759 entstand. Gegenüber der in der Sinfonie wie der Sonate waltenden Subtilität erscheint die Schroffheit sowohl der Gebärde wie auch der tonalen Anlage in der Fantasie als deutlich gewählter Kontrast. Doch verwischt der auffahrende Gestus zumal des Beginns lediglich die auch hier vorhandenen Verbindungslinien. Deren wichtigste ist die Suspendierung der musikalischen Prozessualität durch die ihrerseits die Zeitwahrnehmung aussetzenden Überbrückungen mittels der variablen 'Austestung' und Umdeutung einzelner Gerüsttöne.

Diese auskomponierte Latenz und "ausmusizierte Erwartung"[153] verbindet die satztechnisch disparaten Teile der Fantasie an allen wesentlichen formalen Entscheidungspunkten: Zuerst die aus der *"Unvollendeten"* bekannte zweitaktige Überleitung in den auch hier überraschend in einer Mediante (E-Dur) einsetzenden zweiten Tonartbereich aus der Entscheidungsgewalt des unisono gehaltenen Terztones heraus (T.45f); als zweites die an den Überleitungsteil in der Kopfsatzexposition der Sonate a-moll D 784 erinnernde, ausgedehnte chromatische Rückung G/Gis der Überleitung ins Adagio (T.165-188);[154] und - als stärkste Dehnung dieses Prinzips - das ganze Scherzo, das in seiner Thematisierung der Vorhaltbildung As/G das auf 350 Takte erweiterte Gegenstück zur Überleitung ins Scherzo bildet und so die nunmehr fugierte Wiederkehr des Tonikabeginns ermöglicht.[155]

Zweimal ist die Dominante G-Dur Ausgangspunkt, einmal Ziel dieser Irritationen, die immer dort einsetzen, wo der korrekte Verlauf der Sonatenform umgebogen wird, wo von der Sonatenform aus exterritorial gelegenes Gebiet beschritten wird. Die Notwendigkeit hierzu mag Schubert bereits im cis-moll-Fragment gespürt haben, ohne dort die notwendigen Wege zu begehen. Die formalen Grundlagen zeigen denn auch die *"Wanderer-Fantasie"* als Schlußpunkt der aufgezeigten und zumeist fragmentarischen Formexperimente. Die Ineinssetzung von Satzzyklus und Sonatenform gründet auf den in den Attacca-Anschlüssen der Fragmente D 571/570, D 613/612 und D 625 gemachten Erfahrungen, die tonale Rundung der einsätzig zu verstehenden Form wie auch die Integration der neapolitanischen Spannung dagegen auf den im Streichquartettsatz D 703 erprobten. Erst diese weitreichenden Entwicklungslinien ermöglichen die komplexe Formenverschachtelung dieses Werks.

1. Form: Der Sonatenformrahmen

Der Sonatenformrahmen wird von den beiden Allegroteilen gebildet. Der einleitende Allegroteil (T.1-187) enthält Exposition (T.1-82) und Durchführung (T.83-165), "auch wenn Exposition und Durchführung nahtlos ineinander übergehen"[156]. Dieses beide Formteile integrierende Verfahren hatte Schubert bereits im Klavierfragment cis-moll D 655 und im Sinfoniefragment D 708A angewandt.

Der erste Tonartbereich der Exposition endet mit Halbschluß auf der Dominante (T.45), der zweite Tonartbereich steht jedoch irregulär in der Obermediante E-Dur. Da "dem C-Dur-Eintritt danach (Takt 67) die ausmodulierende Rechtfertigung fehlt"[157] und zudem in Takt 70 eine variierte Wiederkehr des Kopfthemas einsetzt, kann das Folgende - der im Finale von D 784 beobachteten Lösung entsprechend - auch als zweite Exposition mit einem ebenfalls irregulären zweiten Tonartbereich, nun aber in der Untermediante As-Dur und über Es-Dur erreicht, angesehen werden, die sich wie schon mehrmals beobachtet der kurzfristig erreichten Dominante (T.165) zur 'korrekten' Überleitung bedient. Nur von hier aus erklärt sich überhaupt die Existenz des G-Dur-Akkords in Takt 165, da für den Verlauf der Fantasie diese Rückgewinnung der Dominante gänzlich überflüssig ist. Sinnvoll ist sie nur, indem deutlich wird, daß hier der Beginn der Reprise für immerhin 432 Takte (Überleitung-Adagio-Presto) suspendiert wird. Die zu dieser äußeren, rahmenartigen Sonatenform gehörende Reprise ist tonal und thematisch eindeutig im fugierten Schlußallegro gegeben.[158]

2. Form: Die innere Sonatenform

Diese Form ist nur tonal ausgeprägt und auch nur so nachvollziehbar.[159] Sie wird gebildet vom Adagio-Teil und dem Prestoteil bis zum Ende des trioartigen Mittelteils in Des-Dur in Prestotakt 268. Ihre tonale Anlage entspricht dem des cis-moll-Fragments in seinem

Entwicklungsstrang cis-moll/E-Dur/As-Dur. Dies wird deutlich in der tongeschlechtlichen wie enharmonischen Variabilität der V. Stufe als Gis-Dur/gis-moll/As-Dur/as-moll. Eine lediglich die Durtonika (Des-Dur/Cis-Dur) ausführende Reprise, wie sie hier im Trioteil des Presto vorliegt, hatte Schubert sowohl in der Ouvertüre e-moll D 648 wie auch in der Miniatursonatenform der Kopfsatzreprise in der *"Unvollendeten"* durchgeführt. Durch die aus der die Fantasie zentral bestimmenden Verwendung des Liedzitats herrührenden Variationenfolge ergibt sich zwar eine Modifikation des gedachten Expositionsteils, doch wird die tonale Entwicklung über die Durparallele zur Dominante hiervon - weil lediglich mehrfach wiederholt - nicht prinzipiell berührt.

3. Form: Die Sonatenspiegelform

Diese Form gewährleistet die Verschränkung der beiden erstgenannten Formen. Sie ist aus dem Vorbild des Streichquartettsatzes c-moll D 703 abzuleiten. In diesem hatte die Tonika den Rahmen durch Ausprägung des Expositionsbeginns und des Reprisenendes für die Etablierung des neapolitanischen Tonartfeldes As-Des-As gebildet, welches den zweiten Tonartbereich der Exposition, die ganze Durchführung und die vorgezogene, tonal irreguläre Reprise des zweiten Themas beansprucht hatte. Der Neapolitaner zum Grundton hatte dort im zeitlich zentralen Punkt des Durchführungsschlusses seinen Platz.

Bei der Übertragung dieses Modells auf die *"Wanderer-Fantasie"* ist der Schluß der dann zweifachen Exposition (s.o.) in Takt 165 anzusetzen. Trotz der Beschränkung auf lediglich eine Grundtonvariante - C-Dur - ist demnach der zweite Tonartbereich der zweiten Exposition in einer Tonart angesiedelt, die ihre Existenz in D 703 von der Molltonika abgeleitet hatte. Die gegenüber dem Streichquartettsatz vertauschten Tongeschlechter der anvisierten neapolitanischen Spannung (D 703: c-moll/Des-Dur; D 760: C-Dur/cis-moll) ermöglicht Schubert nun jedoch die zweifache Vorbereitung der Dissonanz durch ihre Durparallele im ersten Expositionsanlauf und durch ihre Dominante im zweiten.

Vorbereitet wird durch diese Zweiheit wie selbstverständlich auch noch das innere Schwanken des Adagio zwischen cis-moll, E-Dur und Gis-Dur und damit die Spannungslinie der inneren Sonatenform. Mit dem Erreichen des Adagioteils nach der Latenz der Überleitung ist daher die alte Tonika zerstört, da aus dem tonalen Verlauf die dissonanten und irregulären zweiten Tonartbereiche der Expositionen mit Erreichen des cis-moll im Adagio sich als natürliche Vorläufer und bestätigende Zeugen dieser Tonart erweisen und C-Dur zur durch Reizung vorbereitenden Tonart herabstufen. Entsprechend lang ist daher auch die sich im Presto anmeldende Rückkehr, die in keinster Weise tonal, sondern melodisch durch die bereits beschriebenen Sekundreizungen (G/As - As/G) und thematisch durch Andeutung der rhythmisch-bewegten Akkordik im allerdings kaum zum Beginn passenden 3/4-Takt folgt.

Die Trennung von thematischer und tonaler Reprise hatte auch die Form des Streichquartettsatzes bestimmt. Wie hier durch die nur angedeutete und in ihrem Taktcharakter veränderte Themenwiederkehr hatte dort das Vorziehen des zweiten Themas die Ortsbestimmung verunklart.

Da das ausführliche Des-Dur-Trio deutlich die im Adagio begonnene Form rundet, ist die Rückkehr zur Tonika des Finales wieder nur durch umdeutende Rückung möglich, hier jedoch mit durchführender Vehemenz verbunden. Wie in der Überleitung des Adagio ist es jedoch ein 'Umbiegen' und keine ableitende Vermittlung. Seine Berechtigung zieht der Anschluß des Finales aus dem sich auf den entscheidenden Takt 165 berufenden Vorbehalt, der in der nicht nur klanglich ausgeformten, sondern auch ästhetisch geforderten Entkörperlichung des Adagio seinen tieferen Sinn hat.[160] In dieser Form bleibt der Eintritt der Reprise daher letztlich unbestimmbar. Im Beginn des Fugato liegt er bereits zurück, doch ist ein Schluß und damit eine Coda noch nicht in Sicht.

Die Vehemenz des vielgescholtenen Finales erklärt sich denn auch aus der Überbrückung der weit in das Vergangene reichenden Distanz zur Errichtung eines letzten Pfeilers, der mit dem Beginn des Fugato das diesseitige Tonikafundament für die Irrealität der durch die Latenz der Überleitungen entrückt schwingenden Neapolitanerspannung des Adagio setzt.

4. Form: Der Satzzyklus

Diese bekannteste und eindeutigste Formausprägung der Wandererfantasie in Übernahme der klassischen viersätzigen Satzanlage erhält ihre Notwendigkeit aus den inneren Sätzen. Gleichzeitig zeigt sie sich als Weiterentwicklung der in den Fragmenten 1817/1818 beschrittenen Wege. Allein die Vorgabe des Liedzitats, das in seiner tonalen Ambivalenz sowohl der Ausführlichkeit als auch der variativen Ausgestaltung bedurfte, ist hinreichende Begründung. Die Notwendigkeit des Presto als inneren Gegensatz zum Adagio ergibt sich aus der zuvor beschriebenen Kaschierung des Reprisenbeginns wie auch aus der Verhüllung der inneren Sonatenform. Im Presto liegt daher der zentrale Punkt der Formverschränkung verborgen, indem er flächig ausgebreitet wird - ein Prinzip der Vermittlung durch Trennung.

"Der Versuch, das Unbefriedigende des letzten Satzes .. durch einen geschichtsphilosophischen Salto mortale in einen besonderen Vorzug zu verwandeln"[161] ist - was immer damit im Einzelnen gemeint sein mag - nicht so fragwürdig, wie Thomas Kabisch dies behauptet. Denn die zentrale Setzung des Liedzitats, das Schubert gewiß nicht ohne die Worte

Die Sonne dünkt mich hier so kalt,
Die Blüte welk, das Leben alt,
Und was sie reden leerer Schall,
Ich bin ein Fremdling überall.

gehört haben mag, läßt in ihrer Eindringlichkeit vermuten, daß sie und nicht die Verwirklichung einer nur formal verständlichen Idee "substantiell den Auftrag für die Fantasie"[162] gab. Dieser am konkreten Objekt aufzeigbare Primat des Ästhetisch-Literarischen in Verbindung mit den sich in ihm zeigenden kompositorischen Verbindungslinien zeigen den zu Beginn für die ganze Zeit der "Jahre der Krise" behaupteten neuen Ausdruckswillen, der in den Fragmenten der Krisenjahre lediglich seine äußere Manifestation findet. Nur von hier aus erklärt sich - wie schon das Finale der Sonate a-moll D 784 - auch das der *"Wanderer-Fantasie"* als romantische Weitung der Idee über die Dinglichkeit des Werks hinaus:

"Das 'Eigentliche' ist vorbei; nachdem das Adagio das 'Glück .. wo du nicht bist' abgründig vertieft hat, bleibt das ästhetische Subjekt des Finales zurück wie ein Überlebender ohne Aussicht, ins 'Land, das meine Sprache spricht' zu kommen, verurteilt zur Buße dafür, daß .. der Bezugspunkt außerhalb des Werkes liegt."[163]

Anmerkungen

[1] Die Kennzeichnung der Jahre 1817-1823 als Schuberts "Jahre der Krise" ist durch das gleichnamige Symposion geprägt worden.
Vgl. Franz Schubert..Jahre der Krise 1818-1823. Bericht über das Symposion Kassel 30. September bis 1. Oktober 1982, herausgegeben von W.Aderhold, W.Dürr und W.Litschauer, Kassel 1985.

[2] Gülke, *Zwischen Ausgriff und Zurücknahme*, S. 49.

[3] Szondi, *Friedrich Schlegel und die romantische Ironie*, S. 151.

[4] Vgl. Dürr, *Wanderjahre*, S. 14: ".. so sind es nun Gedichte der Romantiker, der Brüder Schlegel und Novalis', die er in Musik setzt"; Zeman, *Franz Schuberts Teilhabe an der österreichischen literarischen Kultur seiner Zeit*, S. 291ff; Kreutzer, *Schubert und die literarische Situation seiner Zeit*, S. 29ff.

[5] Dürr, *Wer vermag*, S. 17; Carlton, *Schubert's Working Methods*, S. 46.

[6] Kämper, *Nach Beethoven*, S. 32.

[7] Hubig, *Ontologie des musikalischen Kunstwerks?*, S. 85.

[8] Vgl. Schwarz, *Die ersten Interpreten*, S.106. Die Vorstellung vom beim Musizieren Sarkasmen verbreitenden Schubert liegt quer zum immer noch gängigen Schubertbild. Leider bleibt im Einzelnen unklar, worauf diese Bemerkungen zielen.

[9] Carl Dahlhaus (*Formprobleme*, S. 191ff) hat auf Formexperimente in den frühen Streichquartetten Schuberts aufmerksam gemacht. Diese frühe Experimentalphase Schuberts ist jedoch von der zu betrachtenden deutlich zu unterscheiden.

[10] Friedrich Schlegel im 139. *Athenäum*-Fragment; zit. nach Szondi, *Friedrich Schlegel und die romantische Ironie*, S. 151.

[11] Költzsch, *Klaviersonaten*, S. 76.

[12] Gülke, *Zum Bilde des späten Schubert*, S. 158.

[13] In der Öffnung der Idee über das Werk hinaus unterscheidet sich die romantische Kunst nach Auffassung Hegels von der klassischen (*Ästhetik I*, S. 392).
Die Rezeption der verschiedenen Ästhetiken (Schubart, Kant, Schelling, Friedrich Schlegel, Hegel) durch Schubert läßt sich oft leider nur durch Indizien klären. Zumindest für den Kontakt zum Schlegel-Kreis hat Harry Goldschmidt die Meinung von Otto-Erich Deutsch (*Dokumente*, S. 177) revidiert und auf den möglichen Kontakt über Moritz von Schwind und dessen Malerkollegen Ludwig Schnorr von Carolsfeld hingewiesen, da Schnorr sowohl dem Schlegel- als auch dem Schubertkreis angehörte. Ist schon hier die Möglichkeit des direkten Kontaktes zwischen Schubert und Schlegel gegeben, so ist er anläßlich einer Seance im Hause Schnorrs, bei der die Wirkung z.B. der Variationen aus der *"Wanderer-Fantasie"* auf ein Medium erprobt wurde (!), auch für den 11. März 1825 dokumentiert, da sowohl Schlegel als auch Schubert, der selbst Klavier spielte, anwesend waren (Goldschmidt, *Schubert und kein Ende*, S.288ff).
[14] Eine tabellarische Übersicht über das Verhältnis sämtlicher Fragmente und vollendeten Werke findet sich, nach Gattungen und Jahren aufgeschlüsselt, bei Walther Dürr, *Wanderjahre*, S. 16f.
[15] 'Sonate' lies: Klaviersonate.
[16] Die Sonate D 840 *"Reliquie"*entstand zwar erst 1825 - fällt also nicht mehr in die zu betrachtende Zeit - doch zeigt sie, wie deutlich die in den "Jahren der Krise" gewonnenen Erkenntnisse auch spätere Verfahrensweisen Schuberts beeinflussen.
[17] Die Chronologie ergibt sich aus den Deutschnummern.
[18] Költzsch, *Klaviersonaten*, S. 94.
[19] Schubart, *Ästhetik*, S. 383.
[20] A.a.O., S. 382f.
[21] Schubart, *Ästhetik*, S. 382f.
[22] *Dokumente*, S. 45.
[23] Vgl. Dürr, *Wanderjahre*, S. 15; Solomon, *Schubert and Beethoven*, S. 121.
[24] Ausführlich dargestellt in diesem Kapitel unter *Die Zyklusgestalt*.
[25] Gülke, *Zwischen Ausgriff und Zurücknahme*, S. 48.
[26] A.a.O., S. 55.
[27] A.a.O., S. 51; Carlton, *Schubert's Working Methods*, S. 41.
[28] Godel, *Letzte Sonaten*, S. 37.
[29] A.a.O., S. 38.
[30] A.a.O., S. 58.
[31] Gülke, *Neue Beiträge*, S. 210ff; Carlton, *Schubert's Working Methods*, S. 210ff.
[32] Vgl. a.a.O., S. 116; *Deutsch-Verzeichnis*.
[33] Zu D 571 - D 625 vgl. im Folgenden.
[34] Gülke, *Zwischen Ausgriff und Zurücknahme*, S. 52: "Abschluß der Exposition oder, wie hier wahrscheinlicher, der Durchführung".
[35] Vgl. Brusatti, *Klavierstücke*, Vorwort.
[36] Vgl. Godel, *Letzte Sonaten*, S. 37; Hilmar, *Faksimile D 958-960*, Begleitheft, S.17f. Die Aufführung der Werke in beiden Rubriken ergibt sich aus dem komplexen Vorgehen Schuberts in diesen Fällen.
[37] Auf das gängige Argument der 'Routine' wurde bereits verwiesen.

[38] Das vollständige Werk ist lediglich in einer Abschrift überliefert, deren Datum mit "August 1818" ein Jahr nach der Skizzierung angibt. Vgl. *Deutsch-Verzeichnis*.
[39] Diese ist im Entwurfsautograph deutlich erkennbar. Vgl. auch Carlton, *Schubert's Working Methods*, S. 164.
[40] Kämper (*Nach Beethoven*, S.32) konstatiert im Anschluß an Salzer eine Dreitonarten-Exposition, während Cervone (*Sonate II*, S. 27) ebenfalls von einer vierteiligen Expositionsanlage ausgeht.
[41] Dies ist in einem Vergleich der beiden Möglichkeiten am Klavier leicht festzustellen.
[42] Die Tonika wird erst in Takt 3 akkordisch bestätigt. In der Reexposition ab Takt 29 fehlen die zwei einleitenden Unisonotakte, die sich leicht mit Fis-Dur und E-Dur harmonisieren lassen.
[43] Költzsch, *Klaviersonaten*, S. 76.
[44] Ein ähnliches Verfahren bindet auch die beiden vollendeten Sätze der *"Unvollendeten"* aneinander. Vgl. dazu in diesem Kapitel unter *Ein Gattungsexkurs*.
[45] Die sich in den Klaviersonatenfragmenten zeigende Problematik von Zitat und Modell wird in diesem Kapitel unter *Die Zyklusgestalt* behandelt.
[46] Vgl. die Komplettierung von Badura-Skoda, Klaviersonaten Bd. III, S. 122ff. Carlton (*Schubert's Working Methods*, S. 171) hält auch eine Fortführung in der Subdominante für möglich.
[47] Johann Zürcher (*Alte und neue Ergänzungen*, S. 468ff) bietet gleich drei verschiedene Lösungen an, die deutlich ausführlicher als die von Badura-Skoda sind, darunter eine Scheinreprise aus E-Dur. Die Vielzahl der Möglichkeiten belegt das Schwerwiegende des Abbruchs an dieser Stelle.
[48] Gabriele Cervone (*Sonate II*, S. 30f) weist auf die motivische Ähnlichkeit des Adagio-Beginns mit Takt 87ff des Moderato-Kopfsatzes hin. Die Zugehörigkeit von D 612 kann daher als gesichert angenommen werden.
[49] Diese Verschränkung zeigt sich auch in anderen Sonaten des Jahres 1817. Vgl. auch die Bemerkungen zu D 567/568 in Kapitel I unter *Tonart*.
[50] Carlton, *Schubert's Working Methods*, S. 176: "strongly establishing the tonic".
[51] Cervone, *Sonate II*, S. 36f. Diese Auffassung teilt vermutlich auch Badura-Skoda in seiner Subdominant-Ergänzung der Reprise von D 625 I in der Henle-Ausgabe der Klaviersonaten, Bd. III.
[52] Abgedruckt a.a.O., Kritischer Bericht, S. 234 und in der Ausgabe des Associated Board, Vol. II, S. 113. Vgl. auch Carlton, *Schubert's Working Methods*, S. 176.
[53] Cervone, *Sonate II*, S. 37.
[54] Diether de la Motte (*Harmonielehre*, S. 170ff) nennt dieses von ihm anhand einer Stelle aus dem Es-Dur-Klaviertrio D 929 erläuterte Verfahren Schuberts "Chromatische Ton-für-Ton-Klangverwandlung".
[55] Diese harmonische Wendung gehört zudem zum gängigen Repertoire der Klassik. Sie findet sich z.B. bereits in Beethovens früher Sonate Es-Dur op.7 in den Kopfsatztakten 97-99 zur Einführung der Doppeldominante (ebenfalls F-Dur!).

[56] Die Vervollständigungen von Rehberg und Ratz folgen dieser Diktion denn auch auf unterschiedlichen Wegen. Ratz restituiert die Verhältnisse der Exposition und schließt entsprechend der Lösung im Finale in Dur. Rehberg versucht, die Modulationen des zweiten Teils der Exposition den tonalen Erfordernissen einer Reprise anzugleichen. Ebenso wie Badura-Skoda benötigen beide eine eigene Coda. Vgl. Zürcher, *Alte und neue Ergänzungen*, S. 470f.

[57] Vgl. Whaples, *Style in Schubert's piano music*, S. 264. Das E-Dur der Takte 54ff wird in dem Stufendiagramm von Whaples als Fes-Dur, die erniedrigte VI. Stufe der Durparallele als As-Dur interpretiert.

[58] Dies gilt auch für den vermuteten Alternativ-Satz, das Adagio Des-Dur D 505. Vgl. im folgenden Abschnitt.

[59] Indem das Dis in den Mittelstimmen erscheint, wird der Baßgang unmerklich aufgefangen.

[60] Darauf hat Gabriele Cervone (*Sonate II*, S. 30f) hingewiesen.

[61] Vgl. Carlton, *Schubert's Working Methods*, S.154; Zürcher, *Alte und neue Ergänzungen*, S. 468.

[62] Cervone, *Sonate II*, S. 23: ".. qui si hanno unicamente variazioni della cellula initiale".

[63] Vgl. Gülke, *Musikalische Lyrik*, S. 208: "Dies Thema besitzt und vertritt nicht mehr eine Tonart im klassischen Sinne - seine 'Tonart' ist die Spannung zwischen Es und G" (Zitat bezogen auf das Streichquintett).

[64] In der Ausgabe der Associated Board (Vol. II) sind durch die Zählung der Seconda-volta-Takte die Taktzahlen der Durchführung sämtlich falsch (Differenz: 2 Takte).

[65] Auf Funktionsbezeichnungen wird im Folgenden verzichtet, da die von den Funktionen intendierten harmonischen Bewegungsrichtungen nicht festzustellen sind. So sind auch der A-Septnonakkord ohne Grundton und der G-sixt-ajouté-Septakkord mit übermäßiger Sext und großer Sept nur als Hilfskonstruktionen aufzufassen. Wie auch am Ende der Durchführung von D 625 I sind melodische Färbungen durch diese Akkorde intendiert. Der letztgenannte Akkord ist besonders interessant, da er sich in derselben Funktion auch in D 625 I befindet. In D 571 ist ihm allerdings zusätzlich seine Auflösung nach Fis bereits im Erklingen mitgegeben: G-H-D-Eis löst sich neapolitanisch zum Fis, welches durch G-Fis-H-D-Eis bereits mitschwingt. Als Nebeneffekt erklingt in diesem Akkord nun auch bereits das h-moll des Taktes 141, das sich zusätzlich zu seiner Quartsextlage nun nicht als Zieltonart der Modulation, sondern als Derivat von Fis-Dur erweist.

[66] In seiner Reprisenvervollständigung bringt Badura-Skoda daher auch dynamische Auflockerungen (Klaviersonaten Bd. III, T. 233ff).

[67] Vgl. dazu weiter unten im Text.

[68] *Dokumente*, S. 45.

[69] Dürr, *Wanderjahre*, S. 13.

[70] Ebd.

[71] Vgl. Solomon, *Schubert and Beethoven*, S. 124; Temperley, *Schubert and Beethoven's Eight-Six Chord*, S. 142ff; Chusid, *Symphony in B minor*, S. 98ff.

[72] Martin Chusid (ebd.) betont z.B. den Einfluß von Beethovens 5. Sinfonie auf Schuberts *"Unvollendete"*, während Beth Shamgar (*Schubert's Mozart*, S. 84ff) die stilistischen Ursprünge dieses Werks bei Mozart sucht.

[73] Vgl. Dürr, *Wanderjahre*, S. 15; Solomon, *Schubert and Beethoven*, S. 121; Dahlhaus, *Franz Schubert und das "Zeitalter Beethovens und Rossinis"*, S. 22ff; Bisogni, *Rossini e Schubert*, S. 920ff; Cone, *Schubert's Beethoven*, S. 277ff; Schwarting, *Komposition nach Vorbild*, S. 130ff.

[74] Das Zitat unterscheidet sich vom Modell durch die Tatsache, daß es wahrgenommen werden soll, will es seiner zeichenhaften Funktion gerecht werden.

[75] Vetter, *Der Klassiker Schubert*, Bd. I, S. 284.

[76] Vgl. ebd; Költzsch, *Klaviersonaten*, S. 95; Kämper, *Nach Beethoven*, S, 35. Zu Finalsatzübernahmen vgl. Cervone, *Sonate II*, S. 39ff.

[77] Die Annahme von Vetter (*Der Klassiker Schubert*, Bd. I, S. 285) "im C-Dur-Werke meidet er Beethoven, im f-moll-Werke sucht er ihn" ist daher falsch. Die Vielzahl der stilistischen Anklänge in D 613/612 weist auf eine Collagetechnik.
Vgl. Whaples, *Style in Schubert's piano music*, S. 277ff; Cervone, *Sonate II*, S. 39; Költzsch, *Klaviersonaten*, S. 95ff.

[78] Carlton, *Schubert's Working Methods*, S. 173. Vgl. auch Hilmar, *Verzeichnis*, S. 77.

[79] In den Takten 201-270 ist lediglich die Oberstimme vollständig aus geführt. Da die übrigen Stimmen in wenigen Takten jedoch angedeutet sind, ist die Vervollständigung gemäß den Takten 27-96, wie sie von Ferguson und Badura-Skoda ausgeführt ist, durchaus als authentisch zu betrachten.

[80] Als Vorbilder für die Wahl der Tonart verweist Kämper (*Nach Beethoven*, S. 30f) auf C.Ph.E.Bach, Ries, Hummel und Moscheles. Fis-moll-Sonaten aus der Zeit vor 1817 gibt es außerdem von Clementi (op. 25/S) und J.L.Dussek (op. 61). Newman (*Since Beethoven*, S. 673) vermutet auch in anderen Werken Verbindungen zwischen Schubert und Dussek.

[81] Cervone, *Sonate II*, S. 23.

[82] Vetter, *Der Klassiker Schubert*, Bd. I, S. 183.

[83] Ebd.

[84] Schnebel, *Klangräume-Zeitklänge*, S. 95.

[85] Die Nachahmung dieses harmonischen Plans, der die auffällige Abfolge Molltonika-Tonikaparallele-Dominante und damit die Verbindung der beiden Möglichkeiten für den zweiten Tonartbereich eines Mollsonatensatzes aufweist, findet sich im cis-moll-Fragment D 655.

[86] Diese Anweisung unterstreicht den Modellcharakter der *"Mondschein-Sonate"* für D 571, da Attacca-Anweisungen bei Haydn und Beethoven sonst lediglich zweite Sätze und Finalsätze aneinander binden.

[87] Der Gang in die Untermediante der Grundtonart findet sich in Beethovens Op. 27/2 in den Eröffnungstakten, indem auf die cis-moll-Fläche (T.1/2) A-Dur (T.3) folgt, das dann nach D-Dur weitergeführt wird.

[88] Költzsch, *Klaviersonaten*, S. 76. Angesichts der Beethoven-Vorgabe erscheint es befremdlich, daß Költzsch (a.a.O., S. 75) das fis-moll-Finale unter die "wirrsten Formungsbilder" zählt.

[89] Ausgedehnte Codalösungen sind in den Klaviersonaten Schuberts erst ab 1824 festzustellen. Die Sonaten vor dieser Zeit weisen durch den Drang zur Proportionalität der zweiteiligen Lösung zudem eher auf Mozart und Haydn.

[90] Zur Funktion von Terzbeziehungen in den Sonatensätzen Schuberts vgl. Federhofer, *Terzverwandte Akkorde*, S. 61ff; Hinrichsen, *Spätwerk*, S. 20ff. In Anlehnung an Elmar Seidels Begriff der "parallelen harmonischen Vorgänge" (*Enharmonik*, S. 32) schreibt Hinrichsen (*Spätwerk*, S. 22): "Bisweilen verhalten sich im Schubertschen Sonatensatz sogar ausgedehnte Teile der Exposition und der Reprise zueinander als 'parallele harmonische Vorgänge' - besonders eindrucksvoll dann, wenn solcherart enharmonische Großbeziehungen erzeugt werden".

[91] Zuerst von Brown, *Essays*, S. 204. Vgl. auch Hilmar, *Verzeichnis*, S. 102 und Cervone, *Sonate II*, S. 21-24.

[92] Vgl. a.a.O., S. 23.

[93] A.a.O., S. 24.

[94] Neben der Schlußwendung im Scherzo ist dieser Sachverhalt ein nochmaliger Hinweis auf den Attacca-Anschluß des Scherzo an den Kopfsatz, da erst dieser die betrachtete harmonische Wendung konstituiert.

[95] Hilmar, *Verzeichnis*, S. 102.

[96] A.a.O., S. 97.

[97] Carlton, *Schubert's Working Methods*, S. 154. Nach Carlton weisen auch die Autographe von D 571 einerseits und D 570 andererseits nochmals unterscheidbare Handzüge auf (A.a.O., S. 156). D 571 trägt darüber hinaus zahlreiche Korrekturen (A.a.O., S. 154).

[98] A.a.O., S. 153f.

[99] Ein Scherzo als zweiten Satz einer viersätzigen Anlage weist die erste der zwei Fantasiesonaten Beethovens (Es-Dur, op. 27/1) auf, die ebenfalls zahlreiche Attaccaanweisungen aufweist. Eine entsprechende Anordnung findet sich ebenfalls in den Beethven-Opera 26, 31/3 (2.Satz: Scherzo, 3.Satz: Menuett), 101 (dritter Satz als Adagio-Introduktion ins Finale, zweiter Satz/Scherzo jedoch in der Untermediante), 106 und 110 (erst 1821 komponiert).

Die Hammerklaviersonate op. 106 weist einen langsamen Satz in fis-moll auf, der im 6/8-Takt und in A-B-A'-B'-Form steht. 6/8-Adagiosätze in dieser Sonatensatzform finden sich bei Beethoven nur in Opus 106 und in Opus 10/3 (Largo e mesto). Opus 57 besitzt eine 6/8-Introduktion ins Finale.

Bei Haydn weist lediglich die bekannte Es-Dur-Sonate (Hob XVI:38) einen 6/8-Adagio-Satz auf. Diese Sonate erschien als Nr. 4 der Sammlung, deren Nr. 2 in cis-moll (Hob XVI:36) das Thema des cis-moll-Fragments D 655 beeinflußt haben könnte. Nr. 3 dieser Sammlung in D-Dur (Hob XVI:37) zählt zu den bekanntesten Sonaten Haydns. Das Adagio dieser Sonate ist zwar eine längere Einleitung zum Finale mit Schluß auf der Domiante, doch sind die repetierten Schlußakkorde klanglich der Schlußlösung in D 605 verwandt.

[100] Vgl. Cervone, *Sonate II*, S. 34f; Bisogni, *Sonate della maturità*, S. 89ff; Brown, *Schubert*, S. 66.

[101] Exposition ohne Wiederholung, Durchführung, Reprise, Coda. Exposition und Reprise sowie Durchführung und Coda korrespondieren. Vgl. Rosen, *Der klassische Stil*, S. 451.

[102] Miriam Whaples (*Style in Schubert's piano music*, S. 264), die eine stufentheoretische Deutung des Expositionsweges gibt, verweist als Vorbild auf die Streichquartett-Opera 50 und 76 "and some of the later symphonies" Haydns sowie auf Mozarts *"Dissonanzen-Quartett"* KV 465.

[103] Badura-Skoda, Klaviersonaten, Bd. III, Vorwort.
[104] Vorbild für die Halbtondissonanz der Satztonarten könnte Haydns Es-Dur-Sonate Hob XVI:52 gewesen sein.
[105] Vgl. Kapitel II unter *Tonale Verschränkung.*
[106] Das Fragment e-moll D 769A bricht ohne erkennbare Formzäsur nach Erreichen der Dominante ab. Im Sinfoniefragment D-Dur D 615 ist noch ein weiterer Satz skizziert.
[107] Dies nimmt Howard Ferguson (Associated Board, Vol. II, S. 127) an.
[108] Vgl. Bisogni, *Sonate della maturità*, S. 91.
[109] Vgl. in diesem Kapitel unter *Die Zyklusgestalt.*
[110] Schließt man die Wiederholung gemäß Schuberts Forderung an, so erhält die Tonika die sonst in Schuberts Subdominantreprisen typische helle Klangfärbung (Vgl. z.B. D 575 I). Deutlich hörbar ist ebenfalls, daß die Tonika cis-moll nicht mehr als Konsonanz, sondern als Dissonanz wirkt.
[111] Hans Költzsch (*Klaviersonaten*, S. 100f) über D 655: ".. sich mehr und mehr auf ungangbare Pfade verirrte", "73 qualvoll lange Expositionstakte", "ein Zusammenbruch der 1817 mit kühnem Wagemut begonnenen Gestaltungstendenzen".
Walter Vetter (*Der Klassiker Schubert*, Bd. 1, S. 293f, Anm. 133) sieht in der Aufgabe des Fragments einen "Beweis sachlicher Selbstprüfung".
[112] Hilmar, *Verzeichnis*, S. 97. Stephen Edward Carlton (*Schubert's Working Methods*, S. 179) bestätigt die Sorgfalt der Niederschrift, spricht aber von einem "sketch and not a first draft".
[113] Gemeint ist, da keine autographe Reinschrift erhalten ist, die Abschrift. Reinschrift bedeutet in diesem Zusammenhang jedoch das Stadium der Ausarbeitung.
[114] Gemeint ist die Modulation Cis-As in den Takten 118ff. Der in der Fantasie durch diese Tonarten ausgebildete harmonische Vorhalt zur Dominante der Grundtonart (Cis-As-G-C) weist bereits auf die *"Wanderer-Fantasie".*
[115] Lediglich die e-moll-Sonate D 566 weist eine regelkonforme Lösung (Exposition: t-Tp, Durchführung, Reprise t-T) auf. In der Sinfonie Nr. 4 c-moll D 417 erfolgt die Kopfsatzreprise aus der Molldominante, in der Klaviersonate a-moll D 537 aus der Subdominante, ohne daß eine Transpositionsreprise und damit statische Gründe vorliegen. Martin Chusid (*Symphony in B minor*, S. 75) erklärt dies durch die Annahme, daß "Schubert's ear could not tolerate extended passages completely in the tonic key".
[116] Vgl. Steinbeck, *Ouverture*, S. 77f.
[117] Lediglich die 5. Sinfonie B-Dur D 485 und die Sinfoniefragmente D-Dur D 708A, h-moll D 759 *"Unvollendete"* und D-Dur D 936A sind ohne langsame Einleitungen konzipiert.
[118] Brown, *Schubert*, S. 88: "Schubert war sich in seinen Lehrjahren noch nicht bewußt, daß die kaleidoskopartigen Harmonien, so wirksam sie auch auf dem Tasteninstrument sind, in der Orchesterversion ihre Farbe einbüßen".
[119] Dieser auf den Eingangstakt zurückgehende Mollsextvorhalt findet sich in den Takten 19 und 26/27.
[120] Funktionsbezeichnungen nach Diether de la Motte, *Harmonielehre*, S. 160.
[121] In D 664 wird die Obermediante Cis-Dur (tG) in die A-B-A-Struktur des ersten Themas eingebunden.

[122] Elmar Seidel (*Enharmonik*, S. 32) in Ersetzung des Begriffs der (tonalen) Sequenz. Ein Musterbeispiel ist die im Folgenden dargestellte Übernahme der Modulationen des zweiten Tonartbereichs aus der Exposition in die Reprise.

[123] Vgl. die Analyse der Sonate D-Dur D 850 in Kapitel IV.

[124] Neben durch das Instrumentarium verursachten satztechnischen Unterschieden ergeben sich formale Unterschiede v.a. durch Schuberts Vorliebe für langsame Einleitungen in seinen Sinfonien. Lediglich die 5.Sinfonie in B-Dur und die Fragmente D 708A, D 759 *"Unvollendete"* und D 936A sind ohne Einleitung konzipiert.

[125] Zur Tradition modifizierter Sonatenformen in Ouvertüren vgl. Steinbeck, *Ouvertüre*, S. 7ff, 19ff, 82ff.

[126] Ausführliche Analysen finden sich bei Peter Gülke, *Neue Beiträge*, S. 187ff; ders., *Zwischen Ausgriff und Zurücknahme*, S. 48ff.

[127] Die Autographe zu D 615 und D 708A wurden von Ernst Hilmar (*Drei Symphonie-Fragmente*) veröffentlicht. In den Schallplatteneinspielungen der Fragmente durch Peter Gülke (leider ohne D 615 II) und Neville Marriner ist die Attacca-Kontinuität auch hörbar nachzuvollziehen. Vergleiche der Orchesterfassungen finden sich bei Hartmut Lück (*Die symphonischen Fragmente Franz Schuberts*, S. 431ff) und Paul-Gilbert Langevin (*Franz Schuberts symphonische Fragmente im Werden*, S. 506ff).

[128] Ausführliche Analysen und weiterreichende Literaturhinweise finden sich bei Werner Aderhold (*Das Streichquartett-Fragment c-moll D 703*, S. 57ff) und Marianne Danckwardt (*Funktionen von Harmonik und tonaler Anlage in Franz Schuberts Quartettsatz c-moll D 703*, S. 50ff).

[129] Vgl. a.a.O., S. 55. Der Neapolitaner des Grundtons (Des-Dur/C-Dur) erscheint im tonalen Plan des Satzes als Subdominante von As-Dur (Vgl. Tabelle a.a.O., S. 58).

[130] Marianne Danckwardt (ebd.) setzt den Reprisenbeginn erst mit Erreichen der Durtonika an. Die thematische Ausgestaltung läßt es jedoch sinnvoll erscheinen, die Reprise ab Takt 195 anzusetzen, wie dies auch Werner Aderhold (*Das Streichquartett-Fragment c-moll D 703*, S. 58) annimmt.

[131] William S. Newman (*Classic Era*, S. 146) erläutert diese Form am Beispiel von Mozarts Streichquartett KV 284c/I. Auf Schuberts Streichquartettsatz angewandt ergibt sich: M = 1. Themenbereich, N = 2. Themenbereich ab Takt 27 bis Expositionsende, O = Durchführung, M' = Reprise des 2. Themenbereichs, N' = Reprise des 1. Themenbereichs als Coda.

[132] Die Nähe zur Ouvertürenform ergibt sich, wenn man den M-Bereich als Introduktion/-Coda betrachtet sowie durch die verhältnismäßige Kürze von Introduktion, Durchführung und Coda.

[133] Eine Kurzanalyse findet sich bei Walter Riezler, *Schuberts Instrumentalmusik*, S. 30f. Die bekannteste Vervollständigung ist die bei der Universal Edition (Wien 1934) erschienene von Felix Weingartner.

[134] Vor allem in Bezug auf D 729 muß erwähnt werden, daß Schubert im Kopfsatz der 4. Sinfonie c-moll D 417 (1816) die Reprise mit dem ersten Thema aus der Molldominante eintreten läßt. Doch ist in diesem früheren Werk die innere Notwendigkeit der Satzabfolgen mit der in späteren Werken wie etwa der *"Unvollendeten"* entwickelten nicht zu vergleichen.

[135] Durch die deutliche Schwächung der Dominante im ersten Satz werden die Subdominantvarianten, die die Durchführung und den zweiten Satz bestimmen, zur eigentlichen Gegentonart.

[136] Analysen finden sich bei Martin Chusid (*Symphony in B minor*, S. 71ff, mit übersichtlichen Graphiken) und Peter Andraschke (*Sinfonie h-moll*, S. 96ff).

[137] Die Unisono-Vermittlungen beanspruchen deutlich Zeit und trennen so die Sektionen. Dadurch wird es möglich, daß die Reprise in sich eine separate Sonatenform ausbildet (2. Tonartbereich in D-Dur) und sich mit Durchführung und Coda der Satzform zu einer ouvertüren-ähnlichen Form verbindet, die aus der Subdominante entstehend über die Tonika-Duraufhellung der Schlußgruppe (T. 313 = verkürzte Reprise der kleinen Sonatenform) trotz des Coda-moll-Schlusses die Progression zur Dur-Subdominante E-Dur des 2. Satzes vorbereitet, die sich als eigentliche Tonika des zweisätzigen Gebildes offenbart.

[138] Vgl. Godel, *Fantasien*, S. 200; Költzsch, *Klaviersonaten*, S. 107. Es ist von Hans Költzsch nicht gesehen worden, daß sich auch die Thematik des Kopfsatzes in D 784 aus dem Lied *An den Mond* D 614 ableiten läßt.
Zur Funktion des Selbstzitats in Schuberts Musik vgl. Godel, a.a.O.; Hollander, *Selbstzitat*, S. 11ff; Hoorickx, *Reminiscences*, S. 373ff.

[139] Zur Problematik des *Opus perfectum* bei Schubert vgl. Godel, *Letzte Sonaten*, S. 283ff. Entsprechende negative Bewertungen des Fantasiefinales finden sich bei Thomas Kabisch (*Liszt und Schubert*, S. 137ff) und des Sonatenfinales bei Walter Riezler (*Schuberts Instrumentalmusik*, S. 47f).

[140] Die für die Fragmente behauptete Attacca-Anbindung wird bestätigt durch die Tatsache, daß Schubert auch in den Fantasien die hier implizit geforderten Attacca-Anschlüsse nicht durch dezidierte Attacca-Anweisungen auch ausdrücklich fordert.

[141] In dieser chromatischen Innenspannung des Kopfsatzes könnte daher ein Grund für das Scheitern der zyklischen Satzanlage vermutet werden.

[142] Dieser Sachverhalt kann auch die fehlende Reprisenlösung in D 571 verständlich machen. Aus der Sicht der *"Unvollendeten"* ist die den zweiten Tonartbereich in der Durtonika ansetzende Vervollständigung Badura-Skodas, die sich offenbar an D 537 orientiert, wenig glücklich (Vgl. Klaviersonaten Bde. I u. III).

[143] Vgl. auch die analytischen Aspekte zu D 784 in Kapitel I unter *Tempo und Takt* sowie in Kapitel II unter *Orchestrale Raumweitung*. Eine von der rhythmischen Variantenbildung ausgehende Analyse des Kopfsatzes findet sich bei Thomas Kabisch, *Liszt und Schubert*, S. 25ff.

[144] Es wird daher abgeraten, akkordische Vervollständigung durch ganztaktige Pedalisierungen künstlich aufzubauen (z.B. Takt 14).

[145] Entsprechend der Überleitung ab Takt 22 wäre d-moll das Ziel.

[146] Schnebel, *Befreite Zeit*, S. 71.

[147] Donald F. Tovey (*Tonality in Schubert*, S. 354) irrte, als er die *"Unvollendete"* als einziges Beispiel für ein Moll-Sonatenwerk Schuberts anführte, in dem Schubert nicht die Tonikaparallele als zweiten Tonartbereich ansteuert. Aber auch in dem Ausbau der Dominante durch ihren Neapolitaner folgt die a-moll-Sonate der Sinfonie, allerdings mit dem Unterschied, daß in der Sonate die Rückung in den Neapolitaner erst zum Durchführungs-

beginn erfolgt, während sie in der Sinfonie auf den Beginn des zweiten Tonartbereichs vorgezogen ist.

[148] Walter Riezler (*Schuberts Instrumentalmusik*, S. 47) bezeichnet den Überleitungsteil in der Exposition als "dürre Stelle".

[149] Vgl. Denny, *The Finale*, S. 78f; Kämper, *Nach Beethoven*, S. 38: "Das Finale verbindet Rondo- und Sonatenform". Das Rondoartige ergibt sich aus der thematischen Ausformung als A-B-A-B-A-B-A, doch ist die auf der tonalen Anlage beruhende Sonatenform-Interpretation überzeugender.

[150] Walter Vetter, *Der Klassiker Schubert*, Bd. 1, S. 288: "Das erste Thema läßt uns an Domenico Scarlatti, Rameau, Händel denken, das zweite ist schwärmerische Romantik".

[151] Riezler, *Schuberts Instrumentalmusik*, S. 48f: "Doch ist der Satz als Ganzes, verglichen mit den beiden anderen, doch mehr nur ein 'Kehraus' als ein vollgewichtiges Finale für ein Werk, das so großartig begonnen hatte".

[152] Zur Anwendung des Diskursbegriffs vgl. Kapitel IV.

[153] Gülke, *Franz Schubert und seine Zeit*, S. 204. Bei Peter Gülke bezieht sich das Zitat auf die Takte 165-188.

[154] Ebd.: "Verglichen mit der zuvor entfalteten Sonate dehnt sie sich unmäßig, eine Negation der zuvor geltenden Prämissen konzentrierender Knappheit".

[155] Letztlich ist trotz der eingebauten Akkordik das ganze Presto eine Umspielung dieses Vorhalts. Das Eingangsthema des Presto reizt mit Akzent im Unisono G/As, das Trio (T. 179 des Presto) beginnt in äußerster Zartheit mit der dann immer wieder umspielten Gegenbewegung As/G. Im Tremolo der Prestotakte 301f werden As und G - auf beide Hände verteilt - unvermittelt übereinandergesetzt.

[156] Zitat und Takteinteilungen nach Arthur Godel, *Fantasien*, S. 201 und S. 205 Anm.13.

[157] Gülke, *Franz Schubert und seine Zeit*, S. 203.

[158] In der Literatur wird das Reprisenproblem unterschiedlich entschieden. Vgl. A.a.O., S. 205; Godel, *Fantasien*, S. 201; Kabisch, *Liszt und Schubert*, S. 139 Anm. 186.

[159] Sonatenform ist hier als Ausprägung und Lösung tonaler Polaritäten gemeint und daher sehr weit gefaßt. Der tonale Bogen t-tP-D-T findet sich dabei sowohl im Adagio als auch im Gesamtkomplex bis zum Trioende.

[160] I.e. als Manifestation der 'Fremdheit'.

[161] Kabisch, *Liszt und Schubert*, S. 139.

[162] Gülke, *Franz Schubert und seine Zeit*, S. 202. Vgl. Godel, *Fantasien*, S. 200.

[163] Gülke, *Franz Schubert und seine Zeit*, S. 205.

IV. Werkanalyse - ein Beispiel: Die Sonate D-Dur D 850

Diskursivität und Assoziativität

Das Problem der Diskursivität der Sonatenform spielt in der neueren Schubertliteratur nur insofern eine Rolle, als die Sonatenformen Schuberts als nicht-diskursiv, nicht-logisch und nicht-teleologisch bezeichnet werden. Vor allem in Abgrenzung zum dynamisch-prozessualen Formdenken Beethovens wird von Thomas Kabisch die "Ersetzung teleologischer durch polyvalente Form"[1] festgestellt, während Arthur Godel Schuberts formbildende Verfahren "im Gegensatz zum 'logischen' Verfahren Beethovens"[2] als "assoziativ"[3] beschreibt.

In seiner anschließenden Ausdeutung des Begriffs *logisch* vermischt Arthur Godel allerdings - und dies weist auf ein Hauptproblem der Diskussion - die Begriffe *logisch* und *teleologisch*, indem von einem musikalisch-logischen Prozess eine 'erkennbare Zielrichtung' gefordert wird: *"'Logisch' wird man einen musikalischen Ablauf nennen, bei dem nach erkennbaren Regeln und in Anlehnung an kognitive Prozesse ein (meist deduktiver) Zusammenhang entsteht. Entscheidend ist dabei die einsichtige und zwingende Folge, vergleichbar dem Syllogismus; die Zielrichtung bleibt erkennbar und Abschweifungen werden nicht geduldet."*[4]

Wenn nun aber die als formbildender Ersatz angebotene Vorstellung eines durch Variantentechnik gebildeten assoziativen Netzes, das, einer "Traumlogik"[5] vergleichbar, "die Diskursivität eines 'früher' und 'später'"[6] nicht kennt und damit "quer steht zur Idee des Fortschreitens in der Zeit"[7], so bleibt die Frage nach dem Agens der feststellbaren zeitlichen Progression innerhalb einer Schubertsonate letztlich offen.

So einsichtig das Bild einer statischen Klangform aus netzartig verzweigten Bezugnahmen auch sein mag, so problematisch ist seine ausschließliche Anwendung angesichts der zur Monumentalität neigenden Zeitdehnung zahlreicher Schubertsonaten in Verbindung mit einer weitgehenden Übernahme des klassischen Formenrepertoires durch Schubert.

Nach Arthur Godel folgen die Sonaten Schuberts dem "Gesetz der Reihung, der Parataxe"[8]: *"So intensiv der unmittelbare Zusammenhang innerhalb der überschaubaren Satzfelder ist, so locker, signalhaft-assoziativ scheint der Zusammenhang im Großen."*[9]

Schuberts instrumentale Großformen stehen als eine Konsequenz dieser assoziativen Struktur nun aber unter einem Vorbehalt, der ihre innere Berechtigung deutlich in Frage stellt: *"Schubert verfügte und disponierte nicht in der Art Beethovens über große Zusammenhänge; er übernahm sie oft, wie er sie vorfand. Seine kompositorische Einbildungskraft war am stärksten innerhalb überblickbarer 'Liedstrophen'."*[10]

Die Metapher von der *Übernahme großer Zusammenhänge*, die mit derjenigen von der Form als "Hülse"[11] korrespondiert, ist trotz ihrer großen Bildhaftigkeit mit musikimmanenten Vorstellungen nur schwer zu vereinbaren. Auch in einer Anlehnung an modellhafte Vorgaben muß sich eine musikalische Form aus einer Vielzahl kommunizierender Prozesse zwischen abstrahierbaren Parametern jeweils neu konstituieren, sei es zu kleinen Zellen wie Motiven, Themen oder Kadenzen oder aber zu wiederum aus diesen gebildeten Großformen wie Sätzen, Satzzyklen oder Werkgruppen. Die Prozesse, aus denen sich auch bei Schubert jedes Werk ungeachtet der feststellbaren äußeren Übereinstimmung von Dimensionierung und Formzäsuren jeweils neu zu bilden hat, begründen in ihrer Unterschiedlichkeit das Phänomen der *Werkindividualität*. Die Schwierigkeit, die Formbildungen Schuberts voneinander abzuheben - diese Schwierigkeit läßt das Phänomen der Werkindividualität bei Schubert als besonders prekär erscheinen - ist vielmehr durch einen Umstand zu erklären, den Carl Dahlhaus am Beispiel Beethovens für dessen Werkgruppe zwischen Opus 74 und Opus 97 exemplifiziert hat: *"Die Teleologie der Form wird nicht mehr ostentativ - mit dem drängenden Gestus des 'heroischen Stils' - nach außen gekehrt."*[12]

Auf Schubert übertragen bedeutet dies, daß die Form nicht mehr an der thematischen Außengestalt abgelesen werden kann. Umgekehrt entfällt dadurch die kompositorische Möglichkeit der thematischen Begründung formaler Regeländerung. Negiert wird die grundsätzliche Teleologie der Sonatenform dadurch nicht, sondern verlagert. Es entsteht eine "Dialektik verschiedener semantischer Ebenen"[13]: Die Sphäre der Thematik wird zur Errichtung eines richtungslos-statischen Assoziationengefüges genutzt, während das gerichtete Fortschreiten in der Zeit durch die tonale Progression erreicht wird.[14]

Vor allem am Beginn wird die tonale Progression allerdings durch thematische Vermittlung initiiert, bevor durch subthematische Verflechtung und satztechnische Vereinheitlichung ein autonomer Klangraum entsteht. Beispiele für dieses In-Gang-Setzen sind die Destabilisierung der Grundtonart durch die bekannten, den Tonikagrundklang vermeidenden und zur Quinte drängenden Unisoni - wie in D 625, D 784, D 840, D 845 und D 899 - oder die thematische Setzung jener "eigentümlich ausgesetzten Dreiklänge"[15], die nicht nur in D 894, sondern auch in D 935, D 959 und D 960 dem Tonikaklang den in sich ruhenden Fundamentcharakter rauben. Eher selten - etwa in der *"Wanderer-Fantasie"* oder der Sonate c-moll D 958 wird die tonale Progression durch rhythmisch verstärkte Dissonanzsetzung im Kopfmotiv erreicht.

Im Weiteren hebt Schubert die deutliche tonale Zentrierung zumal des Kopfsatzes auf, sei es durch Transpositionsreprisen, die das Spannungsgefüge erneuern, oder durch die Vermeidung vollständiger Kadenzschlüsse.[16] Die Erlangung fundamentartiger Sicherungen wird so zur Aufgabe des Satzzyklus, ein deutliches Ergebnis der Fantasieversuche. Das Erreichen der kadentialen Ausgewogenheit beinhaltet somit den teleologischen Aspekt der vielgescholtenen Finalsätze, die Schwierigkeiten der Sicherung verursacht deren Länge. Die Diskursivität der Form ist bei Schubert demnach nicht in der thematischen Form des Kopfsatzes, sondern in der tonalen Anlage des Satzzyklus zu suchen. Beispiele für die innere Konsequenz dieser großformalen tonalen Disposition sind die *"Wanderer-Fantasie"* oder die Sonate a-moll D 784.

Allerdings wird die Wahrnehmbarkeit der diskursiven Struktur durch die weite Distanz der tonalen Anlage und durch die Entlastung der Thematik von dualistischen Prozessen deutlich geschmälert, da die in der Gestalthaftigkeit der Themenkonstellationen gegebene Anbindung des Diskurses an Themensubjekte entfällt,[17] während das Verfolgen tonaler und klangfarbenmäßiger Verläufe dem Gehör und das Akzeptieren eines nicht-dualen und nichtthematischen Diskurses dem musikalischen Denken Mühe bereiten.[18]

Die Befreiung der Thematik von den Bedingungen des Diskurses ist nicht willkürlich, sondern sie folgt einem ästhetischen Konzept, denn erst diese Entlastung ermöglicht jene Stellen, "da die Musik sich Assoziationen und Symbolen öffnet"[19] und in denen die Einbeziehung von Zitaten als chiffrierten Ausdrucksträgern möglich wird. Im Fragment C-Dur D 613 ist dies bis zu den Grenzen einer collagierenden Technik vorangetrieben. Die Einbettung gestalthafter Themen in ein subthematisches Klanggeflecht erhält die Funktion einer "kompositionstechnischen 'Gegeninstanz' zur Kantabilität des Themas"[20]. Die Bestandteile dieses Geflechts werden zwar zumeist durch Fragmentierung des Themas ermittelt, doch nicht im Sinne einer thematischen Ableitung, sondern mit Hilfe der für das jeweilige Werk charakteristischen Satztechnik zur Klangvereinheitlichung verwandt.[21] Für Thomas Kabisch gibt es sogar "kaum ein wesentliches Element variantengenerierter Form, an dessen Konstitution die Satztechnik nicht erheblich beteiligt ist"[22].

Erst das subthematische Klanggeflecht ermöglicht die Existenz subjektiver Themengestalten. Aus diesem schälen sie sich gleichsam heraus, in dieses ziehen sie sich zurück. Im Extremfall, überdeutlich in der Sonate a-moll D 784, ist dieser immer mitzudenkende Klanghintergrund als Stille gestaltet.[23] Als Subjekte erscheinen die Themen zumeist nur im Vollzug des Werks. Im Vergleich der Kopfthemen etwa der Sonaten D 784, D 840, D 845 oder auch der Sonaten D 840 und D 960 fällt die modellhafte Verwandtschaft ebenso ins Auge wie die eigentümliche Spannung zwischen Kantabilität und Abstraktheit in dem Sinne, daß die Themen nichts anderes sind als eine Verdeutlichung der zugrundeliegenden Tonartspannungen.[24] So sind sie keine Themen, sondern Platzhalter für Themen, auf die sie assoziativ verweisen. Nicht das Thema 'singt', sondern es weckt die Erinnerung an 'Zu-singendes', oder, wie Peter Gülke für das Kopfthema des Streichquintetts formuliert hat: *"Es bestimmt mehr eine Position als daß es im Sinne einer 'Thesis' setzt; .. es übt, biologisch gesprochen, einen 'Schlüsselreiz' aus."*[25]

Daß eine Zweiheit von thematischer Abhandlung und thematischer Assoziativität nicht nur bei Schubert nicht zusammen zu haben ist, zeigt sich auch in der entsprechenden Werkgruppe Beethovens, in der gleichfalls die modellhafte Austauschbarkeit der Themen feststellbar ist.[26]

Das Über- und Nebeneinander von gerichtetem Diskurs und assoziativem Gefüge stellt nun allerdings die Einheit des *Opus perfectum*, des in sich geschlossenen und nur auf sich selbst verweisenden Werkkonzepts, in Frage. Die Spannung zwischen den beiden divergierenden musikalischen Denkweisen läßt sich daher im Gegensatz zur klassischen Konzeption der Sonate nicht mehr im Werk versöhnen. Trotz auskomponierter Finalsätze bleibt das lediglich Fragmentarische, Ausschnitthafte der Werkkonzeption Schuberts im Anschluß an die romantisch-literarische Ästhetik offenkundig: *"Die Unabschliessbarkeit des Prozesses gibt Schuberts Musik ihre Weite und Offenheit, ihre Utopie. Und da ein einzelnes Werk, eine Werkgruppe, ein Zyklus nur immer ein Ausschnitt aus dem Kreislauf der Zeit ist, kann es eigentlich auch keinen festen Anfang und kein festes Ende geben."*[27]

Gerade die Länge vieler Finalsätze ist Symptom für die innere Offenheit der Schlußbildung. Erst die bis zur Atemlosigkeit gesteigerten Strettaschlüsse oder die Klangdecrescendi heben den musikalischen Prozeß schließlich auf, ohne ihn jedoch zu beenden. Diese Verfahren Schuberts - den unendlichen Trillerketten Beethovens in Opus 109 und Opus 111 oder dem in eine Pedalfläche mündenden Fugencrescendo in Opus 110 nicht unähnlich - erschaffen mit musikimmanenten Mitteln die 'nackte Leinwand', vor der sich das Fragmentarische dieses Prozesses abheben kann.

Indem jedes Werk auch einen Abbruch bedeutet, wird das verwendete Material frei für einen neuen Versuch in einem neuen Werk, das sich somit nicht als ein vollkommen neues, sondern als Variation eines bereits gewesenen bildet. Das von einem solchen ästhetischen Konzept ausgehende Verständnis einer *Werkindividualität* kann daher mit dem an Beethoven entwickelten, auf substantieller und formaler Unterschiedlichkeit beruhenden nicht verstanden werden.

Die Aufgaben an eine Werkanalyse werden - wie im Folgenden am Beispiel der Sonate D-Dur D 850 aufgezeigt werden soll - durch diesen Sachverhalt neu gestellt. Unter einem weitgehenden Verzicht auf die übliche Dominanz der Sonatenhauptsatzanalyse wird eine Trennung der diskursiven und der assoziativen Strukturen in ihrer Bedeutung für die zyklische Gesamtform versucht, was im Methodischen zu einer weitgehend isolierten Betrachtung der verschiedenen Parameter führt.

Einer besonderer Klärung bedarf dann allerdings die Semantik der Thematik, sowohl in ihrer Beziehung zum subthematischen Klanggeflecht als auch in ihrer ästhetischen Funktion einer aus den musikimmanenten Gegebenheiten des Werks hinausragenden Zitatebene.

Diskursive Strukturen in der Sonate D-Dur D 850

Der tonale Diskurs

Die grundlegende harmonische Idee der Sonate D-Dur D 850 stellt sich dar als Versuch, in einem die Statik der Sonate durch diatonische Kadenzbeziehungen sichernden Tonartensystem, das die Marginalpunkte der äußeren Form bestimmt, ein weiteres, dissonierendes Tonartensystem kontrastieren zu lassen und dieses kontrastierende Tonartensystem schließlich nach einer diskursiven Auseinandersetzung beider Systeme, die die zeitliche Progression des musikalischen Geschehens provoziert, funktional in das diatonische Kadenzsystem zu integrieren.

Das formale Gerüst der Sonate ist in der denkbar einfachsten Art durch die Funktionen der Grundkadenz bestimmt. Die Formenfolge der vier Sätze ist mit schneller Sonatensatz, langsamer Sonatensatz, Sonatenscherzo mit Trio, Rondo mit zwei Couplets unauffällig.

	Formteil	*Funktion*	*Tonarten*
1. Satz	Exposition	Tonika - Dominante	D - A
	Reprise/Coda	Tonika - Tonika	D - D
2. Satz	Exposition	Dominante - Tonika	A - D
	Reprise	Dominante - Dominante	A - A
3. Satz	Scherzo	Tonika	D
	Trio	Subdominante	G
4. Satz	Rondorefrain	Tonika	D
	Couplet I	Tonika - Dominante	D - A
	Couplet II	Subdominante	G

Dominante und Subdominante sind nicht als Spannungstonarten, sondern als stabilisierende Nebentonarten der Tonika aufzufassen. Offensichtlich ist dies in der wörtlichen Übernahme des zur Dominante führenden Überleitungsteils aus der Kopfsatzexposition (I, T.16-38) in die Kopfsatzreprise (I, T.163-189). Die Entwicklung zur Dominante, die in der Frühzeit der Sonate das entscheidende Spannungsmoment darstellt, wird hier in beiden Formteilen zur erneuten Stabilisierung der Kadenzbeziehungen genutzt.

Die Zentraltonart des dissonierenden Tonartensystems ist B-Dur. Dies zeigt sich explizit am Beginn der Durchführung des Kopfsatzes und in der als unabhängiger Mittelteil gestalteten Durchführung des Scherzo. Der von dem Tonartengegensatz D-Dur/B-Dur ausgehende Diskurs erfolgt entsprechend der Satzzahl der Sonate in vier Stufen, die in dem von Arthur Godel für einen musikalisch-logischen Ablauf geforderten deduktiven Zusammenhang stehen.

Die für diesen tonalen Diskurs, der nur aus dem zyklischen Zusammenhalt der Einzelsätze verständlich ist, notwendigen tonalen Verwandtschaftsbeziehungen leiten sich aus den Verhältnissen eines charakteristisch deformierten Quintenzirkels ab:

D
G A
C E
F H
B Fis=Ges
Es Cis=Des
As

Die Spitze wird gebildet aus den Hauptfunktionen mit ihren jeweiligen Nebenfunktionen:

Tonikabereich	G-Dur D-Dur A-Dur	(S,T,D)
Subdominantbereich	C-Dur G-Dur D-Dur	(SS,S,T)
Dominantbereich	D-Dur A-dur E-Dur	(T,D,DD)

Von der Tonika D-Dur gehen zwei Quintreihen aus. Die absteigende Subdominantenreihe ist wesentlich umfangreicher als die aufsteigende Dominantreihe:

Subdominantreihe	D - G - C - F - B - Es - As - Des - Ges
Dominantreihe	D - A - E - H - Fis - Cis

Durch die Dehnung der Subdominantreihe über die von dem Tritonus (As) gebildete Mittelachse hinaus in den Dominantbereich liegt B-Dur exakt in der Mitte der Subdominantreihe.

Die Ecken dieses deformierten Quintenzirkels werden durch zwei Medianten gleichen Quintabstands von der Tonika gebildet. Dem bereits bekannten B-Dur liegt hierbei Fis-Dur gegenüber:

Mediante in der Subdominantreihe	B-Dur
Mediante in der Dominantreihe	Fis-Dur

Die vier Stufen des tonalen Diskurses entwickeln sich aus den in diesem speziellen Quintenzirkel angelegten Möglichkeiten:

1. Satz: Entwicklung des stabilisierenden Tonika-Dominant-Gerüsts und Konfrontation mit der Konflikttonart B-Dur unter Entwicklung der vollständigen Subdominantreihe auf einem hohen Energieniveau.

2. Satz: Ausweitung des Dominantbereichs durch Verlagerung der Satzgrundtonart zur Dominante und durch Entwicklung der Dominantreihe bis nach Fis-Dur; Reduktion der Subdominantreihe bis B-Dur. Dadurch entsteht ein ungefähres Gleichgewicht zwischen Subdominant- und Dominantgefälle, bezogen auf die Zyklustonart D-Dur, die aber nicht Satztonart ist.

3. Satz: 'Domestizierung' der Konflikttonart B-Dur durch Einkreisung in der Durchführung des Scherzo, während Exposition und Reprise sich deutlich nach Fis-Dur wenden und die Dominantreihe bis Cis-Dur erweitert wird.

4. Satz: Kadentiale Einbindung der ehemaligen Konflikttonart B-Dur durch korrekte funktionale Ableitung als tG im Rondorefrain auf einem deutlich niedrigen Energieniveau.

Im vorliegenden Fall kann der tonale Diskurs somit als teleologisch bezeichnet werden. In der Sonate a-moll D 784 führt der Diskurs dagegen zu einer allmählichen Verzweigung des tonalen Gerüsts. In der *"Wanderer-Fantasie"* bedeutet die Rückkehr zur Tonika des Fugenfinales dagegen einen unversöhnlichen Abbruch.[28]

Erst aus der im Finalsatzrefrain der D-Dur-Sonate angebotenen kadentialen Einbindung der Untermediante B-Dur (IV, T.23-26) durch

Funktion	T - t - tP^7 - tG - tG_5^{6+} - T
Tonart	D - d - F^7 - B - D

heraus wird der Beginn der Sonate als Verhinderung eben dieser Einbindung verständlich, deren Vehemenz im Kopfsatz im Gegensatz zur reinen Farbwirkung im Finalsatz eine strukturelle Bedrohung des tonalen Gefüges darstellt und so die notwendige Stabilisierung über vier Sätze unter einer deutlichen Reduzierung des Energieniveaus provoziert.

Der sich erst im Finalsatzrefrain offenbarende funktionale Zusammenhang ist durch Fragmentierung auf den als Dominantgefüge angelegten ersten Tonartbereich des Kopfsatzes verteilt und damit der kognitiven Wahrnehmung entzogen. Im ebenfalls in parataktischer Verschachtelung angelegten zweiten Tonartbereich der Kopfsatzexposition ist B-Dur bereits Teil der Subdominantreihe. Durch dieses parataktische System entstehen in der Exposition zwei autonom zu denkende Tonartfelder:

1. Das Tonika-Dominant-Gerüst, ausgehend von dem viertaktigen Vordersatz mit Halbschluß auf der Dominante (I, T.1-4). und dominantischem Schluß D-T in Takt 14-16. Dieses Verfahren wird im zweiten Tonartbereich von der Dominante aus mehrfach in 8-Taktgruppen wiederholt (D-DD in Takt 40ff, 49ff, 75ff, 87ff) und spiegelt gleichzeitig das tonale Verhältnis zwischen erstem und zweitem Tonartbereich (T-D).

2. Das um B-Dur zentrierte Konfliktpotential, ausgehend von dem plötzlichen Angebot eines zweiten Vordersatzes, der von der Mollvariante der Tonika aus einen Halbschluß auf der Tonikaparallele anstrebt (I, T.5-8: t-tP). Die über vier Takte offene Entscheidung für einen der beiden Vordersätze wird in Takt 12 zugunsten des ersten gefällt, indem statt des nach dem F-Septakkord zu erwartenden B-Dur über Cis-Dur die zur Tonika weiterleitende Dominante erreicht wird. Die korrekte Auflösung des zweiten Vordersatzes nach B-Dur wird dafür im Überleitungsteil ab Takt 16 quasi nachgeliefert (B-Dur von Takt 21-27). Die letzte Akkordfiguration vor dem Dominantsforzando in Takt 32, das das Ende des ersten Abschnitts ankündigt (Dominantstabilisierung T.32-38), ist der letzte zu der Einbindungskadenz des Finalsatzrefrains gehörende Akkord, ein B-Dur-Sixt-ajouté mit leittönig erhöhter Sext.

Im zweiten Tonartbereich ist die kontinuierlich erweiterte Subdominantreihe einbruchartig in den konstanten Dominantbereich verschachtelt. Durch mediantische Rückungen werden Subdominantreihe und Dominantbereich lose verbunden:

T. 48-53	G - C
T. 67/68	F^7- B (!)
T. 71-74	A^7- F - A^7 - F
T. 79-86	A^7- F - G^7 - Es - F^7 - Des - E^7- C - F --(B, Durchf.)

Da die letzte dissonierende Fläche der Kopfsatzexposition wie der Alternativvordersatz am Beginn auf einem in Latenz verharrenden F-Dur-

Akkord ausläuft, ist der B-Dur-Eintritt der Durchführung wiederum als verspätete Auflösung aufzufassen. Erstmalig ist hier der Konflikttonart eine thematische Ausprägung erlaubt. Betrachtet man die Durchführung und die Reprise/Coda als zusammenhängenden Teil einer binären Sonatensatzform, so fällt auf, daß in diesem zweiten Teil die Konflikttonart B-Dur das Tonikadominantgerüst zu umrahmen und in gewisser Weise zu verdrängen scheint.

Die klassische Funktion der Reprise, die in der Exposition aufgezeigten und in der Durchführung verarbeiteten Spannungen zu lösen, ist nicht nur in diesem Sonatensatz Schuberts in ihr Gegenteil verkehrt. Sowohl die Reprise als separater Formabschnitt als auch der ganze zweite Teil des Sonatensatzes sind als Reexposition und Intensivierung des Konflikts angelegt, während die Lösung den nachfolgenden Sätzen obliegt.

Die Durchführung moduliert nach der Konsolidierung von B-Dur in sich beständig verkürzenden Intervallschritten in die Nähe der Tonika:

B - F - As - h (Tp!) - cis - es - f - $_3$D (T statt fis/Dp)

Der Rest der Durchführung restituiert bereits die Dominantstütze (T.144-152 = T-D). Dies ist die einzige Stelle im Kopfsatz, in der eine vollständige Tonikakadenz (S-T-D) erscheint, doch dient sie hier der Sicherung der Dominante, die über weitere zwölf Takte bestehen bleibt. Die Durchführung erscheint so als weit ausholender neapolitanischer Vorhalt (B-Dur/A-Dur) zur Dominante.

Die nachfolgende Reprise ist die wohl erstaunlichste Stelle in diesem Satz. Die Wiederholung des viertaktigen Vordersatzes vom Beginn steht zwar im Fortissimo, endet aber blind. Der Alternativvordersatz, der die kadentiale Ableitung des B-Dur in sich trägt, entfällt und statt dessen erscheint, ins Piano zurückgenommen, der vollständige und zur Dominante führende Überleitungsteil (T.167-188), der in seiner Binnenstruktur ganz von B-Dur bestimmt ist. Auch dieser Anlauf zur Dominante endet blind, da in einer zweitaktigen Überleitung (T.189/190) der Dominantschluß zur Tonika hin 'umgebogen' wird. Da auch der zweite Tonartbereich wörtlich - nur eben regelkonform in die Tonika transponiert - wiederholt wird, endet die letzte dissonierende Fläche (T.236f) diesmal auf der Konflikttonart B-Dur.

Diese dissonierende Fläche der Takte 230-237 stabilisiert B-Dur nun auch endgültig als Konflikttonart zur Tonika D-Dur:

T. 230-237 D^7 - B - C^7 - As - B^7 - Ges - A^7 - F - B

Zum einen wird B-Dur am Beginn durch die mediantische Auflösung eines Tonikaseptakkords direkt aus der Tonika abgeleitet. Zum anderen wird B-Dur am Ende durch einen fallenden Quintschritt F/B bestätigt und zusätzlich durch die Mittellage in der in dieser Stelle ihre größte Ausdehnung erreichenden Subdominantreihe gesichert (von B-Dur vier Quinten aufwärts liegt D-Dur, von B-Dur vier Quinten abwärts liegt Ges-Dur).

Das unversöhnte Nebeneinander von B-Dur und D-Dur ist somit das tonale Endergebnis der Reprise. Zusätzlich ist am Ende der Reprise die Tonika D-Dur durch den starken Subdominanteinspruch noch immer nicht als stabilisiert zu betrachten, da auch die auf die letzte dissonierende Fläche folgenden Takte keine vollständige Kadenz anbieten, sondern lediglich zwischen Dominante und Tonika pendeln (T.238-245).

Die nach der Theorie der Reprise obliegende Aufgabe, die tonale Spannung zu lösen, um so zu einer Schlußbildung zu gelangen, obliegt damit der Coda, die jedoch durch die verhältnismäßige Kürze mit dieser Aufgabe überlastet ist, was sich in dem beschleunigten Tempo (im Autograph: *più allegro*; im Erstdruck: *un poco più mosso*) und in der Eskalation ins dreifache Forte offenbart. Die in diesen 22 Takten angebotene harmonische Lösung

$$\text{D - B}^{6+}_{5}\text{ - D - A - D - Fis (!) - A}^{7}\text{ - D}$$

bringt zwar erstmals die Kompensation des Subdominanteinspruchs durch Gegenüberstellung der gleichgewichtigen Medianten, diese Lösung wird aber nicht im Sinne einer Finalität, sondern als Überraschung im Sinne einer letzten Möglichkeit plaziert: Der den Abschluß ermöglichende Eintritt der Obermediante Fis-Dur erfolgt buchstäblich in letzter Sekunde, als vorletzter Akkord (T.263) vor dem auf drei Takte durch figurierte Repetition gedehnten Schlußakkord der Tonika.

Im zweiten Satz wird die Satztonika zwar zur Zyklusdominante A-Dur hin verschoben, doch bleibt die Zyklustonika D-Dur durch die verschachtelte Anlage einer durchführungslosen Sonatenform mit Coda (ABA'B'Coda), deren Hauptteile wiederum dreiteilige Liedformen ausbilden,[29] weiterhin als harmonische Mittelachse wirksam:

	D - D			T - DD			D - DD			D - DD		D
	A			B			A'			B'		Coda
a	m	a'	b	n	b'	a''	m'	a'''	b''	n'	b'''	
			T	S	T				D	T	D	

Die Zyklustonika D-Dur (T) ist die Tonart des B-Teils (II, T.43ff) und, durch die Binnenstruktur des B-Teils bedingt, in dessen Reprise als B' (II,

T.135ff) trotz Transposition immerhin noch Tonart des Mittelteils n' (II, T.144ff). Vorbereitet wird die frühzeitige Rückgewinnung der Zyklustonika im Unterteil a' (II, T.31ff), der sich plötzlich zur Zyklustonika D-Dur (als Septakkord) und weiter zu der bislang vernachlässigten Zyklussubdominante G-Dur (II, T.37/39) wendet. Obwohl a' thematisch den A-Teil rundet, ist er tonal bereits dem B-Teil zuzuordnen, der somit nicht als subdominantische Dissonanz zur Satztonika A-Dur, sondern als Lösung in die Zyklustonika empfunden wird und diese auch ausgiebig kadential bestätigt (bis T.68, Einsatz von B').

Der Einspruch der Konflikttonart B-Dur in dieses sich stabilisierende Tonikasystem erfolgt in zwei Schritten. Im Mittelteil m (II, T.9ff) wird B-Dur - von den gelegentlichen Kadenzierungen nach A-Dur unbeeindruckt - in den fallenden Quintschritten der Subdominantreihe G - C .. F - B erreicht. Im Unterteil b' wird dieser Subdominantengang ohne Unterbrechungen, aber unter Vermittlung der Parallelklänge von G-Dur und C-Dur an die soeben abgeschlossene Tonikakadenz angehängt (II, T.68-74) und diese dadurch widerrufen, was sich deutlich im ermatteten Abschluß auf einem D-Septakkord (T.77) und der anschließenden Auflösungsfläche zeigt, die wiederum erinnernd auf die gewonnene dominantische Konsolidierung im Mittelteil n (H-Dur, T.57 und 80/83 korrespondieren) verweist und auf der Doppeldominante E-Dur verdämmert.

Die für den tonalen Diskurs entscheidenden Stellen der Reprise sind die Takte 111ff und 150ff. Die erste Stelle befindet sich im Mittelteil m' von A', die zweite im Mittelteil n' von B'. Trotz dieser räumlichen Trennung sind beide Stellen zusammen zu denken. Nach Takt 111 wird der Abstieg der Subdominantreihe nach B-Dur gewaltsam im Forte unterbrochen und auf C-Dur konsolidiert. Dieser Verzicht auf zwei Quintschritte nach unten führt im weiteren zur Stabilisierung der Satztonika A-Dur im Unterteil a''' (T.122-134) anstelle der Zyklustonika D-Dur an der entsprechenden Stelle der Exposition, also zu einem Quintschritt nach oben. Doch auch diese Stabilisierung der Satztonika und Zyklusdominante ist nur vorübergehend, da der B'-Teil nach dem Beginn in A-Dur wiederum deutlich nach D-Dur weist (T.140ff).

Der nachfolgende Mittelteil n' (T.144ff) bietet nun die eigentliche Überraschung: D-Dur wendet sich über G-Dur/A-Dur zu seiner Obermediante Fis-Dur, die in der Coda des Kopfsatzes als Ausgleich der Untermediantspannung zu B-Dur angeboten wurde. Obwohl diese Modulation sich lediglich aus der Transposition der entsprechenden Stelle in der Exposition und den beschriebenen Änderungen in A' ergibt und somit als von langer Hand vorbereitet eher unmerklich eintritt, ist sie von formsprengender Wirkung, da sie einen Subdominantsturz nach sich zieht, der bis ins dreifache Forte eskaliert.

Entsprechend der in der Exposition zweiteiligen Anlage zz' des Mittelteils m hätte auf den Fis-Septakkord des Takts 150 wiederum der D-Dur-Beginn des Mittelteils m' zu folgen, wie dies Schubert auch ursprünglich im Autograph ausgeführt hat. Diese endgültige Bestätigung der Gleichgewichtung der Obermediante Fis-Dur (B-Dur wäre in der Reprise eliminiert, Fis-Dur dagegen stabilisiert worden, womit sich Exposition und Reprise gegenseitig in der Waage halten würden) ist jedoch offenbar von dieser Stelle noch nicht zu leisten. Einerseits war der Verzicht auf den Subdominantgang in A' eher willkürlich, andererseits ist die Exponierung der Obermediantspannung im Pianissimo wohl nicht ausreichend, die vehementen B-Dur-Eskalationen in der Exposition aufzuwiegen. Schubert verkürzt daher den Mittelteil n' und durchwandert über die Formzäsur n'/b'''hinweg die gesamte verbliebene tonale Spannweite in fallenden Quintschritten bis F-Dur (T.160), hält damit direkt vor dem offenbar nicht mehr erreichbaren B-Dur inne, um dann über D-Dur/G-Dur und E-Dur/a-moll im Schritt a-moll/G-Dur/C-Dur den Absturz endgültig und unter Aufbietung aller Kräfte zu bremsen. Anschließend verdämmert auch die Reprise wie bereits die Exposition auf der Doppeldominante E-Dur der Zyklustonika.

Erinnerndes Verdämmern bestimmt trotz der gelegentlichen Fortissimoausbrüche auch die Coda, die im Subdominantgang nach G-Dur (T.179ff) bereits die Wiederkehr der Zyklustonika anmahnt.

Der Eintritt des Scherzo erfolgt denn auch durch einen entschiedenen Dominantschritt A-Septakkord (III, T.1)/ D-Dur (III, T.2) auf die versunkene A-Dur-Fläche des vorangegangenen Satzendes (II, T.188-299). Ebenso kontinuierlich wie dieses tonale Attacca folgt auch der nächste Schritt des Diskurses, der Ausbau der Obermediantecke innerhalb des eingangs dargestellten Quintenzirkels, in der Exposition der Scherzosonatenform. Im Diskurs kommt dem Scherzo daher eine entscheidende Bedeutung zu. Erstmalig wird die latente Subdominantbedrohung dominantischer Verhältnisse, wie sie sich zuletzt in dem gewaltigen Aufbäumen im B'-Teil des langsamen Satzes zeigte, überwunden, indem der mediantische Gegenspieler des B-Dur, Fis-Dur, durch seine Dominante Cis-Dur in der

Exposition bestätigt wird und indem dem B-Dur-Einspruch der Durchführung, der mit einer starken neapolitanischen Reizung eintritt, lediglich eine insulare Position eingeräumt wird, da er nicht weiter auf die Reprise überzugreifen vermag.

Das Trio, das ebenfalls eine Sonatenform ausbildet, spiegelt diesen Vorgang in verkleinerten Dimensionen und bestätigt ihn - als Zeichen der Stabilisierung - sogar von der Zyklussubdominante G-Dur aus, der erstmals die Funktion einer Formteil-Grundtonart anvertraut werden kann, ohne daß ein neuerliches Abrutschen in die Subdominantregion erfolgt. Die neugewonnene tonale Freiheit zeigt sich hier besonders in der Durchführung (Trio, T.137), die erstmals den Quintenzirkel in einer Richtung durchmißt,

Tp!

D -- C - Es - Ges (=Fis!) - h - G^7 - C -- D^7 - H^7 - G

T. 136 137 141 145 149 151 153 159 163 165

ohne daß sich noch im subdominantischen Bereich ein tonales Zentrum stabilisieren könnte.

Erst die Kompensation des im ersten Satz gesetzten und im zweiten Satz allmählich reduzierten Subdominantgefälles, das sich um die Untermediante B-Dur konzentriert, durch das sich an der Obermediante Fis-Dur orientierende Dominantübergewicht des dritten Satzes ermöglicht die heitere Ausgeglichenheit des Finalsatzrefrains, der zugleich das Ende des tonalen Diskurses in sich trägt: Die beiden Protagonisten Fis-Dur und B-Dur werden als harmonische Farben in die Kadenz eingebaut, Fis-Dur als TG zwischen Dominante und Subdominante (IV, T.7/8), B-Dur als tG in der bereits oben beschriebenen Weise.

Außerhalb der stabilisierenden Funktion als Dominante und Subdominante des Kadenzgerüsts werden die Couplets des Rondofinales durch die lösende Wirkung des Refrains frei für assoziative Rückbindungen: Das Couplet I erinnert an die in dieser Sonate erlebten Konflikte, indem es seinen dominantisch gefärbten Eckteilen nochmals im durchführungsartigen Mittelteil den Weg in die Subdominantregion des B-Dur (IV, T.57) kontrastierend gegenüberstellt, während das Couplet II der Rückbindung an die Werkgruppe dient.[30]

Die Zeitgestaltung

Der soeben dargestellte tonale Diskurs läßt sich zusammenfassend beschreiben als allmähliche Entwicklung geordneter Kadenzstrukturen aus einem mehr oder weniger chaotischen Aufeinanderprallen zueinander dissonanter Tonsysteme. Dieser Entwicklungslinie folgt, weitgehend als direkte Folge der jeweiligen harmonischen Verhältnisse, auch die Zeitgestaltung der Sonate in Metrik und Periodik: Auf die sich überlagernden Taktstrukturen und asymmetrischen Periodenbildungen im ersten und zweiten Satz folgt die allmähliche Hinwendung zur stabilisierten Ordnung innerhalb einer für Schubert charakteristischen "Bewegungsrhythmik"[31] im dritten und vierten Satz.

Schubert nutzt dabei exzessiv die ohne eine Veränderung der Taktstrichordnung mögliche Taktvariabilität, wie sie im Taktbegriff der Wiener Klassik angelegt ist,[32] aus. Ein erster Hinweis für diese Destabilisierung des Taktgefühls findet sich bereits in den Änderungen der Vortragsbezeichnungen für die ersten beiden Sätze zwischen Autograph und Erstausgabe. Im ersten Satz steht der auf einen Alla-breve-Takt bezogenen Allegro-Forderung des Autographs ein auf den nun vorgeschriebenen 4/4-Takt bezogenes Allegro vivace gegenüber. Im zweiten Satz hebt Schubert - sofern es sich nicht um eine Eigenmächtigkeit des Verlegers handelt - die auf die Viertel bezogene Schrittanweisung (Andante con moto = bewegt gehend) auf und reduziert sie auf die als reine Charakterangabe zu interpretierende Con-moto-Anweisung (mit innerer Bewegung).

Es bleibt zu vermuten, daß mit beiden Änderungen nicht das Tempo, sondern lediglich die Gangart der Sätze verändert werden sollte. Im ersten Satz stärkt die neue Angabe die innerhalb des weitgehend in Halben laufenden Satzes nur gelegentlich hervorbrechende, kontroverse Viertelstruktur. Im zweiten Satz ist ein durchgängiges Andante, wie Schubert es etwa im dritten Impromptu (Ges-D 899/3) komponiert hat, durch die Taktverschiebungen und das oftmalige Versiegen der Bewegung schon von vornherein negiert. Obwohl das Schwanken der Taktarten direkt an der musikalischen Faktur und der sorgfältigen Phrasierung ablesbar ist, hat Schubert durch die wohlüberlegte Setzung zahlreicher Akzente die Irregularität noch eigens unterstrichen.[33]

Im Kopfsatz finden sich neben der bereits erwähnten Unterteilung in 2/2 und 4/4 noch Taktstauchungen, die den Takt auf eine halbe Note verkürzen (1/2), und eine Taktdehnung auf zwei Takte (2/1). Die ersten drei metrischen Teilungen finden sich bereits im Kopfthemenvordersatz, in dem sich auch der Zusammenhang zwischen den metrischen und den periodischen Unregelmäßigkeiten in diesem Satz zeigt.

D 850 I, T.1-4

Der einleitende D-Dur-Akkord vereinzelt einen halben Takt (1/2). Aus der weiteren Entwicklung wird deutlich, daß diesem Forteschlag der halbtaktige Auftakt fehlt, wie er in den Takten 12ff und insbesondere in Takt 16 auch ausgeführt wird. Die nachfolgenden Takte 1 und 2 bilden zwei vollständige Alla-Breve-Takte mit dem verbliebenen Auftakt aus Takt 1, so daß der Hauptakzent, wie aus den Akzenten ersichtlich, auf den Taktbeginn zu liegen kommt. Die zweite Hälfte des dritten Taktes ist dagegen deutlich in Viertel unterteilt. Der Unisono-Halbschluß auf der Dominante in Takt 4 auf Zählzeit 1 verkürzt daher den so entstehenden Vordersatz auf drei Takte plus eine Viertel. Der verbleibende Taktraum des vierten Taktes, der regulär durch den wiederum fehlenden Auftakt in den Themenkopf zu füllen wäre, wird im Piano mit einer leicht huschenden Triolenfigur gefüllt, deren Beginn zur zurückliegenden Viertelkonfiguration, deren Ende aber auf die wiedereintretende Halbenkonstellation weist. Insgesamt ergibt sich also für den Vordersatz:

1/2 + 2/2 + 2/2 + 3/4 + (1/4 + 1/2)

Bereits der sich aus dem angebotenen Alternativvordersatz, der bei geänderter Harmonik dieselbe rhythmische Struktur aufweist, entwickelnde Nachsatz zeigt das Ziel des betriebenen Aufwands: den Aufbau pulsierender Flächen, die das Zeitgefühl suspendieren.

Die sich aus dem Alternativvordersatz (T.5-8) ergebende tonale Situation (F-Dur) wird durch die Anwendung der im Vordersatz entwickelten metrischen Überlagerungen über 4 Takte (T.8-11) aufrechterhalten. Die rechte Hand kontrastiert zuerst die in der linken Hand weitergeführte auftaktige Alla-breve-Konstellation durch die zur Viertelkonstellation tendierende Triolenbewegung, die sich schließlich in den Takten 10/11 durchsetzt. Läßt schon diese Dehnung durch sich verkürzende Zähleinheiten das Zeitgefühl orientierungslos werden, so geschieht dies noch mehr im Wiedereintritt der auftaktigen Alla-breve-

Konstellation für die Rückführung zur Tonika, da hier die linke Hand den Auftakt zur Taktmitte, die rechte Hand jedoch zum Taktbeginn führt, womit beide Zählzeiten dieser Takte 12-15 gleichgewichtig werden.

Diese rhythmische Situation führt im Übergang der Takte 15/16 zur ersten Anwendung des in diesem Satz immer wieder auftauchenden Prinzips der "Takterstickung", das sich ausführlich bei Heinrich Christoph Koch und Anton Reicha dargestellt findet.[34] Meint dieses Prinzip im allgemeinen die "Unterdrückung eines Schlusses durch einen Anfang"[35], so zeigt sich hier die Abwandlung dieses Prinzips durch "das Neben- oder Übereinander eines Schlusses in der einen und eines Anfangs in der anderen Stimme"[36], indem die rechte Hand der Wiederkehr des Themenkopfes den bislang vorenthaltenen Auftakt gewährt, während die linke Hand wiederum ohne diesen Auftakt und gegenüber dem Beginn vollgriffig verstärkt einsetzt.

Erweist sich daher der erste, bis Takt 39 reichende Tonartbereich auch im Weiteren sowohl von den Zählzeiten als auch von den Taktgruppierungen her als völlig unruhig gegliedert,[37] so verblüfft der zweite durch ein nur scheinbares Regelmaß, indem mit fast didaktischer Attitüde ein Paradoxon des Periodenbaus diskursiv ausgebreitet und mit dem tonalen Dissens innerhalb dieses Teils verkettet wird.

Dieses Paradoxon besteht in der im Periodenbau angelegten Unmöglichkeit, die Symmetrie der Zählzeiten und Taktgewichtungen mit einer befriedigenden harmonischen Schlußbildung zu verbinden: *"Symmetry in phrase structure ist susceptibel to disturbance. Even the simplest eight-measure period carries an imperfection given an alternation of strong and weak measures, as $\underline{1}$ 2 $\underline{3}$ 4 $\underline{5}$ 6 $\underline{7}$ 8, a purely symmetrical arrangement cannot provide a firm point of arrival: its final measure is accentually weak! Thus the period must undergo some compression of action to give the eigth measure the value of a strong beat; or the cadence must come upon the ninth measure. In either case, symmetry is disturbed."*[38]

Die im Piano stehenden und dem Tonika-Dominantgerüst zugeordneten, also zwischen der Dominante und der Doppeldominante pendelnden Taktgruppen enden sämtlich mit leichter Zählzeit auf DD und werden durch Takterstickung aneinander angeschlossen, während die dem kontrastierenden Subdominantbereich zugeordneten Gruppen die umgekehrte Abfolge leicht-schwer aufweisen. Trotz Versuchen, durch Verschränkung, Stauchung und Dehnung beide zusätzlich durch die Dynamik getrennten Gruppierungen aneinander anzugleichen, bleiben beide Strukturprinzipien unversöhnt nebeneinander stehen.

Takt	*Taktart*	*Taktfolge*	
40-43	2/2	1 2 3 4	Vordersatz D - DD
44-47	2/2	1 2 3 4	figurierte Wiederholung
48-55	4/4	1 2 3 4 5 6 7 8	*un poco più lento*
			S - SS - DD - D
			Nachsatz mit Gewichtsverlagerung, Takt 6 erst auf 4. Zählzeit schwer
55/56	2/2-4/4	1 2	Verkürzter Vordersatz D - DD mit auf Vierteln komprimiertem 2. Teil und in Takterstickung angeschlossen
57/58	2/2-4/4	1 2	Wiederholung der Takte 55/56
59-62	2/2	1 2 3 4	figurierte Wiederholung der Takte 40-43
63-70	2/2-3/2	1 2 3 4 5 6 7 8	verlagertes Schwergewicht im 6. Takt (T.68) auf B-Dur! Die Gewichtverlagerung wird erreicht durch eine mit Crescendo unterstütze Dehnung, so daß statt
		1 2 3 4 5 6 7 8	Takten im 2/2 eine Unterteilung
		1 2 3 4 5	mit 3/2-4/2-3/2-1/2-5/2 vorliegt
71-74	2/2	1 2 3 4	Mediantische Rückung D^7 - tP
75-78	4/4	1 2 3 4	Taktweise DD-D, durch Triolen in der rechten Hand in Zweitaktgruppen
79-82	2/2	1 2 3 4	Mediantische Rückung bis Ges-Dur
83-86	1/2-2/1	1 2 3 4	Mediantische Rückungen mit Taktstauchung
		12345	und abschließender Taktdehnung. In der Reprise (vgl. T.236/237) ist auf den als Lagenausgleich zu interpretierenden Oktavsprung in Takt 85/8δ verzichtet, was die die vorangegangenen Taktstauchungen ausgleichende Rechnung dieser Takte als einen 2/1-Takt rechtfertigt
87-90	4/4	1 2 3 4	Wiederholung der Takte 75-78
91-94	2/2	1 2 3 4	Mit Takterstickung angeschlossene Rückleitung zur Tonika,d.h. zurück zum Beginn der Exposition

Der Versuch, im zweiten Tonartbereich zu einer Klärung der für den ersten Tonartbereich geltenden rhythmischen Problemstellungen zu gelangen, kann als gescheitert angesehen werden. Beide Bereiche verweisen somit aufeinander und bilden ein sich nicht erschöpfendes *perpetuum mobile.*

Durchführung und Coda, die aus einem nur leicht veränderten Zusammenspiel der bereits beschriebenen Faktoren gebaut sind, erweisen sich als Versuche zur Befreiung aus dem dargestellten Regelkreis. Diese Befreiung ist allerdings an einen erhöhten Kraftaufwand gebunden, der sich nicht nur in der Eskalation der Dynamik zeigt.

In der Durchführung unterstützt die Zeitgestaltung die harmonische Beschleunigung durch sich verkürzende Taktgruppierungen (T.140-144 Einzeltakte in 4/4). Im harmonisch motivierten Zusammenbruch des Aufbegehrens in Takt 144 wird dagegen Zeit suspendiert.

Da am Ende der Reprise durch die Tonikatransposition des zweiten Tonartbereichs kein Zurückfallen mehr wie am Ende der Exposition möglich ist und auch nicht wie am Beginn der Durchführung die Flucht in dissonierende Tonsysteme einen Ausweg bietet, erfolgt der abschließende Versuch zur Befreiung allein auf dem Gebiet der Zeitgestaltung durch eine Beschleunigung des Grundtempos (*un poco più mosso*), verbunden mit einer metrischen Beschleunigung:

T. 246-261   5 + 4 + 2 + 2 + 1 + 1 + 1 + 1

und abschließender Viertelverkürzung (T.261/262), die nur noch durch die Klangentfaltung des dreifachen Forte aufgefangen werden kann.

Im zweiten Satz wird die tastende Balancierung der harmonischen Gewichte durch das ständige Versiegen der Bewegung unterstützt. Der Vehemenz, mit der im Kopfsatz zu Schlußbildungen gedrängt wurde, steht damit eine ausgleichende Kraft gegenüber, die die widerstrebenden Tonalitäten zur Ruhe kommen läßt, indem sie das zeitliche Bezugssystem in richtungslose Klangflächen auflöst.

Noch stärker als im ersten Satz wird das vorgeschriebene Taktmaß eines 3/4-Taktes durch die komponierte Realität in Frage gestellt.

3/4 = 6/8 = 3 x 2/8 = 2 x 3/4 = 3 x 2/4 = 6 x 3/8

Die noch durch Akzente verstärkte Phrasierung des ersten Achttakters weist deutlich die musikalische Realisierung eines zweiteiligen 6/8-Taktes aus (II, T.1-8). Die Subdominantbildungen der Takte 10-12 stehen dagegen in Vierteln, jedoch in drei Zweiergruppen 3 x 2/4). Ein 3/4-Takt liegt lediglich in den Takten 18 und 22 vor. In den Takten 36/37 wird die bereits oft gehörte und dadurch verinnerlichte Schwer-Leicht-Floskel (Viertel/Achtel) plötzlich auf das Dreifache der Zeit (punktierte Halbe/Achtel) gedehnt. Der im Gegensatz zu den zahlreichen Fermatenübergängen attacca an den A-Teil anzuschließende B-Teil beginnt dagegen deutlich mit einer Verkürzung des Zählzeitwerts auf Achtel, die in Zweiergruppen zusammengefaßt und durch Synkopierungen verzahnt werden (T.43ff). De facto werden hier jeweils zwei notierte 3/4-Takte als sechs 2/8-Takte gruppiert, die sich im weiteren Verlauf allerdings deutlich dem notierten 3/4-Takt annähern.

Statt eines einheitlichen, dem Gehör Orientierung ermöglichenden Zählzeitwerts werden somit in diesem langsamen Satz vier Werte angeboten: die Achtel, die Viertel, die punktierte Viertel und die punktierte Halbe. Das auf die Viertel zu beziehende Andante-Grundtempo, das noch im Autograph gefordert war, wird damit, ohne daß eine Änderung der fast durchgängigen Achtelpulsation erfolgt, variiert. Die Spannbreite reicht dabei vom vollständigen und oftmaligen Versiegen der Bewegung in den Fermaten und den ganztaktigen Zählzeitdehnungen (T.36/37-128/129) über die leichte Verlangsamung der punktierten Viertel (vorherrschend in den Teilen A/A') bis zur starken Beschleunigung in den durch Sechzehntelsynkopierung aufgelockerten Achtelpartien (T.43ff-135ff).

Diese Zählwertvariabilität folgt dabei dem im tonalen Diskurs erfolgenden Schritt, indem in der inselartigen Abgeschlossenheit der jeweiligen Zählwertbereiche sowohl an die Vehemenz der tonalen Auseinandersetzung im Kopfsatz erinnert als auch das auf die zukünftige Balance weisende Abwägen der Tonalitäten unterstützt wird, ohne daß in diesem Satz eine letzte Entscheidung erfolgen müßte. Die Klang-Zeit-Strukturen dieses Satzes zeigen daher Schuberts Fähigkeit zur Gestaltung der Latenz: Vergangenes und Zukünftiges fließen in den Auflösungsflächen zusammen.

Neben der Zählwertvariabilität ist auch die Taktgruppenordnung an der Ausbildung inselartiger Rückzugsräume beteiligt. Herzstück der Hauptteile A und B sind symmetrische Achttaktgruppen, die von asymmetrischen Bildungen eingerahmt werden.

Formteil	A	=	a - m - a’	=	a	- x	- y	- y’	- x	- a’			
Taktzahl	41	=	8 21 12	=	5+3	6	(4 + 4)		7	4+5+3			
					4+4		8						
							!						

Da der Mittelteil m durch die häufigen Untergliederungen - der Unterteil x (T.9-14) beinhaltet wiederum eine inselartige Ruhezone durch die mit Pianissimo abgesetzte 3 x 2/4-Taktgruppe - gegenüber dem a-Teil noch wesentlich länger erscheint, als dies die Taktzahlen ausdrücken, erhält der a'-Teil nicht nur durch die tonale Ausgestaltung (T.34), sondern auch durch seine fehlende proportionale Gewichtung zum m-Teil, die durch seine unregelmäßige Binnengliederung noch verstärkt wird, einen deutlichen Impuls in den unruhig bewegten Anfang des auffällig ohne Fermate angeschlossenen B-Teils. Schlußpunkt dieser Entwicklung ist daher erst die Fermate in Takt 50.

Formteil	B = b - n - b'				B' =	b'' - n' - n'''			
Taktzahl	43	9	8+8	10+8	36	9	11	16	
			!				!		

Der Mittelteil n bildet die ruhigste Zone des Satzes mit zwei 8-Taktgruppen aus. Im Teil B' wird dieses Regelmaß jedoch durch den zwischen dem siebten und achten Takt (T.149/150) beginnenden Subdominantsturz nach Erreichen der Obermediante Fis-Dur zerstört.

Das erwünschte Regelmaß ist an diesem entscheidenden Punkt des Diskurses - kurz vor Ende des langsamen Satzes - somit offenkundig sowohl im Tonalen, als auch in der Zeitgestaltung noch nicht zu halten. Deutlich wird an dieser Stelle jedoch die enge Verbindung ersichtlich, die Zeit und tonaler Raum im dargestellten Diskurs eingehen.

In den verbleibenden Sätzen wird die aufkommende tonale Balance nicht allein durch das entsprechende rhythmische Regelmaß unterstützt. Im Scherzo noch auf die für die Statik nicht primär maßgeblichen Teile - Trio, Scherzodurchführungen, Coda - beschränkt, ist die gestalthafte Ausprägung einer Tanzrhythmik, die dem Ohr zusätzlich zur Bewegung assoziative Hilfen anbietet, im Finalsatz schließlich in den für die Statik entscheidenden Refrain übergesprungen, in dem ja auch der tonale Diskurs zu seinem Ende findet.[39]

Bereits der Verzicht des Scherzo-A-Teils (III, T.1-40) auf die übliche Wiederholung ist eine Unterstützung der vorliegenden Diskurssituation, da dieser Verzicht die direkte parataktisch-dualistische Gegenüberstellung der alternativen Tongewichte ermöglicht, ohne daß durch die Wiederholung des A-Teils eine bestätigende Etablierung der Obermediante Fis-Dur in den kadentialen Rahmen erfolgt wäre. Statt der zweiteiligen Form eines Sonatenscherzo

|: A :| |: B-A' :|

ergibt sich daher die für den tonalen Diskurs - Gegenüberstellung Fis-Dur/ B-Dur; Teil A kadenziert über Fis-Dur zur Dominante, Teil B steht ganz in B-Dur - an dieser Stelle sinnvollere Abfolge

A - B -- A' - B - A'

aus den Schritten 'Gegenüberstellung' und 'Einkreisung'. In der wiederholungslosen Wiederkehr des Scherzo nach dem Trio entfällt dann die Gegenüberstellung und es verbleibt eine Einkreisung A-B-A' der ursprünglichen Konflikttonalität B-Dur.

Die Ausbildung geregelter, geradtaktiger Perioden im Scherzo-A-Teil - |: 8 (4x2) + 12 (3x2 + 3x2) :| - und im Finalsatzrefrain (IV, T.1-29) - 2 (Einleitung) + 8 (4+4) + 8 (4+4) + 1 (Überleitung) + 10 (4+4+2, die Dehnung ergibt sich aus der allerdings geregelt viertaktigen Einbindung des B-Dur in die Kadenz) - ist nicht gattungsbedingt, sondern auf den Diskurs dieser Sonate abgestimmt.[40]

Assoziative Strukturen in der Sonate D-Dur D 850

Zur "Emanzipation des Klanglichen"[41]

Die Liste diskursiv gestalteter Parameter ist nicht beliebig fortsetzbar. Bereits innerhalb des tonalen Diskurses als auch innerhalb der Zeitgestaltung entstehen durch die Dehnung des Diskurses Freiräume, die sich dann assoziativen Klangwirkungen öffnen.[42]

Ein Beispiel sind die Schlußtakte der B-Teile im zweiten Satz. Sowohl die Septakkordrückungen über einem "Passus duriusculus"[43] als auch die an dieser Stelle feststellbare Auflösung wahrnehmbarer Zeitstrukturen sind vom Diskurs aus betrachtet als 'exterritorial' einzustufen (II, T. 79ff).

Die assoziative Klangwirkung dieser Stelle beruht dabei wesentlich auf der verdämmernden Dynamik. Die Lautstärkenordnung der Sonate erscheint denn auch als eine der Nahtstellen, an denen die Unterstützung des tonalen Diskurses zwar noch vorhanden ist, diese jedoch bereits hinter dem Beitrag zum Aufbau eines unabhängigen Klangsystems zurücktritt.

Die Unterstützung, die die Dynamik dem tonalen Diskurs gewährt, liegt in der Kenntlichmachung des Energieverlusts, der im Übergang von den chaotischen Strukturen des Beginns zu den geordneten des Endes erfolgt.

Kopfsatz	fff - pp
Langsamer Satz	fff - ppp
Scherzo/Trio	ff - pp
Finalsatz	ff - ppp

Die Palette der von Schubert in dieser Sonate verwendeten Lautstärkenbezeichnungen reicht vom dreifachen Forte bis zum dreifachen Piano. In diesem für die Entstehungszeit außergewöhnlich weiten dynamischen Bereich sind allerdings die Mezzo-Zwischenbereiche ausgespart. Dementsprechend schroff sind zumeist die dynamischen Kontraste zwischen den auch kaum durch Crescendi-Decrescendi vermittelten und damit blockhaft gegeneinandergesetzten Lautstärkenbereichen. Analog der Verminderung der tonalen Konfliktstruktur ist die Anordnung der Dynamik insgesamt decrescendierend, was bereits aus einer Darstellung der Eckwerte ersichtlich ist.

Der im Verlauf der Sonate erfolgende Energieverlust ist allerdings deutlicher aus einer Berücksichtigung qualitativer und quantitativer Gesichtspunkte nachvollziehbar. Lediglich der Kopfsatz, der insgesamt von äußerst krassen dynamischen Kontrasten geprägt ist, beginnt und endet im Fortebereich. Gleichzeitig ist er der einzige Satz, in dem zwischen Beginn und Schluß ein Lautstärkenzuwachs verzeichnet werden kann (f-fff). Die übrigen Sätze verlöschen im Pianissimo (3.Satz) und Pianopianissimo (2./4.Satz). Im zweiten Satz erfolgt der Rückzug des dreifachen Forte ohne jeden Übergang (T.165/166), das Aufbäumen ist als vergebliches interpretierbar. Im Scherzo ist das völlige Versiegen des kräftigen Fortissimobeginns in der Pianissimofläche der Coda evident, das Trio verstärkt die weiter oben erläuterte harmonische Umkreisung durch eine stabilisierende Pianissimoklammer. Diese statisch-stabilisierende Wirkung der Pianoflächigkeit ist denn auch das entscheidende dynamische Merkmal des das Ende des tonalen Diskurses bedeutenden Finalsatzrefrains. Die in den vorherigen Sätzen so entscheidenden dynamischen Eruptionen finden sich im Finalsatz lediglich noch in den beiden Couplets, deren erstes ja auch an die vergangene tonale Auseinandersetzung erinnert.

Einmal erreicht, erscheint der Finalsatzrefrain auch im Dynamischen als 'Bodensatz' des Werks, als Folie, von der die übrigen Bildungen sich abhehen. Im Gegensatz zum tonalen Diskurs aber, der im Finalsatzrefrain ein vorher nicht explizit vorweggenommenes Ziel erreicht, gibt die Piano-Dynamik des Refrains - als Komponente des Klanglichen betrachtet - jedoch lediglich die neue und jetzt endgültige Dauer einer sich bereits sehr früh, z.B. in den Pianoteilen des Kopfsatzes oder den Mittelteilen der B-Teile im zweiten Satz geoffenbarten 'Klangaura' zu erkennen.

Vom Dynamischen aus betrachtet ist das Erreichen des Finalsatzrefrains somit kein aktiver Prozeß, sondern ein passiver, quasi ein Negativ-Diskurs: Das sich im Piano verdeutlichende niedrige Energieniveau stellt sich nicht ein, weil es im diskursiven Prozeß 'errungen' wird, sondern durch eine Auflösung der es zuvor überlagernden Fortissimo-Strukturen.
Diese Ablösung der Dynmik von der prozessualen Richtung des tonalen Diskurses, die es der Dynamik ermöglicht, konstitutiv mit anderen Parametern für den Aufbau der eigenständigen Klangsphäre zu werden, hat seine Ursache in der Schwächung der zentralisierenden Wirkung des tonalen Diskurses durch seine Dehnung auf vier Sätze. Durch diese Dehnung und die daraus resultierende Schwächung der zentralisierenden Wirkung erscheint der Diskurs nicht als Außengestalt der Sonate, sondern er dient untergründig, als "Flußbett" (Peter Gülke), der Sicherung des Zeitverlaufs.

Die Notwendigkeit, die zentralisierende Wirkung des tonalen Diskurses durch eine das "Ortsbewußtsein"[44] überfordernde Dehnung zu brechen, ergibt sich aus der leicht nachvollziehbaren Tatsache, daß Klang als eigenständige musikalische Größe auf einer Schwächung der übrigen Parameter gründet:[45] Erst die Dehnung der Tonalität schafft die zur Klangfüllung strebenden Flächen, erst die ständige Repetition verwandter Strukturen in Diastematik und der von ihr abhängigen harmonischen Vertikalen, in Rhythmik und Dynamik nutzen deren Gestaltqualitäten so weit ab, daß das von ihnen gebildete und satztechnisch vereinheitlichte subthematische Geflecht als ein autonomer Parameter - Klang - wahrnehmbar wird.

Klang ist als Parameter bei Schubert demnach eine nachgeordnete Größe. Dieses Nachgeordnete des Klangphänomens ist aber wesentliche Grundlage seiner ästhetischen Wirkung, da, indem Klang sich nicht gestalthaft verdichtet und so einen nicht-subjektiven Charakter annimmt, im Klanglichen die Grundlage der assoziativen Wirkung der Musik Schuberts vermutet werden kann.

Das subthematische Klangnetz

Das subthematische Klangnetz der D-Dur-Sonate wird von der Diastematik und von rhythmischen Feinstrukturen geprägt. Unterstützt wird die vereinheitlichende Klangwirkung dieser subthematischen Bildungen von der Dynamik und der Satztechnik.

Die Diastematik vermittelt zwischen Melodie- und Themenbildung auf der einen und - als Konsequenz eines Denkens in charakteristischen Akkordbinnenstrukturen, wie es sich am deutlichsten in der formkonstitutiven Wirkung des "eigentümlich ausgesetzten Dreiklangs"[46] in der G-Dur-Sonate zeigt - einer das jeweilige Werk prägenden Klangakkordik auf der anderen Seite. Dient die Diastematik somit der Klangvertikalen, so prägt im Gegenzug die vereinheitlichende Verwendung charakteristischer Rhythmuspartikel die horizontale Ausgestaltung der Klangflächen im Sinne einer Klanginnenbewegung, wie sie sich am deutlichsten in den Tremoli des G-Dur-Quartetts nachweisen läßt.

Freigesetzt werden die Elemente des Klangnetztes in der chaotisch-amorphen Eruption des die Sonate eröffnenden Viertakters:

D 850 I, T.1-4

Im Dynamischen werden die kontrastierenden Klangwelten des Forte und des Piano, die - wie bereits dargestellt - auch im Weiteren nicht versöhnt werden, gegeneinandergestellt. Die asymmetrische Zeitgestaltung, die dem Piano lediglich drei Zählzeiten des vierten Taktes einräumt, begünstigt hier den Einbruchscharakter des Piano. Von diesem ersten Einbruch an wird die Pianoebene immer mehr erweitert, bis sie am Ende der Sonate zu einem der entscheidenden Aspekte der Auflösungsfläche wird.

In der Satztechnik folgen repetierte Akkordstrukturen auf den einzeln gesetzten Eröffnungsakkord. Noch im Forte werden diese Akkordstrukturen durch ein Unisono kontrastiert. Vermittelnd wirkt die anschließende Zweistimmigkeit im Piano. Im Folgenden werden diese drei Satzarten immer wieder sukzessiv gegeneinandergesetzt und so in ihrer Autonomie gestärkt.

Einige deutliche Beispiele:

I	T. 16ff	Repetitionsakkordik - Unisono
II	T. 15ff	Unisonoinsel in akkordischer Umgebung
III	T. 1ff	Scherzothema basiert auf dem Wechsel von Unisono und Zweistimmigkeit
IV	T. 10f	Unisono - Repetitionsakkordik
	T. 29-31	Unisono - Akkordik - Zweistimmigkeit in erkennbarer Anlehnung an den Eröffnungsviertakter im Kopfsatz

Die so erreichte Autonomie ermöglicht darüber hinaus eine übereinanderlagernde Schichtung der Satztechniken: Die Pedalanweisung im Kopfsatztakt 48 (Un poco più lento) akkumuliert die Unisonofiguren zu Klangakkorden mit Repetitionscharakter; am Ende der Kopfsatzdurchführung bleiben die

Akkordstrukturen der linken Hand deutlich von der Unisonofigur der rechten getrennt:

D 850 I, T.144ff

und der Finalsatzrefrain stellt repetierte Akkordik in der linken und eine Unisonolinie in der rechten Hand einander gegenüber.

Schubert nutzt hier offenkundig die von den verschiedenen Satztechniken ausgehende gestische Charakterisierungsmöglichkeit der Pianistik: akkordisches Spiel, zumal in Repetitionen, tendiert zur Sperrigkeit; Unisoni dagegen verführen zu Leichtläufigkeit und Beschleunigung. Analogien werden so ohne Gestaltqualität möglich.

Gestische Einprägsamkeit und gleichermaßen amorphe Beliebigkeit kennzeichnen daher auch die von dem Eröffnungsviertakter ausgehenden rhythmischen und diastematischen Strukturen; die Rhythmik ist weitgehend geprägt von der gleichförmigen Abfolge unterschiedlich beschleunigter Werte, während die Diastematik vorwiegend in Sekundschritten vermittelt die Intervalle eines Dreiklangs (Prim-Terz-Quinte) zur Orientierung nimmt. Das bei der Satztechnik beobachtete Verfahren der Autonomisierung durch anfänglich sukzessive Abfolge und die spätere kombinierte Schichtung führt auch hier zu einem weitverzweigten System von Andeutungen und Allusionen, ohne daß bereits die Ebene der gestalthaften thematischen Verdichtung erreicht würde.

Die Diastematik der D-Dur-Sonate basiert ganz auf den im Eröffnungsviertakter angebotenen Einheiten: In einem aufwärts (T.1-4) und abwärts (T.4) errichteten Quintrahmen, der nach oben und unten um den jeweiligen Leitton erweitert ist, erfolgt die diastematische Vermittlung durch Sekund- und Terzschritte. Bereits der nachfolgende Viertakter, der weiter oben als *alternativ angebotener Vordersatz* bezeichnet wurde, zeigt die harmonische Funktion, die der Diastematik als Mittel der Akkordbinnengliederung zukommt. Im Vordersatz (T.1-4) tönt der Quintgang die zugrundeliegende Tonika, die in Grundstellung mit Oktav-Melodielage eintritt, in ihrer Farbwirkung in den helleren und gespannteren Charakter der Quintmelodielage um (T.4). Durch die geänderte tonale Richtung des Alternativvordersatzes (T.5-8) führt der nun von der Molltonika in Grundstellung/Oktav-Melodielage ausgehende Quintaufgang in einen Akkord mit Terz-Melodielage (T.8), also in eine gegenüber der Quint-Melodielage des Vordersatzes weniger helle und weniger gespannte Klangfärbung.

D 850 I, T.5-8

Eine Autonomisierung beider Klangcharaktere wird in der Exposition und Reprise des Kopfsatzes betrieben, indem beide Klangcharaktere entsprechend ihrer Verwendung in den alternativen Vordersätzen an die Antagonisten im tonalen Diskurs angekettet bleiben: Quintfärbung bestimmt das Tonikadominantgerüst auch im zweiten Tonartbereich, indem das aus Ruffloskeln aufgebaute Thema

ebenfalls eine Quintskala durchläuft: Terzfärbung bestimmt die kontrastierende Subdominantenreihe (T.16ff, B-Dur; T.48ff: T.72 etc.) in ihren unterschiedlichen Erscheinungsformen. Die einführende Anbindung an die Antagonisten des tonalen Diskurses ist jedoch nur Mittel zum Zweck der sukzessiven Prägung. Lediglich in den A-Teilen des zweiten Satzes wirkt diese tonale Zuordnung der Klangfärbung noch nach.

Deutlich ausgeprägt ist dies im Mittelteil des A-Teils (II, T.9ff): Terz-Melodielage in den zur Subdominantreihe gehörenden Takten (vor allem in den Pianissimo-Stellen), Quintspannung in den von der Satztonika ausgehenden Takten (z.B. T.14ff).

Bereits der Beginn des Satzes zeigt jedoch die auch hier erfolgende Schichtung der zuvor autonomisierten Elemente: Am Beginn steht eine Klangvibration. In Oktavparallelen, also durch Verdopplung hervorgehoben, wird die Quinte des zum Tonika-Dominant-Gerüst der Sonate gehörenden A-Dur-Akkords umspielt. Die *ligato*-Anweisung fordert deutlich die Klangzusammenfassung der mit Schwer-leicht und Staccato genau phrasierten Gruppe.[47]

Diese Setzung eines in sich vibrierenden Klangs erweist sich als das eigentliche Thema dieses Satzbeginns: Der Terzgang der Melodie in der zweiten Gruppe bleibt an dem darunterliegenden Klangakkord kleben - die versuchte Befreiung wird in dem langen Abschwung der Linie widerrufen (T.2-5), der Klangakkord wird restituiert. Eingearbeitet sind in diese Takte und sogar in den Akkord selbst deutlich Terzparallelgänge, die die Quintfärbung kontrastieren. Die verbleibenden Takte exponieren daher die am Beginn übereinandergelagerte Klangdialektik nochmals, auseinandergezogen zu einer Melodiestruktur: Grundton, Terz und Quint des A-Dur-Klangs werden nun, durch wechselnde harmonische Färbungen unterstützt, aufwärts (T.5) und abwärts (T.6-8) nochmals exponiert.

D 850 II, T.1ff

Einfachen Terz- und Quintgängen kommt so eine fast thematische Funktion zu, unabhängig von gestalthafter Verdichtung. Unterhalb der Ebene kognitiver Wahrnehmung entsteht so ein Netz von Verweisen.

Entscheidend ist hier die Unabhängigkeit der diastematischen Einheiten von der Zeitstruktur. Sowohl die Zusammenstauchung des Quintaufgangs auf einen halben Takt

D 850 IV, Auftakt zu T.30

als auch die kaum noch bewußt wahrnehmbare Dehnung auf 9 Takte ab Takt 144 bleibt als Ableitung der diastematischen Quintstruktur des Eröffnungsviertakters demselben Klangcharakter verpflichtet. Indem die Baßakkorde der linken Hand die Quintspannung, die bereits auf die wenig später folgende Reprise verweist, ins Übermaß dehnen, die rechte Hand jedoch den verkürzten Quintabgang des vierten Eröffnungs- und somit auch Reprisentaktes (T.166) vorwegnimmt, wird das Zeitsystem an dieser dramaturgisch wichtigen Stelle suspendiert: Die Zeit scheint stillzustehen; eingebettet in Klang fällt das Kommende mit dem Vergangenen zusammen.

D 850 I, T. 144ff

Daß das Ziel der Diastematik nicht die Unterstützung des tonalen Diskurses, sondern der Aufbau einer eigenen Klangdialektik innerhalb geschichteter Klangflächen ist, deren Innenspannung bis zum Ende der Sonate wirksam bleibt und eine entkörperlichende Weitung des Klangraums bewirkt, indem unabhängig von der tonalen Progression die am Grundton haftende Fundamentwirkung geschwächt wird, zeigt sich deutlich in den B-Teilen des langsamen Satzes, genauer in deren Mittelteil. Deutlich werden hier innerhalb eines statischen Klangraums zwei Klangstrukturen gegeneinandergesetzt und so der Klang in sich bewegt: die rechte Hand akzentuiert Terzfärbungen, die linke Hand Quintfärbungen.

Daß diese Klangvariabilität keinen diskursiven Prozeß verursachen, sondern letztlich dem zu fundamentalisierender Lösung weiterschreitenden tonalen Diskurs eine unabhängige Klangsphäre entgegensetzen will, zeigt sich im Überdauern der Klangbalance über das Ende des Diskurses im Finalsatzrefrain hinaus: Das Spiel mit Quintfärbung und Terzfärbung erhält sich bis in den Schlußakkord hinein.

D 850 II, T. 51ff

D 850 IV, Schlußtakte

Erstmals übereinandergelagert sind diese Klangebenen, wenn auch hinter dem anarchischen Gestus der Stelle verborgen, in dem *Un poco più lento* des Kopfsatzes. Auch hier wird zur Unterstützung des Klanglichen die Kontinuität des Zeitstroms unterbrochen und damit ein externer Raum geschaffen. Untergründig lassen sich so verwandte Klangräume verbinden, werden weite Distanzen überbrückt und in einem zeitlos-statischen Klanguniversum zusammengefaßt.

D 850 I, T. 51ff

Wie die Diastematik basiert auch die Rhythmik auf den im Eröffnungsviertakter freigesetzten Grundmodellen, die sich vereinfacht als Variationen desselben Prinzips fortlaufender gleicher Werte in unterschiedlichen Beschleunigungszuständen darstellen.

Im Eröffnungsviertakter wird die folgende Abstufung entwickelt:

Bereits in den B-Teilen des zweiten Satzes findet sich die Beschleunigung auf 8 Sechzehntel, die dann weite Teile des vierten Satzes beherrscht:

Kurz vor Schluß des ersten Tonartbereichs wird im Kopfsatz noch aus der Vierachtelgruppe (T.32) ein punktierter Rhythmus abgespalten:

Die Frage, ob dieser punktierte Rhythmus genau ausgezählt oder an die Triolen angeglichen werden soll, ist aus dem Manuskript nicht zu entscheiden. Solange seine gestische Vereinzelung als die Triolenumgebung leicht, aber scharf kontrapunktierender 'Lichtblitz' - gerade die Vereinzelung dieses Motivs im Kopfsatz ist im Manuskript deutlich erkennbar, zumeist ist die ganze Gruppe etwas verschoben - auch in der angeglichenen Spielart erhalten bleibt, ist diese Frage auch von sekundärer Bedeutung und kann der Geschicklichkeit des Ausführenden überlassen bleiben.

Diese Auffassung läßt sich bestätigen durch die Variation, die diese rhythmische Floskel in der Synkopenverschachtelung im langsamen Satz am Beginn des B-Teils erfährt.[48] Den je nach Ausführungsart möglichen Modellen des Kopfsatzes stellt sich hier die nicht-triolierte Abfolge einer Achtel mit nachfolgender Sechzehntel zur Seite:

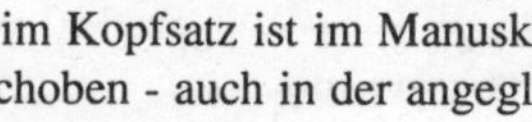

Wichtiger als der konkret ausgezählte Wert ist somit die gestische Evidenz der Abfolge Lang-Kurz, die dann das Scherzo (nicht aber das Trio) und den ersten Finalsatzrefrain beherrscht.

Die dominierende Bewegungsart innerhalb der Flächenbildungen der Sonate ist jedoch die unspezifisch-amorphe Abfolge gleicher Notenwerte, deren jeweilige Ansammlung zu Gruppen durch die Akzentgebung gesteuert wird. Selbst in dem oben zitierten Beispiel wird der Lang-Kurz-Rhythmus der Synkopierungen so verschachtelt, daß sich insgesamt eine fortlaufende Sechzehntellinie ergibt.

Das Zusammenwirken der dargestellten Parameter zur Bildung eines autonomen Klangnetzes zeigt sich deutlich im vierten Satz. Wie weiter oben beschrieben, ist im ersten Durchlauf des Refrains das Ende des tonalen Diskurses erreicht, die von ihm ausgehende zeitliche Progression beendet. Als Konsequenz ist im Weiteren die Zeitrichtung nicht mehr in der horizontalen Bewegung eines sich kontinuierlich bewegenden Zeitstroms anzusehen. Ausgehend von dem Fundament, das der Finalsatzrefrain setzt, ist die weitere Zeitbewegung auf die Vertikale der Klangräumlichkeit gerichtet, in dem hier vorliegenden Fall des D-Dur-Finales nach oben zu zunehmender Helligkeit und Transzendierung. Der in der Vertikalen entgegengesetzte Bereich abgedunkelter Sphären erscheint lediglich erinnernd und ist durch seine Mittellage innerhalb der Couplets deutlich isoliert und dadurch befriedet. Notwendig sind diese abgedunkelten Stellen, um innerhalb der Klangtranszendierung des Finales die kontinuierliche Weitung des Klangraums erkennbar zu machen.

In Verbindung mit der symmetrisch in mehreren Ebenen verschachtelten Form des Rondofinales (dargestellt in Kapitel I unter *Formverschränkungen*) entsteht so ein ebenfalls auf mehreren Ebenen schattierter Farbrhythmus.

In der fünfteiligen Form des Rondofinales ergibt sich der Farbrhythmus

Refrain I -	Couplet I -	Refrain II -	Couplet II -	Refrain III/Coda
hell		etwas heller		nochmals heller
	etwas abgedunkelt		stärker abgedunkelt	

Im Couplet I ist die leichte Abdunklung, die sich im Mittelteil (IV, T.48ff) findet, vorwiegend tonal vermittelt, sie wird jedoch auch durch dynamische Vehemenz unterstützt. Obwohl gegenüber den umgebenden Refrains als 'etwas abgedunkelt' eingestuft, muß das Couplet I in sich und auf seine eigene Dreiteiligkeit bezogen als Abfolge von

hell - dunkel - hell

betrachtet werden, womit der Gegensatz zu den Refrains gemildert wird. Der Beginn des Couplets I erscheint gegenüber dem vorhergehenden Refrain I sogar als Aufhellung.

Dieser Vorbehalt gilt auch für die Abdunklung des Couplet II, trotz dessen Subdominantfärbung. Die gegenüber dem Couplet I stärker verschachtelte Form des Couplet II ermöglicht hier jedoch eine Intensivierung der Farbrhythmik, die auch hier vor allem durch harmonische und dynamische Färbungen erzielt wird:

1.Unterteilung		A			B			B'	
		hell			dunkel			hell	
		leise			laut/moll			leise	
2. Unterteilung									
	hell	dunkel	hell	dunkel	hell	dunkel	hell	dunkel	hell
	Dur	moll	Dur	f/ff	p	ff	Dur	moll	Dur
Auftakt zu	105	109	113	119	127	133	141	148	152

Die kontinuierliche Aufhellung, die sich vor allem in der Abfolge der Refrains vollzieht, wird durch ein Zusammenwirken der bereits beschriebenen diastematisch-rhythmischen Elemente innerhalb einer sich immer weiter reduzierenden Dynamik ermöglicht.

Die dynamische Abstufung in Verbindung mit der Anschlagsart:

Refrain I	Piano
Refrain II	(Piano/Pianissimo) - Con delicatezza
Refrain III	Pianissimo - Leggiermente
Coda	Pianopianissimo (ppp)

Der Refrain exponiert nochmals die Quint-Terz-Klangbalance: Die rechte Hand umspielt deutlich die Quintspannung, während.in der Oberstimme der linken Hand ein Terzostinato dominiert. Die Unterstimme der linken Hand kontrapunktiert diese Terz mit der Umkehrung der Quintspannung. Diese Anordnung bestimmt den Refrain bis hin zur Schlußbildung: Stabilisierung der Quintspannung in der Melodie der rechten Hand, Stabilisierung der Terz in der linken bis hin zum Schlußakkord, der unvollständig als Terz-Oktavklang erscheint.

D 850 IV, T.1ff

D 850 IV, T. 26ff

Rhythmisch dominiert die durchgängige Viertelbewegung der linken Hand, die in der rechten durch Punktierungen und immer mehr durch Achteltriolen in Sechsergruppierung (= 1 Halbe) kontrapunktiert wird.

Diese Triolen werden im ersten Couplet zu Sechzehnteln beschleunigt (T.30/31), während die vorherige Viertelbewegung zu einer Achtelbewegung verdoppelt wird. Deutlich wird dies im Takt 48, der die Achtel in der charakteristischen Ausprägung als Repetierte bringt. Im Refrain II (T.78ff) wird diese Achtelbewegung zwar wieder auf Viertel halbiert, doch dringt über die Sechzehntelbewegungen der rechten Hand, die nun die vorherigen Punktierungen und die Triolen ersetzen, ein erstes Auflösungsmoment aus dem Couplet I in den Refrain II ein.

D 850 IV, T.78ff

Die hier angebotene Rhythmik erweist sich als auf Instabilität berechnet - einer retardierenden ersten Takthälfte in Vierteln steht eine *Con delicatezza* in Sechzehnteln bewegte zweite Takthälfte gegenüber.Der Refrain II steht so unentschlossenen zwischen den Bewegungsarten des Refrain I und des Couplet I.

Erst die nochmalige Intensivierung der Bewegung im Couplet II - pochende Achtel über einer Sechzehntelfläche - läßt diese Bewegungsart ganz auf den Refrain übergreifen. Das Ergebnis ist eine frei fluktuierende Ausbreitung des statischen Klangraums. Die im Leggiermente-Pianissimo vorzutragenden Sechzehntelgirlanden über pochend repetierten Achteln verdecken die darunterliegende thematische Schicht des Refrains. In der Mittellage beginnend weitet sich der Klangraum durch alle Register des Klaviers bis zu der auf dem Instrument der Schubertzeit maximal möglichen

Ausdehnung des D-Dur-Klangs. Spielt der Pianist die Schlußtakte ab Takt 206

mit halb erhobener Dämpfung und unter Beachtung der Diminuendo-Vorschrift, so verbinden sich alle auf der Klaviatur eines historischen Instruments möglichen Töne eines D-Dur-Akkords in Grundstellung - mit Ausnahme des a' - in einem allmählich verlöschenden Klang, der nicht geendigt wird, sondern in die Stille hinein fortdauert: ein sich der Wahrnehmung allmählich entziehender Klang, ein weiteres Beispiel der romantischen Öffnung der Idee über das Werk hinaus.[49]

Präformierte Thematik

Über dem untergründig fortschreitenden tonalen Diskurs erhebt sich die aus motivischen Partikeln gebildete Klangsphäre der Subthematik. Wirksam ist diese - dies liegt bereits im Begriff der Subthematik begründet - dort, wo eine gestalthafte Verdichtung zu wiedererkennbaren Themensubjekten nicht erfolgt. Gleichzeitig entsteht aus der amorphen Masse der Motivpartikel Latenz: Themenerwartung. Wenn dann erstmals - zumeist am Beginn des zweiten Tonartbereichs im Kopfsatz - ein geformtes Thema angeboten wird, erscheint es als Ausprägung der bereits dargestellten Klangwelt, es ist durch diese präformiert und wirkt als etwas bereits Vertrautes.

Erweist sich die gestalthafte Thematik auf der einen Seite als Ziel der Verdichtungsbestrebungen innerhalb der amorphen Klangmasse, so erweist sich im Erreichen der thematischen Gestalt diese als eigentlicher Ursprung der die Klangmasse formenden Klangpartikel. Im Sinne der Assoziativität wird in dieser Verkettung von Ursprung und Ziel die Zeitlichkeit der Prozessualität von thematischer Verdichtung und Auflösung, wie sie sich im zeitlichen Erleben des Werks vollzieht, negiert und in Querverweise umgewandelt.

Im Kopfsatz der D-Dur-Sonate erfolgt die thematische Konkretion in zwei Stufen. Das aus Ruffloskeln gebildete Thema am Beginn des Dominantbereichs

D 850 I, T.40ff

erweist sich erst in seiner akkordischen Verdichtung am Beginn der Durchführung als aus den "Hornquinten" der Naturtonreihe abgeleitet,[50] die Auflösung in Ruffloskeln und deren verzierende Ausfüllung mit Triolen werden als typische Hornspielweisen deutbar. Die charakteristische Unterlegung einer Terzmelodie durch Sext-Quint-Terz-Abfolgen muß gleichzeitig als Ursprung der Quint-Terz-Farbpolarität des Klangnetzes der ganzen Sonate angesehen werden.

D 850 I, T. 95ff

Diese Präformierung der Themengestalten in den Klanggegebenheiten der Sonate wird ergänzt durch eine zweite Art der Präformierung, die im Ästhetischen den Einbruch von *'Lebenswelt'* in das *Kunstwerk Sonate* vollzieht, indem die thematischen Gestalten sich als bestimmten soziokulturellen Kontexten zugeordnet erweisen und im assozitiven Verweis diese Kontexte durchaus auch im Sinne einer bildhaften Vorstellungskraft in den komponierten Zusammenhang des Werks aufnehmen.

Hornquinten provozieren die Vorstellung des Menschen in freier Natur, die Vorstellung von Jagdgesellschaften etc. Mitkomponiert ist im Kopfsatz zudem eine räumliche Annäherung. In Anwendung der Vortragsbezeichnungen Claude Debussy's (z.B. in der verwandten Szenerie des Feux d'artifiche aus dem zweiten Heft der Préludes) auf das vorliegende Beispiel könnte die Andeutung der Hornquinten im Piano (I, T.40ff) als *lointain* (fern, entfernt) bezeichnet sein, während das *ben-marcato*-Fortissimo des Durchführungsbeginns als räumliche Nähe zu deuten ist. Im zweiten Satz ist die Hornmotivik in den B-Teilen breit ausgeführt. Auch hier ist unmittelbare Präsenz mitkomponiert.

Noch stärker als die auf einer Idiomatik beruhende Einbindung von Assoziationen an Natur, Landschaft und Jagd in den ersten und zweiten Satz zeigen Scherzo und Finale die Hinwendung zur Lebenswelt. Eingearbeitet sind in diese Sätze nicht nur Tänze, sondern Tanzsituationen, und auch hier mit unterschiedlichen Raumvorgaben.

Entsprechend der Tanzimprovisationspraxis sind im Finalsatzrefrain drei Einheiten (= 3 Halbe) des rhythmischen Begleitmodells vorweggenommen.

D 850 IV, T.1ff

Ab Scherzotakt 41 wird der in Takt 51 beginnende Tanz sogar in zwei Stufen eingeleitet: Überleitung vom Scherzo-A-Teil (T.41-44), Vorwegnahme des Tanzthemas mit opulenter Kadenzierung (T.45-50) und - mit Genuß zu spielender und dabei leicht zu verzögernder - Auftakt in den ersten Tanzschritt (Auftakt zu T.51).

D 850 III, T.41ff

Der in das Scherzo eingearbeitete Tanz ist - obwohl eine genaue Unterscheidung der ungeradtaktigen Tänze in Österreich zu Beginn des 19. Jahrhunderts oft nur schwer möglich ist - als "Landler"[51], neben dem "Steirischen" die wichtigste Unterform des "Ländler", zu interpretieren. Diese Einordnung ist gerechtfertigt durch die dem Landler eigene Unsanglichkeit, die chromatische Färbung und durch das zwischen 2/4 und 3/4 schwebende Metrum.[52] Die von Schubert aus der Scherzopraxis eingearbeiteten 2/4-3/4-Taktverschränkungen können als kompositorisch exakte Notation des in der Volksmusik lediglich aufführungspraktischen "Schwebetakts" interpretiert werden: "Eins der wesentlichen Merkmale des Landler geht aus dem Notenbild nicht hervor; es ist dies der sogenannte Schwebetakt, eine Spielweise, bei der durch Verkürzung des zweiten und Dehnung des dritten Viertels jedes Taktes ein zwischen 2/4 und 3/4 schwebendes Metrum zustandekommt. Hierbei stampfen die Musiker mit dem Fuß im Zweivierteltakt, während sich die im Dreivierteltakt notierte Musik in der beschriebenen Weise verändert."[53] Dieses Stampfen ist von Schubert durch die Akzentgebung in der linken Hand eingearbeitet.[54]

Für die zitathaft-assoziative Ausdrucksqualität dieses Landler im Zusammenhang der Sonate ist die Tatsache wichtig, daß es sich bei ihm um einen dem oberöstereichischen Alpenvorland zuzuordnenden Liebeswerbetanz und vorwiegenden Einzelpaartanz handelt.[55]

Der Tanz des Finalsatzrefrains muß als "Anglaise"[56], eine langsamer (allegro moderato) zu tanzende Unterform der "Ecossaise", eingestuft werden. Im Gegensatz zum Landler handelt es sich hier deutlich um einen Gruppen- oder Wechseltanz mit eher städtischem Charakter, da die der Ecossaise zuzuordnenden Tanzformen ihren Ursprung nicht wie Ländler oder Walzer in den Alpenregionen haben, sondern über die französische Tanzsitte eingeführt wurden.

Auf diese Weise ergibt sich ein in den thematischen Bildungen hervortretendes Programm, das sowohl als autobiographische Schicht Schuberts große oberösterreichische Reise protokolliert,[57] als auch - etwa in Verbindung mit Moritz von Schwinds Zyklus *Die Landpartie auf den Leopoldsberg* - ganz allgemein und daher auch heute noch nachvollziehbar eine Erfahrung von Natur, Landschaft und Ländlichkeit, wie sie sich dem Städter darbietet, nachzeichnet:

1. Satz: Die Ankunft auf dem Land und erste, durchaus überschwengliche Eindrücke
2. Satz: Erleben und Genießen der Natur
3. Satz: Ausgelassenes Treiben, Liebeswerbung
4. Satz: Wieder in der Stadt, nachklingende Erinnerung

Wie in dem Gemälde *Die Symphonie* Moritz von Schwinds treten aber auch hier die Konkretheit der Tableaus wie die Zeitlichkeit ihrer Anordnung hinter dem aus Farbklang und Allegorik gebildeten assoziativen Netzwerk zurück.[58] Indem der sich in der Ausprägung präformierter Themengestalten verwirklichenden Lebenswelt eine nur transitorische, sich immer wieder in den Klangflächen auflösende Funktion eingeräumt wird, entsteht ein verzweigtes Spiel von Lebens- und Kunstwelt,[59] eine Verschränkung von Wirklichkeit und Reflexion - romantische Ironie, wie sie im Werk Jean Pauls oder Friedrich Schlegels literarisch vorgezeichnet ist.

Anmerkungen

[1] Kabisch, *Liszt und Schubert*, S. 19.
[2] Godel, *Letzte Sonaten*, S. 238.
[3] Ebd.
[4] Ebd.
[5] Ebd.
[6] Kabisch, *Liszt und Schubert*, S. 19.
[7] Ebd.
[8] Godel, *Letzte Sonaten*, S. 247.
[9] A.a.O., S. 246.
[10] A.a.O., S. 241f.
[11] Kabisch, *Liszt und Schubert*, S. 18.
[12] Dahlhaus, *Beethoven*, S. 248.
[13] Gülke, *Kantabilität und thematische Abhandlung*, S. 268.
[14] Diese Annahme korreliert mit dem formbildenden Primat der Harmonik in der älteren Sonatentheorie vor Birnbaum, Czerny und Marx. Vgl. Ritzel, *Sonatenform*, S. 135ff.
[15] Frisius, *Strukturelles bei Schubert*, S. 250.
[16] Auf die Ausgestaltung der Kopfsatzreprise als 'Reexposition' und die Erneuerung der Sonatenspannung im Scherzosatz ist bereits hingewiesen worden. Beide Aspekte finden sich auch in der Analyse der D-Dur-Sonate D 850 im Folgenden.
[17] Gülke, *Kantabilität und thematische Abhandlung*, S. 252: "Die Abhandlung .. bedarf des Themas, und dieses wiederum bedarf der Vergegenständlichung als prägnante Gestalt".
[18] Carl Dahlhaus (*Zur Theorie der Sonatenexposition*, S. 512) spricht in diesem Zusammenhang von einem "Vorurteil für das Binäre".
[19] Gülke, *Kantabilität und thematische Abhandlung*, S. 270.
[20] Dahlhaus, *Beethoven*, S. 250.
[21] Wohl aus diesem Grund empfiehlt Alfred Brendel (*Nachdenken über Musik*, S. 102) einen "freigebigen, kontrollierten und höchst phantasievollen Pedalgebrauch".
[22] Kabisch, *Liszt und Schubert*, S. 14.
[23] Vgl. Kapitel II unter *Orchestrale Raumweitung*.
[24] Vgl. Gülke, *Musikalische Lyrik und instrumentale Großform*, S. 208.
[25] Gülke, *Zum Bilde des späten Schubert*, S. 157f.
[26] Vgl. Gülke, *Kantabilität und thematische Abhandlung*, S. 261ff.
[27] Godel, *Letzte Sonaten*, S. 255.
[28] Vgl. Kapitel III unter *Das 'Ende der Krise'*.
[29] Wie bei Schubert häufig anzutreffen (vgl. Kapitel I unter *Formverschränkungen*), sind die Unterteilungen dieser Liedformen ebenfalls in Unterformen teilbar (z.B. m = xyy'x', n = zz').
[30] Vgl. Kapitel II unter *Motivische Verschränkung*.
[31] Dieser Begriff wurde von Arnold Feil (*Schuberts Rhythmik*, S. 106) geprägt.
[32] Vgl. dazu Dahlhaus, *Taktbegriff*, S. 1ff.

[33] Alfred Brendel (*Nachdenken über Musik*, S. 105) bezeichnet Schubert als "Akzent-Narr", doch bieten gerade die zahlreichen Akzente einen wichtigen interpretatorischen Anhaltspunkt, z.B. zu einer 'sperrigen' Spielweise in diesem Sonatensatz.
[34] Vgl. dazu Ratner, *Classic Music*, S. 38.
[35] Dahlhaus, *Taktbegriff*, S. 10.
[36] Ebd.
[37] Die Doppelfunktion als Anfangs- und Schlußakkord vereinzelt den thematisch zu deutenden Akkord. Ist er in Takt 32 als Schlußakkord gesetzt, der das Zurückliegende doch noch in zwei symmetrische Gruppen 16 + 16 teilt, so ist diese, wegen der unregelmäßigen Binnengliederung dieser Gruppen kaum nachvollziehbare Ordnungsbemühung durch die Fortissimo-Vereinzelung des Akkords in Takt 35, die inmitten einer Wiederholung der metrischen Vielfalt plaziert ist, wieder aufgehoben.
[38] Ratner, *Classic Music*, S. 37.
[39] Zur ästhetischen Funktion der Tänze vgl. in diesem Kapitel unter *Präformierte Thematik*.
[40] Clemens Kühn (*Themenbildung*, S. 509ff) hat auf zahlreiche Beispiele aufmerksam gemacht, in denen bei Schubert gerade in Scherzo- und Finalsätzen von Klaviersonaten "auffällig asymmetrische Themenbildungen oder Umsturz von Regelmaß" festzustellen sind.
[41] Vgl. a.a.O., S. 503ff.
[42] Es ist daher auch kein Widerspruch, daß innerhalb der tonal diskursiven Flächen die Harmonik assoziative Wirkungen auslöst, wie dies Hellmut Federhofer (*Franz Schubert und die Tradition*, S. 53f) annimmt.
[43] Kühn, *Themenbildung*, S. 503 und S. 514 Anm. 1.
[44] Die Erkenntnis "die Riesenproportionen verhindern die Übersicht und stumpfen das Ortsbewußtsein ab" findet sich bereits 1898 bei Carl Spitteler (in: *Lachende Wahrheiten. Essays*, 1898, zit. nach Keller, *Schuberts Verhältnis zur Sonatenform*, S. 287), ohne daß versucht wird, nach den kompositorischen Gründen zu suchen. Spitteler begründet diesen Umstand mit "wenig Temperament" und einer "übel angebrachten Gewissenhaftigkeit".
[45] Zwar ist Schuberts 'Klangstatik' nur bedingt mit der von Schönberg in dessen Harmonielehre 1911 skizzierten und im dritten der fünf Orchesterstücke op. 16 erstmals ausgeführten *Klangfarbenmelodie* vergleichbar, doch ist gerade dort die Zurückdrängung und Unterordnung der Parameter erkennbar, indem z.B. das ganze Stück fast ausschließlich von dem Akkord C-Gis-H-E-A beherrscht wird und der Wechsel der daraus abgeleiteten Akkordkombinationen nach Schönbergs ausdrücklicher Anordnung in der Partitur nicht-wahrnehmbar (!) zu erfolgen hat, womit letztlich melodische und rhythmische Bildungen unterdrückt werden.
[46] Vgl. Frisius, *Strukturelles bei Schubert*, S. 250ff.
[47] Alfred Brendel (*Nachdenken über Musik*, S. 103) empfiehlt daher, die Phrasierung mit den Fingern, das Legato dagegen mit dem Pedal auszuführen.
[48] Die meisten Autoren und Herausgeber (Badura-Skoda, Brendel, Ferguson sowie die Herausgeber der Neuen-Schubert-Ausgabe) empfehlen allgemein bei diesem typischen Schubertproblem eine Angleichung nachschlagender Werte mit dem Verweis auf noch zur Schubertzeit lebendige barocke Spieltraditionen. Es bleibt jedoch z.B. im Zusammenhang des Kopfsatzes der D-Dur-Sonate wenig einsichtig, daß Polyrhythmik im Verhältnis 3 gegen 2 (Triolenachtel gegen Duolenachtel, T.8 etc.) erlaubt, nachschlagende Sechzehntel im Verhältnis 3 gegen 4 dagegen verboten sein sollen, zumal in Schuberts auch im Manuskript

beobachtbarem Schichtungssatz eine weitgehende Autonomie unterschiedlicher Modelle angestrebt wird.
Diese Ansicht wird ebenfalls vertreten von Paul Mies, dem Herausgeber der Bände I/II der Henle-Ausgabe der Klaviersonaten aufgrund detaillierter Autographstudien der Sonaten D 958-960 (Mies, *Entwürfe*, S. 62f).

[49] Diese Pedalisierung, zu der auf einem historischen Flügel noch die Moderator-Dämpfung hinzutreten würde, ist nicht - wie etwa für das *Un poco più lento* des Kopfsatzes - von Schubert ausdrücklich gefordert. Sie entspricht jedoch den Empfehlungen, die Alfred Brendel (*Nachdenken über Musik*, S. 101ff) für die Pedalisierung aus der "technischen Notation" Schuberts ableitet.

[50] Dies wird besonders deutlich bei einer halbtaktigen Pedalisierung der Takte 40ff. Um diesen Zusammenhang aber zu verschleiern, sollte hier auf diese Pedalisierung verzichtet werden.

[51] Vgl. dazu Schutte, *Der Ländler*, S. 80ff.

[52] A.a.O., S. 84: "Der Landler selbst ist melodisch oft unsangbar..".

[53] Ebd.

[54] Gleichzeitig zeigen diese Akzente, die die zweite Viertel hervorheben, daß es sich bei diesem Tanz nicht um einen Walzer handelt, der sich bekanntlich durch die Leichtigkeit der zweiten Zählzeit auszeichnet und der sich in der noch heute getanzten Form erst ab 1825 aus den alpinen Tänzen nahestehenden Vorformen entwickelt hat. Vgl. a.a.O., S. 120ff und Artikel *Walzer* von Mosco Carner in MGG/14, S. 223.

[55] Schutte, *Der Ländler*, S. 83.

[56] Vgl. Böhme, *Geschichte des Tanzes in Deutschland I*, S. 225f.

[57] Vgl. z.B. Schuberts Reisebeschreibungen an seine Familie (*Dokumente*, S. 298ff u. 313ff). Obwohl meist auf die Sonate a-moll D 845 bezogen, könnte die Erwähnung der "Variationen aus meiner neuen Sonate zu 2 Händen" (*Dokumente*, S. 299 von Ende Juli 1825) auch auf den langsamen Satz der D-Dur-Sonate bezogen sein.

[58] Vgl. Kapitel II.

[59] Ganz ähnlich anhand eines weiteren Werks Peter Gülke (*Franz Schubert und seine Zeit*, S. 172f.): "..so reflektiert er in den Weitläufigkeiten des *Grand Duo* arglos, daß er mit Komteß Karoline gern vierhändig spielt, ihr Einblicke in die Mechanismen der Sonate eröffnet, im zweiten Satz sie in ein besonders geliebtes Werk, Beethovens *Zweite Sinfonie* einführt und sie in einem Beethovenschen Scherzo klavieristisch herausfordert; und er bringt obendrein, wiederum als privaten Kassiber, ein Zitat aus der *Schönen Müllerin* unter, das er beim Spielen in Gedanken skandieren kann, vermutlich verbunden mit der melancholischen Genugtuung, die Komteß, ohne daß sie es weiß, am Klavier deklamieren zu erleben, daß 'die beiden Wörtlein .. die ganze Welt .. mir einschließen'".

V. Ausblick

Sonaten c-moll D 958, A-Dur D 959, B-Dur D 960
Fantasie f-moll D 940
Allegro a-moll D 947 "Lebensstürme"
Impomptus D 899/935
Klavierstücke D 916B/C, D 946
Sinfoniefragment D 936A

Von einem eigentlichen *Spätstil* zu reden, verbietet sich bei Schubert nicht allein aus biographischen Gründen.[1] Die Schaffenskraft und die zahlreichen Pläne Schuberts in seinem Todesjahr 1828 zeugen nicht von Finalität, sondern eher von der Bewahrung des bislang Erreichten und dessen konsequentem Ausbau. Das Szenarium ähnelt dabei auf frappante Weise der 1824 begonnenen und offenbar erst mit der Signierung der großen C-Dur-Sinfonie D 944 im März 1828 abgeschlossenen Schaffensphase, so daß fast von einem *zweiten Weg zur großen Sinfonie* gesprochen werden könnte: Auch hier dokumentiert ein Brief Schuberts "Streben nach dem Höchsten in der Kunst",[2] wozu für ihn neben Messe und Oper ausdrücklich die Sinfonie zählte, auch hier begleitet eine Trias von Klaviersonaten sowie mindestens ein repräsentatives vierhändiges Klavierwerk die anfängliche Skizzierung einer Sinfonie, auch hier erweist die Instrumentalmusik ihre Funktion als Wegbahnung. Doch steht in den zu betrachtenten Werken der früheren und im Abschluß der C-Dur-Sinfonie D 944 soeben erfüllten Konzeption der *Großen Sinfonie* das neue Ziel einer eben erst vage sich andeutenden Konzeption gegenüber, die im deutlichen Rückgriff auf die Sinfonie-Fragmente der Krisenjahre 1818-1823 auch auf dem Gebiet der Sinfonik wohl das Ergebnis zeitigen sollte, das auf dem Gebiet der Klaviersonate bereits 1822 mit der *"Wanderer-Fantasie"* erreicht worden war. Hatte diese die Sonatenform des klassischen Kopfsatzes mit der Viersätzigkeit des Satzzyklus verschränkt, so ist bei den mit der Komposition der *Impromptus* im Herbst 1827 erneut einsetzenden und über die Fantasie C-Dur für Violine und Klavier D 934, die Fantasie f-moll D 940, das Allegro a-moll D 947 *"Lebensstürme"*, die Klavierstücke D 946 und nicht zuletzt den Sinfonie-Entwurf D-Dur D 936A bis zum Sommer 1828 nicht mehr abreißenden Fantasieversuchen Schuberts dagegen die Ambivalenz der Menuett-Sonatenform immer wieder der formale Ausgangspunkt, von dem aus jedes dieser Werke seine charakteristische Entfernung vom im Hintergrund wirkenden Vorbild der klassischen Sonate formuliert. Eine Anregung für Schubert, sich wieder verstärkt der Fantasieform zuzuwenden, könnte kurz zuvor von der Veröffentlichung der Sonate G-Dur D 894 als *Fantasie oder Sonate* bzw. *Fantasie, Andante, Menuetto und Allegretto* durch den Verleger Tobias Haslinger im April 1827 ausgegangen sein. Neben künstlerischen könnten so auch ganz pragmatische Gesichtspunkte Schubert zu der Strategie verleitet haben, nach den offenkundigen Erfolgen aller seiner Fantasien bei Verlegern und Publikum auch in der Sinfonik diesen in dem Konvolut der frühen D-Dur-Skizzen D 615 und D 708A bereits angelegten Zweig seiner Sonatengattungen auszubauen.[3]

Im Kontext der seit Herbst 1827 entstehenden Klavierwerke nimmt die Klaviersonatentrias D 958-960 daher eher eine Sonderstellung ein. Nicht sie bezeichnet die kompositorischen Tendenzen dieses Jahres, sondern sie markiert im Gegenteil in ihrem deutlichen Anschluß an die Werkgruppenkonzeption der 1825/1826 entstandenen Klaviersonaten die Folie, von der sich die übrigen Klavierwerke in einer stufenweisen Reduktion der die Sonate bei Schubert konstituierenden Parameter - Durchführung eines tonalen Diskurses über eine vorgegebene Abfolge charakteristischer Satztypen hinweg, deren zyklischer Zusammenhalt durch ein subthematisches und damit assoziatives Klangnetz gesichert wird, das wiederum eine sich dem Zitat öffnende Themenbildung ermöglicht - abzuheben scheinen. Am wenigsten entfernen sich wohl die *"Lebensstürme"* in Verbindung mit dem Rondo A-Dur D 951 von dieser Konzeption, die Mitte hält die f-moll-Fantasie besetzt, weiter dehnen den Fächer die *Impromptus* und die Klavierstücke D 946. Trotz ihrer umfassenden und langwierigen Entwurfsgeschichte zeigt die Sonatentrias D 958-960 daher auch nicht jene Unsicherheit in der formalen Disposition der Teile und die in den sie umgebenden Werken Schuberts anzutreffende Neigung, bereits fertig ausgearbeitete Abschnitte wieder ganz zu streichen, auszugliedern oder aber zu ersetzen.[4]

Hatte Schubert das Eröffnungsthema der *"Reliquien"*-Sonate C-Dur D 840 bereits bei der Formulierung sowohl des Introduktionsthemas als auch des Sonatensatz-Themas im Kopfsatz der vermutlich bereits 1825 begonnenen großen C-Dur Sinfonie D 944 zu Hilfe genommen, so geschieht dies erneut 1828 in den Skizzen zu der neuen Sinfonie D-Dur D 936A und in der Formulierung des Kopfsatzthemas in der Klaviersonate B-Dur D 960.

Trotz dieser thematischen Bezüge erscheint der sinfonische Anspruch der Sonatentrias D 958-960 gegenüber dem der korrespondierenden Werkgruppe der Jahre 1825/1826 jedoch gemildert. Alfred Brendel spricht in diesem Zusammenhang zwar noch von "latenten Streichquintetten" und verweist so auf das benachbarte Streichquintett C-Dur D 956,[5] doch ist vor allem der Beginn der Sonate c-moll D 958 so ganz aus dem 'Geist des Klavierspiels' begriffen, wie er zumindest in den Kopfsätzen der Sonaten Schuberts nur selten anzutreffen ist: Erhoben wird am Beginn der Werkgruppe ein gewisser traditionalistischen Anspruch, eine gewisse Aura wird zitiert.

Auffällig ist das Fehlen der klangsaugenden, orchestralen Unisono-Themen wie derjenigen der Sonaten a-moll D 784, C-Dur D 840 *"Reliquie"* und a-moll D 845 oder der den Klavierklang überdehnenden Halteakkorde wie am Beginn der G-Dur-Sonate D 894, der so deutlich im Zusammenhang mit dem nach Moll explodierenden G-Dur des benachbarten Streichquartetts gesehen werden muß. Die Anfänge in der Sonatentrias geben sich dagegen pianistisch vollgriffig, in den Sonaten c-moll D 958 und A-Dur D 959 kraftvoll wie zuvor nur die *"Wanderer-Fantasie"* D 760 und die Sonate D-Dur D 850, und selbst die als Fortführung des in der *"Reliquie"* und der G-Dur-Sonate eingeschlagegenen Wegs begreifbare B-Dur-Sonate D 960 unterstützt die Statik des Klangraumes durch Repetitionen und Begleitfiguren, die an die pianistische Tradition der Alberti-Bässe gemahnen.

Der aus diesem Sachverhalt oft gefolgerte und auf die gesamte Werkgruppe übertragene Klassizismus-Vorwurf verfehlt jedoch die Intentionen Schuberts. Zwar scheint es so, daß die Sonatentrias "als Resümee einer lebenslangen Auseinandersetzung Schuberts mit Beethoven gelten"[6] kann, doch betrifft dies sogar weniger als in anderen Werken des Todesjahres technische und formale Aspekte. Dem anhand der Sonate D-Dur D 850 aufgezeigten Verfahren entsprechend wird das Thema *Beethoven* vielmehr zur Reflexionsebene der Sonatentrias. Nicht die Annäherung an das im Vorjahr (März 1827) gestorbene große Vorbild, sondern die schrittweise Emanzipation scheint das Ziel dieser über mehrere qualitativ unterscheidbare Stufen durchgeführten Reflexion zu sein - ein Zeugnis des Selbstvertrauens wie des Selbstverständnisses in der Beethoven-Nachfolge.

Für die Sonate c-moll D 958 kann wohl kaum ein einzelnes Werk Beethovens als Vorbild herangezogen werden. Das Eröffnungsmotiv weist eine gewisse Nähe zum (gattungsfremden) Thema der Variationen c-moll WoO 80 -[7] allerdings verbunden mit einem doch eher auf den Beginn der späten Sonate op. 111 verweisenden Duktus - und der langsame Satz zu dem der c-moll-Sonaten op. 10/1 und op. 13 *Pathetique* auf. Die für Schuberts Klaviersonaten ungewöhnliche bi-thematische Anlage der Exposition des ersten Satzes verläßt jedoch bereits die Reihe der tonartgleichen Vorbilder, da gerade Beethovens c-moll-Werke sich durch eine strikte Monothematik ausweisen. Vorbilder wären dann eher die frühen viersätzigen Sonaten Beethovens in Durtonarten.

Bleibt die offenkundige Zitierung der heroischen Sprache Beethovens in D 958 auf die ersten beiden Sätze beschränkt, so bezieht sich Schubert in den beiden Schlußsätzen der Sonate A-Dur D 959 auf ganz andere Weise an tonartlich und charakterlich verwandten Werken Beethovens durch eine modellhafte Orientiertung des Scherzo "selbst in der Themengestaltung an dem Scherzo aus Beethovens früher Sonate in A-Dur op. 2,2"[8] und - kontrovers diskutiert -[9] des Finalrondo an dem Sonate G-Dur op. 31,1. In der Sonate B-Dur D 960 erhält die Beethoven-Reflexion dagegen programmatischen Charakter. Einerseits ist der Kopfsatz begreifbar als eine Fortführung der Auseinandersetzungen Beethovens um die Vereinbarkeit von "Kantabilität und thematischer Abhandlung"[10] in einigen seiner weniger 'populären' Werke, andererseits weist die ungewöhnliche Ausdehnung der ganzen Sonate wie die ungeheure Tiefe des langsamen Satzes und dessen tonartliche Beziehung zur Zyklustonart auf die in derselben Tonart stehende *Hammerklavier-Sonate* op. 106 Beethovens (Schubert: B-Dur/cis-moll; Beethoven: B-Dur/fis-moll).[11]

Die Souveränität, in der Schubert diese qualitative Schichtung der Reflexionsebenen *Zitat - Modell - Vermächtnis* in sein Werkkonzept einbaut, zeigt bei aller Ähnlichkeit der Verfahren die seit dem Fragmentjahr 1817 durchlaufene Entwicklung. Daß das Thema *Beethoven* für die Sonaten-Trias D 958-960 daher als eine ästhetische und nicht als eine formale Maxime zu betrachten ist, läßt sich auch in der Kontinuität der kompositorischen Verfahren Schuberts zeigen und durch die Ergiebigkeit einer die Parameter nach ihrer Funktion differenzierenden Analyse, wie sie bereits am Beispiel der Klaviersonate D-Dur D 850 von 1825 aufgezeigt wurde, auch an den Werken des Jahres 1828 bestätigen.[12]

Im tonalen Diskurs der Sonaten-Trias auffällig ist die weiträumige Vorbereitung der für die Exposition der B-Dur-Sonate wesentlichen Tonarten in den vorausgehenden Sonaten, wobei das unvermittelte B-Dur-Arpeggio am Ende der A-Dur-Sonate lediglich das auffälligste Beispiel darstellt. So läßt bereits die c-moll-Sonate die für den Fortgang der Werkgruppe wesentlichen Tonarten aufscheinen, und dies zumeist in Verbindung mit deren satztechnischen Charakteristika. Der erste Themenbereich des Kopfsatzes kadenziert deutlich auf B-Dur, der anschließende zweite Themenbereich, der deutlich als Variante des kantablen Eingangsthemas der B-Dur-Sonate gestaltet ist, wendet sich ausgiebig über Des-Dur (man merke sich Cis-Dur) nach Ges-Dur. Der Des-Dur-Abschnitt wird in der Reprise zu B-Dur. Das sehr schnell von B-Dur aus erreichte Ges-Dur und fis-moll bestimmt dann die Exposition der B-Dur-Sonate. Fis-moll ist zudem die Grundtonart des langsamen Satzes der A-Dur-Sonate. Deren Eröffnungstakte werden in der Durchführung des c-moll-Kopfsatzes in den Takten 115/116 antizipiert. Dieser D-Dur-Ausschnitt entspricht dabei in der rechten Hand wörtlich den 'charakteristisch ausgesetzten' Akkorden in Takt 3 (Zählzeit 3 und 4) der A-Dur-Sonate. In der c-moll-Sonate ist dieser D-Dur-Ausschnitt in ein As-Dur-Umfeld eingebettet: Die Tonart des zweiten Satzes. Dieser langsame Satz wendet sich immer wieder deutlich nach A-Dur und fis-moll. In dem mit 717 Takten überaus weitläufigen Finalsatz der c-moll-Sonate sind wiederum alle Tonarten mit den entsprechenden Modulationswegen vereint - vielleicht ein Grund für seine Länge.

Die assoziative Vereinheitlichung der Werkgruppe beruht neben den rhythmischen Varianten des "Atlas-Motivs"[13] - das in seinen markantesten Ausprägungen in den Forteschlägen der Eröffnungsthemen von D 958 und D 959, in seiner subtilsten Entkörperlichung noch in der mit übergreifenden Händen zu spielenden Begleitfigur des langsamen Satzes der B-Dur-Sonate auszumachen ist - in dem diastematischen Spannungsverhältnis zwischen einem Orgelpunkt-Ostinato und einer stufenweisen Terz/Sext-Parallelbewegung.[14] In D 958 steigt - durch den Handwechsel und den Sechzehntellauf leicht verschleiert - über einem ostinaten Baß-C kontinuierlich ein Sextakkord von der Tonika c-moll bis zum Erreichen der verdurten Subdominante (F-Dur). In D 959 steigen bis zur letzten Zählzeit des dritten Taktes in beiden Händen Terzen nach oben, eingerahmt durch insgesamt drei Haltetöne auf A in Baß, Mittellage und Diskant. In beiden Fällen wird die Aufwärtsbewegung vor einem lediglich erahnbaren Ziel abgebogen, erscheint die Fortführung der Gravität der Haltetöne unterworfen. In D 960 wird dieses Faktum zum bestimmenden Merkmal der Themenbildung. Aus dem Lasten des zum Quintoktavklang erweiterten Ostinato vermag sich kaum noch eine Melodie zu lösen, sowohl der 'Zentralton' B der Melodie im Diskant als auch die Achtelauflockerung der Sextparallele der Diskant-Melodie in der Oberstimme der linken Hand lassen diese zum Schemen hinter der Klangfläche des Ostinatos werden.

D 958 I, T. 114ff

D 958 I, T. 1ff

D 959 I, T. 1ff

D 960 I, T. 1ff

Daß Schubert sich in der subthematischen Ausgestaltung auf das Lied *Der Atlas* aus der Gruppe der Heine-Vertonungen aus dem *"Schwanengesang"* D 957 bezieht, kann ebenfalls als Zeichen der Eigenständigkeit, des "charakteristisch Schubertschem Vorbehalts"[15] dem großen Vorbild gegenüber gedeutet werden: Im *"Schwanengesang"* ist es ja gerade die Gruppe der Rellstab-Vertonungen, die die Schlußfolgerung erlauben, sie seinen als eine "Art *Hommage à Beethoven* gedacht"[16] gewesen. Im Autograph des *"Schwanengesangs"* ist *Der Atlas* mit seiner beziehungsreichen Metapher *Die ganze Welt der Schmerzen muß ich tragen, ich trage Unerträgliches* das erste Lied, das auf diese 'Hommage' folgt. Wie immer bei Schubert bleibt nach der Bedeutung des Wortes *Schmerz* zu suchen. Verläßt man die bei Schubert immer übermäßig berücksichtigte Ebene des Biographischen, ist es vielleicht zumindest nicht das wichtigste Wort des Satzes. Das im Weiteren folgende *Unendlich glücklich oder unendlich elend*

weist aber auf das von der c-moll-Sonate zur B-Dur-Sonate führende Programm, allerdings - und dies sollte bei der Interpretation des Worts *Schmerz* ebenfalls zu denken geben - in umgekehrter Richtung.[17]

Schuberts ersten "Weg zur großen Sinfonie" hatte, obwohl in dem bereits zitierten Brief an Leopold Kupelwieser nicht ausdrücklich erwähnt, ein Werk für Klavier zu vier Händen eröffnet. Die später als *"Grand Duo"* veröffentlichte Sonate C-Dur D 812 weist nicht nur in ihrer Tonart auf die in diesem Zusammenhang bereits erwähnte *"Reliquie"* und die ebenfalls 1825 begonnene große C-Dur-Sinfonie D 944, sondern sie verdeutlicht außerdem in dem stilistischen Bruch zu den sie umgebenden weiteren vierhändigen Werken - der 1823 veröffentlichten B-Dur-Sonate D 617 von 1818 und den *Divertissements* D 818 und D 823 - den erhöhten ästhetischen Anspruch, der die Gattung *Klaviersonate* durch ihre neue Funktion der sinfonischen Wegbahnung nunmehr ausgesetzt war. Deutlicher als an den durch ihre spezielle ästhetische Intention auf die Tradition der Klaviersonate als solcher zielenden Sonatentrias D 958-960 läßt sich 1828 die Zielrichtung der erneuten Sinfoniepläne daher auch an den gewichtigen vierhändigen Klavierwerken ablesen: An der Fantasie f-moll D 940 und am Allegro a-moll D 947 *"Lebensstürme"*.

Fast kann es als ein Glücksfall bezeichnet werden, daß es Schubert noch vergönnt war, mit der f-moll-Fantasie nach der dem "Kammerstyl" verpflichteten B-Dur-Sonate D 617 und der im *"Grand Duo"* verwirklichten sinfonischen Sonate auch im Bereich der vierhändigen Werke die vollzählige Ausprägung 'seiner' Sonatengattungen zu vollziehen, eine Ausprägung, die im Bereich der zweihändigen Sonaten bereits 1825 abgeschlossen war: Die in ihrem Anspruch an der Sonatenästhetik Christian Friedrich Daniel Schubarts orientierte dreisätzige *Kammer-Sonate* im 'Conversations'-Ton, deren Verschwinden nach 1823 auffällig mit dem Auftreten der Klavierstückzyklen korreliert, die viersätzige *Sinfonische Sonate* mit ihren erhöhten ästhetischen wie klang-räumlichen Ansprüchen und eben die aus den Klaviersonaten-Fragmenten der "Jahre der Krise" 1817-1823 hervorgegangene und 1822 erstmalig in der *"Wanderer-Fantasie"* ausgeprägte einsätzig-mehrsätzige *Fantasie-Sonate*, deren chromatische Innenspannungen nur durch eine Verschränkung von Sonatenhauptsatz und Satzzyklus zu bändigen war.

Hatte in der *"Wanderer-Fantasie"* die Tonikaklammer der Ecksätze (C-Dur) noch einen in sich in Dominantspannung stehenden Teil aus Variationensatz in cis-moll und Presto-Scherzo in As-Dur (= Gis-Dur) umschlossen, so stehen in der f-moll-Fantasie beide Innensätze im chromatisch dissonierenden fis-moll. Ganz anders als in der *"Wanderer-Fantasie"* verzichtet Schubert hier auf eine deutliche sonatenhafte Durchformung des chromatischen Kontrasts, läßt dafür aber das Finale zumindest thematisch zur Reprise des Kopfteils werden und sichert die Sonatenhaftigkeit nochmals über den Satzzyklus ab. Mithin erscheint die f-moll-Fantasie so als eine Variante der Menuett-Sonatenform: Die prinzipielle und durch die Satztonarten motivierte dreiteilige und zur Großform gesteigerte Anlage eines Menuettsatzes, der durch die Teilung des tonal aufzufassenden fis-moll-'Trioteils' in zwei unabhängige Sätze (Largo/Scherzo mit Trio) mit dem vierteiligen Satzzyklus-Schema verschränkt wird, spiegelt sich in der Dreiteiligkeit der Sonatenformen der einzelnen Abschnitte.[18] Da dementsprechend die Eckteile ebenfalls in sich ausgeformte Menuett-Sonatenformen - jeweils mit einer Reprise in F-Dur - sind, erhält das Finale denn auch nicht die lösende Funktion der klassischen Reprise, sondern die Erinnerungsfunktion des *Da capo* eines Menuett- bzw. Scherzosatzes, die lediglich in der Ersetzung des Durchführungsteils durch die obligatorische Fuge kurzzeitig einen finalen Anspruch erhebt.

D 947, T. 1ff

Daß Schubert 1828 weitaus stärker in den vierhändigen als in den zweihändigen Werken sinfonische Wege beschritt, zeigt auch das im Anschluß an die Fantasie entstandene Allegro a-moll D 947 *"Lebensstürme"*. In seiner monumentalen Ausdehnung von 622 Takten, seinem herausfordernden Gestus und seiner für Schuberts Fantasie-Sonaten charakteristischen chromatischen Innenspannung (D 940: f-moll/fis-moll; D 947 a-moll/As-Dur) ist es ein gleichgewichtiges Gegenstück zur f-moll-Fantasie. In den *"Lebensstürmen"* verzichtet Schubert allerdings auf die formale Überlappung mit Elementen des Satzzyklus und führt die Form dafür in den Bahnen des Sonatenhauptsatzes. Obwohl nicht ausdrücklich so bezeichnet, ist allerdings auch hier die stärkste chromatische Spannung (As-Dur in Takt 89) in ihrer Funktion als Tonart des zweiten Themenbereichs mit einem an einen langsamen Satz gemahnenden Bewegungsgestus ausgestattet.[19]

D 947, As-Dur-Thema

D 951, T. 1ff

Ganz ähnlich exponierte choralhafte Abschnitte mit chromatischer Spannung finden sich in dem Klavierstückfragment c-moll D 916C als Schlußgruppe der Exposition und im Sinfoniefragment D 936A als Durchführungsbeginn.

Spekulativ bleibt, ob Schubert das gleichzeitig komponierte Rondo A-Dur D 951, das nicht nur wegen seiner Tonart, sondern vor allem wegen der offenkundigen variativen Wiederaufnahme des Eröffnungs-Themas der *"Lebensstürme"* durchaus als Finale zu diesem konzipiert worden sein könnte, für eine vorgezogene und alleinige Veröffentlichung als Opus 107 preisgab.[20] Die postulierbare Intention der Integrierung eines chromatischen und zur Fantasieform drängenden Sonatentyps in eine klassische Satzabfolge weist zumindest deutlich auf die verwandte Problematik des Sinfonieentwurfs D 936A. War im Prozeß des Komponierens das Allegro einfach zu lang geworden und ließ das im 'verlöschenden' Finaltypus des Rondos aus der D-Dur-Sonate D 850 komponierten Rondo D 951 als einzigen Gegenpol - Skizzen zu weiteren Sätzen sind nicht bekannt - schließlich zu leicht erscheinen, oder zeigte sich auch in den Werken des Jahres 1828 für Schubert die bereits früher gemachte Erfahrung, daß Werke mit stark dissonierenden, chromatischen Reizungen letztlich nur mit, wenn auch mehrfach unterteilbaren einsätzigen Lösungen zu verwirklichen sind? Ein Blick auf das (mehrsätzige) *"Grand Duo"* von 1824 mag diese Annahme bestätigen. In ihm treten an den formalen Zäsuren nicht chromatische, sondern mediantische Tonartbeziehungen auf, die ebenfalls vorhandenen chromatischen Anwürfe sind dagegen in Durchführungsabschnitten plaziert.[21] Auch an der Sonatentrias D 958-960 ließe sich diese Beobachtung wiederholen. Kreißles Mitteilung, Schubert habe das Rondo auf Wunsch des Verlegers Artaria komponiert,[22] widerspricht der Annahme des satzzyklischen Zusammenhangs zwischen D 947 und D 951 daher nur bedingt: Schubert könnte auf einen Wunsch Artarias ebensogut mit der Aussonderung des bereits komponierten oder skizzierten Rondos reagiert haben.

Parallel zur Arbeit an den *"Lebensstürmen"* und am Rondo sowie zusammenfallend mit dem Skizzierungsbeginn der Sonatentrias schreibt Schubert im Mai und Juni 1828 die drei Klavierstücke D 946. Für die Bezeichnung *Moments musicaux* zu ausgedehnt, entsprechen sie auch nur bedingt dem *Quasi una Sonata*, wie es für die *Impromptus* D 899/935 charakteristisch war. Zusammen betrachtet demonstrieren beide Klavierstückzyklen jedoch nochmals die Fähigkeit Schuberts, die seine Sonatenform konstituierenden Parameter fast beliebig zu kombinieren oder auch zu vereinzeln, um hierdurch zu "anderen möglichen Ausformungen ähnlicher Absichten"[23] zu gelangen.

Einiges deutet darauf hin, daß Schubert in den *Impromptus* das Vorbild von Mozarts *Fantasie und Sonate* c-moll KV 475/457 vorgeschwebt haben könnte. Die Indizien berechtigen damit zumindest die These, den zeitlichen Beginn der neuerlichen Fantasieversuche Schuberts mit der Komposition der *Impromptus* auf den Herbst 1827 festzulegen. Nicht nur ist in der Anlage der Großform auch bei Schubert das zweite Heft der *Impromptus* deutlicher als Sonate zu bezeichnen als das erste, das Oktavfanal, der harmonische Dreischritt c-moll - B-Dur - As-Dur und der satztechnische Wechsel von Unisoni mit kadenzierender Akkordik am Beginn, mit dem Erreichen des As-Dur abgelöst von einer zuerst über gebrochenen, dann repetierten Achteln singenden Melodie kennzeichnen zudem auch im Detail sowohl den Beginn der Mozartfantasie als auch den des ersten *Impromptu*. Auch der so schubertische Wanderer-Rhythmus, der die Themen beider drittplazierter *Impromptus* prägt (Ges-Dur D 899/3 und B-Dur D 935/3) findet sich an den entsprechenden Punkten des mozartschen Doppel-Werks: am Beginn der D-Dur-Episode in der Fantasie und im Thema des langsamen Satzes der Sonate. Daß Schubert das Vorbild seit frühester Jugend geläufig war, beweist überdies bereits die Zitierung des Mozartwerks in Schuberts früher, ebenfalls in c-moll stehender Klavierfantasie D 2 von 1811.[24] Zahlreiche Mozartismen kennzeichnen vom ersten charakteristischen Arpeggiobeginn an ebenfalls die Themenbildung des fünften *Impromptu* in f-moll (D 935/1).

D 935/1, Entwurf und Endfassung

Der arpeggierte Beginn ist ein bemerkenswertes Detail des Mozartverweises. Zwar entwickelte er sich erst im Lauf des Kompositionsprozesses aus einem korrekt notierten Sechzehntelauftakt. Das Fehlen eines vergleichbaren Sonaten- oder Klavierstückbeginns bei Schubert korreliert aber auffällig mit der Tatsache, daß ungefähr die Hälfte der Sonaten Mozarts arpeggiert anlauten. Die deutliche, argumentative Trennung von Vordersatz und Nachsatz durch Akkorde und Pausen, die figurative Melodiebildung wie auch die weitergehende Ausziehrung des Themas durch Doppelschläge in der Reexposition sind ebenfalls leicht als Mozartismen zu klassifizieren.

In der Ausformung des Zyklus verfolgt Schubert allerdings eigene Absichten. Unter Verzicht auf die subthematische Durchdringung des Zyklus und mit Ausnahme des daktylischen Wanderer-Themas auch auf thematische Wiederaufnahmen wird die funktionale Reihenfolge der Satztypen - das Scherzo/Menuett wird jeweils auf den zweiten Platz vorgezogen, das Finale der ersten Gruppe durch ein weiteres 'Scherzo' ersetzt - sowie die Form der jeweiligen Kopfsätze dergestalt umgeformt, daß statt eines tonalen Diskurses ein sich allmählich neigendes und schließlich stabilisierendes tonales Gefälle zum Bindeglied der im Klaviersatz höchst unterschiedlichen und teilweise für eine Sonate auch zu brillanten Einzelstücke wird.[25]

Diese Unkenntlichmachung des Sonatenhaften führt Schubert in den Klavierstücken D 946 noch einen Schritt weiter. Die in den Satzformen der *Impromptus* und in deren Abfolge immer noch erkennbare Grundlage des Sonatenzyklus wird weiter bis auf die Klassizität beanspruchende Abfolge der Satztempi (Allegro assai - Allegretto - Allegro) und der Themencharaktere minimiert, die tonale Geschlossenheit des Satzzyklus überdies - wie bereits einmal in der frühen Sonate As-Dur D 557 - aufgehoben. Komponiert sind Einzelsätze, die als Experimente mit der konzentriertesten der Sonatenformen, der Menuett-Sonatenform, ausgewiesen sind. Dieses verhältnismäßig einfache Grundmodell wird aber sowohl durch Schuberts seit dem Fragment f-moll D 625 bekannten und auch an der f-moll-Fantasie wieder bewiesenen Verschachtelungskünste, als auch durch die sich nicht nur in der exzessiven Verwendung von Vorzeichen spiegelnden tonalen Kühnheiten stärkstmöglichen Deformationen unterworfen.

Das dritte Stück in C-Dur begnügt sich mit nur einem trioartigen Mittelteil, der aber in Des-Dur steht. Das erste und zweite Stück haben jeweils zwei solcher Mittelteile, fügen also rondoartige Elemente mit ein. Im zweiten Stück sind diese Mittelteile, die in sich wiederum vollständige Menuett-Sonatenformen ausbilden, wesentlich ausführlicher als der Hauptteil. Dieser wird dadurch letztlich zum Durchgang und das zweite Stück selbst nur als Teil einer mehrsätzigen Anlage stabilisierbar. Für das erste Stück hat Schubert die Formerweiterung durch eine zweite Episode zumindest im Manuskript wieder verworfen und den zweiten

Mittelteil ausgestrichen.[26] Tonal werden die beiden ersten Stücke ganz von Variantengegensätzen beherrscht. Großformal zeigen dies bereits die Satztonarten an: es-moll und Es-Dur. Im Hauptteil des ersten Stücks steht die Reprise in Dur (D 946/1, Takt 56ff), im Hauptteil des zweiten Stücks streift die Durchführung die Moll-Grundtonvariante (D 946/2, Takt 15). Die Sonatenform-Mittelteile des zweiten Stücks (Es-Dur) kontrastieren den Dur-Grundton mit den beiden möglichen Moll-Modellen: Der erste Mittelteil in c-moll hat eine Reprise in C-Dur, der zweite in as-moll verbleibt in der Molltonika. Die Mittelteile des ersten Stücks (es-moll) stehen dagegen in H-Dur und in As-Dur, wenden sich jedoch in ihren Durchführungen ebenfalls zu den jeweiligen Mollvarianten. Das h-moll in Takt 137 des ersten Mittelteils sowie das ausgedehnte as-moll in den Takten 291-302 des zweiten Mittelteils des ersten Stücks weisen wohl kaum zufällig auf den zweiten Mittelteil des zweiten Stücks, in dessen zweiten Teil ab Takt 140 sie zum strukturellen Gegensatz Durchführung/Reprise genutzt werden.

Die Grundtongleichheit der beiden ersten Stücke aus Es kontrastiert Schubert im dritten Stück mit C-Dur, doch hat dies bereits in Takt 12 Es-Dur erreicht und baut nach Takt 51 diese eigentliche Zyklustonart zu einer achttaktigen Klangfläche in der linken Hand nochmals aus. Der weitausgedehnte Mittelteil verstärkt diese Rückkopplung nochmals, in dem er vom chromatisch zur Grundtonart dissonanten Des-Dur aus Ces-Dur (= H-Dur), as-moll und nochmals Es-Dur anpeilt. Die Rückkehr zum Grundton erfolgt über As-Dur und G-Dur.

Nicht nur das gesamte Verfahren ist aus der *"Wanderer-Fantasie"* wohlbekannt, der Gestus dieses Zyklusendes erinnert zudem auffallend an das Fantasiefinale von 1822. Einmal mehr ist nicht die klassische Lösung des Konflikts ist das Ziel, sondern die rettende Ausflucht, das trotzende Zur-Seite-Treten, dessen Brüchigkeit allerdings auch durch die virtuose Coda nicht zu überdecken ist.

Dieses dritte der Klavierstücke D 946 ist nachkomponiert, es entstand vermutlich einen Monat nach den beiden ersten und ist auch auf einer anderen Papiersorte notiert. Die die beiden ersten Stücken verbindende Moll/Dur-Abfolge gleicher Grundtöne verweist nun wiederum deutlich auf die Überlegungen zur Zusammengehörigkeit des Allegro a-moll *"Lebensstürme"* D 947 mit dem Rondo A-Dur D 951 und damit auf ein Hauptproblem Schuberts innerhalb der Experimente des Todesjahrs: den Spannungsausgleich zwischen der Integrität des Einzelsatzes und der des Satzzyklus. Ein Detail steht hier paradigmatisch für diese Problematik, die die betrachteten Klavierwerke mit der neu entstehenden Sinfonie D-Dur D 936A verbindet: Im *Allegro assai* des ersten der Klavierstücke D 946 schreibt Schubert, die Integrität der Zeit verlassend, *Andante* und *Andantino* über die Mittelteile.

Dem "Kammerstyl" der frühen B-Dur Sonate D 617 waren Schuberts frühe Sinfonien verpflichtet. Die erst im März 1828 signierte große C-Dur-Sinfonie D 944 folgte 1825 dem vom *"Grand Duo"* C-Dur D 812 vorgezeichneten "Weg zur großen Sinfonie". So bleibt als eine Spekulation die Überlegung, ob nicht die neue, 1828 begonnene D-Dur-Sinfonie D 936A der in der Fantasie f-moll D 940 und letztlich auch im Allegro a-moll D 947 *"Lebensstürme"* wieder aufgegriffenen dritten der Sonatengattungen Schuberts folgen und damit zugleich auch ein Vermächtnis der sinfonischen Fragmente der "Jahre der Krise" aufarbeiten sollte, die Entwicklung einer *"Sinfonischen Phantasie"*[27]. Die auffällig in einem gemeinsamen Konvolut mit den tonartgleichen Sinfonie-Fragmenten D 615 und D 708A überlieferten Skizzen lassen jedenfalls eine solche Vermutung - zumindest als Ausblick - zu, denn offenkundig war eine Zusammenfassung aller anhand der Klavierwerke des Jahres 1828 einzeln verwirklichten Möglichkeiten geplant.

Die Fantasie als ersten Satz einer mehrsätzigen Sinfonie oder aber eine einsätzig-mehrsätzige Fantasie: Eine chromatische Reizung erfährt in den Skizzen zum Kopfsatz gleich doppelt sowohl die Dominante A-Dur als auch der Grundton D, indem die Dominante auf die bereits bekannte Weise zu einem Unisono-A vereinzelt wird und durch jenen sensationellen, in seiner Mollvariante einsetzenden und ausdrücklich mit *Andante* überschriebenen B-Dur-Abschnitt abgelöst wird:[28] 6 Takte lang zirkuliert die Posaunen-Melodie um die Terz von b-moll, Des, bevor sie sich zur Dur-Terz, D, wendet. Über A-Dur geht es zurück zur Tonika, "wenn nach dem Andante die Musik wie blind in einem D-Dur-Presto davonstürzt"[29]. Auch das Presto ist eindeutig als solches überschrieben.

Der *Andante*-Einschub im Sinfonie-Allegro korrespondiert in seiner thematischen Ausprägung als eine marschartige "Grabesmusik"[30] nun wiederum deutlichst mit dem in der 'Grabestonart' As-Dur stehenden Abschnitt im Allegro *"Lebensstürme"* und an die des-moll-Schlußgruppe im Klavierstückfragment D 916C. Im Fall des Klavierstückfragments hat Schubert mit Beginn der Reprise die Arbeit offenbar aufgegeben, in den *"Lebensstürmen"* die Reprise dagegen auskomponiert, aber vielleicht als eine Konsequenz das hinzukomponierte Rondo separieren müssen. Die Komposition der Sinfonie ist an eben diesem problematischen, eine Entscheidung erheischenden Punkt unterbrochen: Der erste, bereits mehrfach überarbeitete Satz ist nur bis zur Reprise geführt, bei dem bereits in autonomer Satzgestalt vollendeten zweiten Satz hat Schubert den Schluß wieder gestrichen, was auch die Revision der Mehrsätzigkeit bedeuten könnte, Skizzen zum Scherzo liegen vor.

Die Verbindungslinie des Sinfoniefragments D 936A zur Klaviermusik Schuberts zeigt sich gleichfalls im Verzicht auf eine separate Introduktion bei einer ersatzweisen introduktionsartigen Gestaltung des Eröffnungsthemas, bei der wie in der Sonate a-moll D 784 und noch stärker in der *"Reliquie"* erst sehr spät und fast unmerklich die Formtäuschung erkennbar wird.[31] Die bereits erwähnte und über die satztechnische Analogie hinausgehende oder auch von ihr verursachte thematische Ähnlichkeit zwischen den Eröffnungsthemen der *"Reliquie"* und dem Sinfoniefragment D 936A auf der einen und dem Klavierstück-Fragment C-Dur D 916B auf der anderen Seite kann in der Betrachtung des im Doppelfragment D 916B/C angelegten und ebenfalls auf eine Fantasiekonzeption weisenden Planes nun auch zu einem weiteren Analogieschluß führen, der die These untermauern könnte, für das Sinfoniefragment sei kein weiteres Finale als eben das Scherzo mit seiner kontrapunktischen Satztechnik gedacht gewesen.[32] Neben der Attacca-Konzeption und der strukturellen Chromatik muß hierfür auf ein bislang nicht erwähntes, drittes Kriterium der Fantasieform Schuberts hingewiesen werden: das Fugato als finales Zeichen.

Die Klavierstück-Fragmente C-Dur D 916B und c-moll D 916/C entstanden vermutlich vor der Arbeit an der f-moll-Fantasie und in deutlicher Nähe zu den Impromptus D 899/935.[33] Das in sinfonischem Forte präsentierte Klangraumthema des ersten Fragments wird wie das in D 899/1 immer wieder über Begleitmodellen lyrisch fortgesponnen, hier allerdings in der Manier des späteren Klavierstücks C-Dur D 946/3 vehement akkordisch unterbrochen; die Themenbildung des zweiten Fragments weist trotz des 4/4-Taktes und des harschen Fortissimo auf das Impromptus-Finale D 935/4. Über das erste Kriterium der Fantasie-Form Schuberts, die Existenz von Attacca-Anschlüssen, kann, da das erste Fragment mitten im Satz abbricht, nur als Indiz angegeben werden, daß das zweite Fragment ohne Tempobezeichnung niedergeschrieben wurde. Dafür sind beide Fragmente überreich an struktureller Chromatik, dem zweiten Kriterium: Die C-Dur/G-Dur-Achse des ersten Themas innerhalb des ersten Fragments wird im zweiten Themenbereich aus G-Dur mit h-moll/Fis-Dur kontrastiert (T.70ff), ab Takt 107 erscheint sogar das Eröffnungsthema in Fis-Dur vor dem Abbruch über A-Dur nach B-Dur; In die bekannte Affinität der c-moll-Tonika zum übermäßig ausgebreiteten As-Dur (vgl. auch hier das Impromptus D 935/4) ist ein choralartiges und thematisch wiederum an den b-moll-Grabgesang im Sinfoniefragment gemahnendes des-moll-Thema angehängt, der kaum vermittelt auf den Expositionsbeginn zurückschlägt. Wie so oft bei Schubert scheut man auch hier vor den Termini *Exposition* und *Durchführung* zurück, denn der zweite Tonartbereich As-Dur der vermeintlichen 'Exposition' erweist sich in der 'Durchführung' über a-moll und f-moll lediglich als groß angelegter

Vorhalt der Dominante G-Dur, die dann breit auskadenziert noch im Bereich der 'Durchführung' ab Takt 167 wieder zur Tonika führt. Diese wird nun - ähnlich der Coda (!) des Finales der Sonate A-Dur D 959 - nochmals chromatisch gereizt, wobei das vormalige des-moll in ein Des-Dur verwandelt erscheint (T.175-178), bis der zuletzt notierte und mit dem Anfangsakkord dieses Fragments identische Akkord angepeilt wird. Ob über diesen allerdings nur im oberen System notierten c-moll-Akkord, der formal den Anschluß einer Reprise erwarten lassen könnte, wirklich etwas hinausführt, erscheint beim Spielen mehr als fraglich.

Auffällig ist in diesem letzten Fragment nochmals eine später ausgeschiedene Stelle, die diesmal aber nicht gestrichen, sondern lediglich abgetrennt ist:[34] Der Beginn einer bis zum dritten Themeneinsatz geführten Fuge mit chromatischem Thema, die wohl anstelle des bis zum Schluß nicht mehr zurückgenommenen zweistimmig-kontrapunktischen Passagenwerks ab Takt 128 erscheinen sollte. Deutlich ist dort die Unterstimme als Variante des Fugenthemas in gebrochenen Oktaven und die Oberstimme zu erkennen.[35] Diese an barocke *Inventionen* gemahnende Satzstruktur findet sich bereits im harmonisch komplexen zweiten Tonartbereich des ersten Fragments nach einem kurzen Fugato (T.47-55). Kaum erstaunlich ist, daß Schubert nach dem Verzicht auf den dritten Themeneinsatz schließlich die ganze Fuge wieder aussondert. In der vorliegenden Gestalt sind der zweite und dritte Stimmeinsatz aus Stimmführungsgründen kaum plausibel vermittelt, sondern jeweils um eine Oktave nach unten transponiert, so daß sich jeweils wieder die Ausgangssituation des ersten Themeneintritts ergibt. In zwei durchstrichenen Takten scheint Schubert einen regulären Comeseintritt in der Quinte und eventuell die Erhöhung der Stimmenzahl auf vier erwogen zu haben, doch ist das Scheitern dieses Versuchs in den Mittelstimmen offensichtlich.[36]

Bereits seit Schuberts frühen vierhändigen Fantasien - zugleich seine ersten überlieferten Klavierwerke - gehörten Fugen bzw. Fugatopassagen zum integralen Bestandteil seiner Fantasiekonzeption. Sind ausgiebige Fugato-Passagen in den frühen Fantasien wie etwa der Fantasie G-Dur D 1 durchaus auch in den Kopfsatzpartien anzutreffen, sind sie in der Fantasie C-Dur D 760 *"Wanderer"* und auch in der Fantasie f-moll D 940 ein Mittel der Finalgestaltung, hierin den späten Sonaten Beethovens verwandt. Wie an Entwurf und Reinschrift der f-moll-Fantasie ablesbar, affiziert diese Finalintention zwar einerseits die Satztechnik der ganzen Fantasie als großangelegte Vorbereitung der vierstimmigen Fugenexposition, andererseits zeigt Schubert auch im Fall der f-moll-Fantasie wieder das bereits aus den "Jahren der Krise"[37] 1818-1823 bekannte Abwägen zwischen "Ausgriff und Zurücknahme", indem die endgültige Fassung der "ursprünglichen Planung mit ihrer strengen Themadurchführung .. eine ganz andere Freizügigkeit in der Handhabung kontrapunktischer Verfahren zur Erzielung eines Satzganzen entgegen"[38] setzt. Wenn auch das Augenmerk Schuberts vielleicht wirklich nicht "in der Komposition einer Fuge als solcher, sondern in deren sinnvoller Integration in einen nicht von vornherein dafür geeigneten Formzusammenhang"[39] gelegen haben mag, so bleibt angesichts des (gescheiterten) Versuchs in D 916C, die inventionelle Zweistimmigkeit zu einer drei- oder vierstimmigen Fuge zu weiten, der vielfältigen Kritik am Finale der *"Wanderer-Fantasie"* und des Fehlens von Fugato-Experimenten in der Sonatentrias D 958-960 auf der einen und der "glücklichen Lösung"[40] der selbstgestellten Aufgabe in der f-moll-Fantasie und der kurzen Fuge in e-moll D 952 doch festzustellen, daß Schubert zur Durchführung raumgreifender Fugenthemen offenkundig der vierhändigen Besetzung bedurfte, hierin seinen großen Vorbildern Beethoven *und* Mozart nicht unähnlich. Mozarts im Umfeld der großen c-moll-Messe KV 417a entstandenen Klavierfugen führten vom zweihändigen Fugenfragment g-moll KV 375e über das ebenfalls zweihändige Präludium und Fuge C-Dur KV 383a zur großen Fuge für zwei Klaviere c-moll KV 426, "einem seiner gewaltigsten Klavierwerke"[41]. Beethoven führten wohl auch die Fugenexperimente in seinen letzten fünf Klaviersonaten vom Klavier weg und hin zum Streichquartett. Erst in seiner letzten vollendeten Komposition, dem nachkomponierten Finale zum Streichquartett B-Dur op. 130 näherte sich Beethoven durch die nachträgliche Eliminierung des ursprünglichen Finales als *Große Fuge* op. 133 wieder der Sonatenkonzeption,[42] die Schubert in seiner Sonatentrias D 958-960 über seine Formexperimente hin gerettet hatte.

Die Auseinandersetzung mit bestimmten Aspekten des Spätwerks Beethovens auf dem Klavier konnte oder wollte Schubert trotz des zweihändigen und sich - darauf deutet auch der harsche Ton und das vorwärtstreibende Skalenwerk mancher Passagen - vielleicht bereits auf den späten Beethoven beziehenden Beginns dieses neuen Aufbruchs somit anscheinend nur im vierhändigen oder kammermusikalischen Medium weiterführen. Man vergleiche etwa die tänzerisch-choralhafte und homophone Ausgestaltung des auf den *stile antico* weisenden 3/2-Metrums im (zweihändigen) Finalstück der Klavierstücke D 946 mit derjenigen - vermutlich mit der Komposition der Klavierstücke D 946 und mit dem Skizzierungsbeginn an der Klaviersonatentrias D 958-960 zeitgleich niedergeschriebenen -[43] im Finale des Klaviertrios B-Dur D 898 mit dem polyphonen Höhepunkt einer zweifachen Engführung des Themenkopfs (T.387). Auf den späten Beethoven deutet in der f-moll-Fantasie auch der ursprünglich als Trio des Scherzo-Teils komponierte *Tempo di Marcia* -

ausgerechnet Beethovens viersätzige Klaviersonaten mit Fugenfinale (opera 101, 106, 110) enthalten Marschsätze anstatt eines oder zumindest (op. 106) marschartige Rhythmen im Scherzo -, die ursprünglich vertauschte Anordnung der Mittelsätze (zuerst Scherzo mit Marcia, wieder den drei Beethovenopera entsprechend)[44] und die Tempobezeichnung des späteren Largo als "Andante sostenuto" noch in der Reinschrift (Beethoven op. 106: Adagio sostenuto, ebenfalls fis-moll).[45] Offenbar wird an diesen Analogien nochmals auch die Differenz des Gattungsverständnisses über die Ähnlichkeit der musikalischen Phänomene hinweg - Werke wie die Beethovenopera 101 oder 109 hätte Schubert wohl schwerlich noch *Sonate* genannt.

Der dritte und letzte Satzentwurf des Sinfoniefragments D 936A jedenfalls steht ganz in der Kontinuität dieser vorangegangenen und eben auch auf den späten Beethoven weisenden *Fantasie*-Versuche: Ein Scherzo im 2/4-Takt, zu finaler Größe gesteigert aus der feingliedrigen zweistimmigen Kontrapunktik in der Art des Klavierstücks D 916C, hinweg über Zonen einer komplexeren kontrapunktischen Satzstruktur, wie sie in den Vordersätzen der f-moll-Fantasie und den *"Lebensstürmen"* bestimmend sind, zu einer vierstimmigen Fugenexposition,[46] die thematisch weit zurückgreifend auf den Seitensatz des ersten Satzes mit seinen zwei aufsteigenden Quarten wohl ein Zielpunkt des Werkes hätte werden sollen.

Für zwei der drei Gattungen, denen Schuberts Streben nach dem Höchsten in der Kunst galt, Messe und Sinfonie in der erwähnten Ambition einer *"Sinfonischen Phantasie"*, konnte für den Aspekt des Fugenkontrapunkts offenbar nur die vierhändige Klaviermusik Wegbahnung sein. Mehr als pikant und eines der vielen Schubert-Rätsel ist es da schon, daß sich die Klavierstück-Fragmente D 916B/C mit ihrem für die späte zweihändige Klaviermusik Schuberts einmaligen Fugenversuch ausgerechnet in den Skizzen zum wiederum ersten Versuch in einer lange gemiedenen Gattung befanden, der Oper *Der Graf von Gleichen* D 918, zu datieren "Sommer bis Herbst 1827"[47], mithin nur wenige Monate nach Beethovens Tod im März 1827. Zwei Wochen nach Beethovens Tod wird die G-Dur-Sonate D 894 am 11. April 1827 in der "Wiener Zeitung"[48] angekündigt als neuntes Heft des *Museum der Klaviermusik* unter dem Titel *Fantasie, Andante und Allegretto*. Als erstes Heft dieser Sammlung war Beethovens Klaviersonate A-Dur op. 101 erschienen, ausgezeichnet durch einen fantasiehaft freien ersten Satz im mäßigen 6/8-Takt (Schubert: 12/8) und in eben jener "von *Beethoven* eingeführten Art und Weise, die Oberstimme öfter in der unteren

Oktave zu verdoppeln, während eine Terz oder Sexte parallel läuft"[49], die bereits nach Meinung des ersten Rezensenten "ebenfalls eine Lieblingsweise des Hrn. *Schubert*"[50] zumindest im Kopfsatz der G-Dur-Sonate zu sein scheint. Indem Beethoven auf dieses Fantasiestück einen Marsch als zweiten und ein Fugato-Finale mit einer langsamen Introduktion folgen läßt, an deren Ende nochmals das Thema des einleitenden Fantasiestücks erinnert wird, war für Schubert 1826 der Bereich der Sonate bereits verlassen. Moritz von Schwinds 1849 auf 'die Vollendung früherer Ideen' gerichtetes Gemälde *Die Symphonie* zeigt als ersten Satz so zwar Beethovens *Chorfantasie*. Die weiteren Sätze folgen dann aber "den weiteren drei Stücken eines Quartetto" - in ihrer bildnerischen Ausgestaltung wie auch in ihrem ästhetischen Gewicht der Satzabfolge in der G-Dur-Sonate Schuberts durchaus entsprechend: ein "Begegnen ohne Annäherung" im *Andante*, der Mutwille eines Balls - bei Schubert ein *Menuetto* - und "ein heiterer Moment" - das *Allegretto* als Finale.[51] Da Schubert zur Zeit der Entstehung der spätestens im Oktober 1826 abgeschlossenen G-Dur-Sonate im Sommer 1826 "eine zeitlang mit Schwind bei Schober"[52] lebte, erweist sich das Gemälde Schwinds als ein biographisches Indiz für die tatsächliche Existenz eines kompositorischen Plans, die bereits in der G-Dur-Sonate verwirklichte Konzeption einer *Fantasie oder Sonate* ins Sinfonische zu steigern. In der Ausgestaltung dieses über die G-Dur-Sonate an dem Gemälde Schwinds ablesbaren sinfonischen Plans legte Schubert nach dem Blick auf die in den Impromptus nachwirkende Konzeption der *Fantasie und Sonate* schließlich den Hauptakzent auf die *Fantasie*.

Auch zeitlich markiert die Trias der Klaviersonaten D 958-960 daher nicht die größte Nähe, sondern die gewonnene Distanz zu dieser Wegbahnung und es bleibt als ein Fazit: Nicht nur durch die bemerkenswerte Anzahl ihrer Werke, sondern vielmehr in ihrer klaren Darstellung der konzeptionellen und gattungsübergreifenden Ansätze Schuberts weist auch im Todesjahr das weite Feld der *Gattung Klaviersonate* auf das, was sich Schubert noch erhofft haben mag. So aber endet sein Gesamtwerk wie viele seiner Sonaten offen zur Zukunft hin.

Anmerkungen

[1] Gülke, *Franz Schubert und seine Zeit*, S. 280: "Nach Maßgabe dessen, was sich bei Bach und Beehoven mit dem Begriff verbindet, kann .. von Spätwerk keine Rede sein".
[2] Brief Schuberts an den Verlag B.Schotts Söhne in Mainz vom 21. Februar 1828; *Dokumente*, S. 495
[3] Zu D 615 und D 708A vgl. Kapitel III unter *Ein Gattungsexkurs.*
[4] Vgl. die ausführliche Beschreibung der Stadien von Entwurf und Reinschrift bei Arthur Godel, *Letzte Sonaten*, S. 34ff.
[5] Brendel, *Nachdenken über Musik*, S. 100.
[6] Dürr, *Reclams Musikführer Franz Schubert*, Kapitel Klaviermusik, S. 289.
[7] Vgl. Godel, *Letzte Sonaten*, S. 123f.
[8] Dürr, *Reclams Musikführer Franz Schubert*, Kapitel Klaviermusik, S. 291.
[9] Vgl. a.a.O., S. 199.
[10] Für Beethoven vgl. Gülke, *Kantabilität und thematische Abhandlung*, S. 252ff; Dahlhaus, *Beethoven*, S. 279ff.
[11] Auf das offenkundige Fehlen der für das Spätwerk Beethovens typischen Kontrapunktik in der Sonatentrias Schuberts wird weiter unter im Text eingegangen.
[12] Eine leider auf den Schlußsatz begrenzte konsequente Analyse der Parameterfunktionen im Klaviertrio D 929 führen Dietrich Berke und Dorothea Hanemann durch (*Zur formalen Organisation des Schlußsatzes aus Franz Schuberts Klaviertrio in Es-Dur op. 100 (D929)*, S. 200ff).
[13] Vgl. Godel, *Letzte Sonaten*, S. 27f, 120ff.
[14] Zu D 958/959 vgl. a.a.O., S. 126.
[15] Dürr, *Reclams Musikführer Franz Schubert*, Kapitel Lieder, S. 155.
[16] Ebd.
[17] Für Peter Gülke (*Franz Schubert und seine Zeit*, S. 298) ist nicht Schubert selbst, wie zumeist dargestellt, sondern der von Schubert zitierte Beethoven der von Schubert gemeinte 'Schmerzensmann': "Im August 1828 hatte er Heines *Atlas* vertont und dabei das Thema von Beethovens *Sonate* op. 111 so unterstellt benutzt, daß an der Identifizierung des großen Toten mit dem als Schmerzensmann begriffenen Atlas kein Zweifel besteht".
[18] Vgl. Godel, *Fantasien*, S. 203.
[19] Eine ausführliche Analyse mit einem harmonischen Schema findet sich bei Beth Shamgar (*"Drei Klavierstücke" und "Allegro" a-moll von Schubert*, S. 53ff).
[20] Vgl. Brown, *Schubert*, S. 279.
[21] Beth Shamgar (ebd.) weist ebenfalls auf Besonderheiten der Registerplazierung der Themen in den *"Lebensstürmen"* hin, die im Gegensatz zu Schuberts sonstigem Verfahren, das auch im *Grand Duo* wirksam ist, die klangliche Öffnung der Exposition und des Satzes als ganzem verhindern.
[22] Vgl. *Deutsch-Verzeichnis.*
[23] Dürr, *Reclams Musikführer Franz Schubert*, Kapitel Klaviermusik, S. 295.
[24] Vgl. a.a.O.

[25] Vgl. Kapitel I unter *Formverschränkungen* und unter *Zweiteilig oder Dreiteilig.*
[26] Beth Shamgar (*"Drei Klavierstücke" und "Allegro a-moll" von Schubert*, S. 51) sieht zwei mögliche Gründe mit letztlich gegensätzlicher Wirkung für diese Streichung: Den ersten, "um einen stärkeren Kontrast zum zweiten Stück herzustellen, das einen ähnlich placierten Zwischensatz in as-moll enthält" und den zweiten, um "die Gesamtanlage der Gruppe zu straffen. Indem Schubert den As-Dur-Abschnitt aus dem ersten Stück herausnimmt, erhält er eine dreiteilige Liedform, ähnlich der des dritten Stückes, so daß für das rondoähnliche zweite Klavierstück ein Rahmen entsteht".
[27] Gülke, *Neue Beiträge*, S. 208.
[28] Der b-moll-Abschnitt steht nahtlos anschließbar auf der Rückseite des zweiten Blattes, auf dem die zweite (gültige?) Fassung des ersten Themenkomplexes notiert ist. Auf der Vorderseite des ersten Blatts ist die erste Fassung des ersten Themenkomplexes gestrichen, auf der Rückseite ist ein zweiter Themenkomplex notiert. Wie bei diesem Kopfteil ist auch für die gesamte Skizze lediglich absehbar, daß Schubert "etwas in seinen Konsequenzen für ihn selbst noch nicht absehbar Neues im Auge hatte" (Gülke, *Franz Schubert und seine Zeit*, S. 323).
[29] A.a.O., S. 211.
[30] A.a.O., S. 210.
[31] Eine Formlösung, die sich auch im Streichquintett C-Dur D 956 findet.
[32] A.a.O., S. 205: "Indem wir den Satz so bezeichnen, befinden wir uns im Widerspruch zu Schubert, der die erste Skizzierung mit 'Scherzo' überschrieb. Dies erscheint jedoch nur eben als Abstoßpunkt für eine Konzeption, die nur als Finale denkbar ist".
[33] NGA VII/2, Bd. 5, Vorwort von Walther Dürr, S. XV: "Das Papier des Manuskripts gleicht dem, auf dem der Entwurf zu dem Impromptu in c-moll (D 899, Nr. 1) geschrieben ist. Die Klavierstücke sind daher wohl zur gleichen Zeit wie dieser, im Sommer 1827, entstanden".
[34] Nach Otto Brusatti (*Zwei Klavierstücke*, Vorwort) durch *vide*, nach Dürr (NGA VII/2, Bd. 5, Kritischer Bericht, S. 170) durch ein Bleistiftkreuz. In der Ausgabe von Brusatti erscheint die Fuge daher mit durchlaufender Taktzählung (137-148), in der NGA mit Alternativo-Zahlen (128-140) und separat im Anhang abgedruck (A.a.O., S. 175). Die Taktzählung erfolgt im Folgenden daher ab Fugenbeginn.
[35] Im Gegensatz zum ersten Herausgeber der Klavierstücke, Otto Brusatti, sind die Herausgeber der Neuen Gesamtausgabe der letztlich folgerichtigen Ansicht, daß es sich bei der Fuge um eine Variante zu T. 128ff handelt. Vgl. NGA VII/2, Bd. 5, Kritischer Bericht, S. 170.
[36] Vgl. NGA VII/2, Bd.5, Kritischer Bericht, S. 175.
[37] Vgl. Kapitel III.
[38] Hinrichsen, *Fantasie in f-Moll D 940*, S. 33.
[39] Ebd.
[40] Ebd.
[41] Hildesheimer, *Mozart*, S. 256. Wolfgang Hildesheimer weist darauf hin, daß Mozart diese Fuge auch alleine spielte (ebd.). Es muß die Frage erlaubt sein, ob dies in der notierten Fassung überhaupt möglich ist, oder ob Mozart sie nicht in einer reduzierten Fassung spielte,

die dann darauf hinweist, daß sich im Zuge der Komposition auch für Mozart die Notwendigkeit der Besetzungserweiterung stellte.

[42] Vgl. zur Problematik der geänderten Finalkonzeption in Beethovens Opus 130 Albrecht Riethmüller, *Im Bann der Urfassung*, S. 201ff.

[43] Feil, *Reclams Musikführer Franz Schubert*, Kapitel Kammermusik, S. 257: "Die Indizien sprechen eindeutig für die Annahme, daß Schubert das B-Dur-Trio in der zweiten Aprilhälfte und im Mai 1828 .. komponiert hat".

[44] Hinrichsen, *Fantasie in f-moll D 940*, S. 22: "Der jetzige Satz, ein Scherzo, war zunächst als zweiter Satz vorgesehen ..; er schloß, wie der jetzige Satz der Endfassung auch, an den ersten durch Halbtonrückung an. .. Der zweite Satz ist an seine jetzige Stelle im Entwurf erst durch nachträgliche Einfügung gelant. Er nimmt ein Doppelblatt ein, das Schubert später vor den innersten Bogen des Manuskripts .. mit dem Beginn des Scherzos einlegte".
Das *Tempo di Marcia* wurde von Schubert nach der Reprise des Scherzoteils nochmals aufgegriffen. Nach Ansicht von H.J. Hinrichsen sind die auf diesen Teil folgenden Manuskriptseiten sind leider verloren (vgl. a.a.O., S. 25). Wie bereits bei Schuberts Fragmenten immer wieder beobachtet, ist der letzte von Schubert notierte Ton des zweiten (und nur noch in der Oberstimme skizzierten) *Tempo di Marcia* eben jenes fis'', das auch den *notierten* Beginn des Andante bildet (der letzte von Schubert gestrichene Entwurfstakt des *Tempo di Marcia* läßt sogar einen noch eindeutigeren Anschluß zu). Die 8va-Anweisung über dem ersten Akkord des Andante müßte sich dann allerdings als nachträglich erweisen. Der Übergang aus dem ersten *Tempo di Marcia* in die ebenfalls mit fis'' in der Oberstimme beginnenden Scherzoreprise ist zumindest ganz analog gelöst.

[45] Im Entwurf: Andante molto, das molto durchstrichen. Das Largo erst in der Reinschrift aus Andante sostenuto korrigiert.

[46] Die Fugenexposition findet sich auf der Rückseite des ersten Scherzoblattes. Die vier Einsätze erfolgen jeweils nach vier Takten in der Molltonika d-moll mit der Reihenfolge Alt, Sopran, Baß, Tenor. Vor dem ersten Einsatz steht der Eintrag "in a minor". Tatsächlich findet sich nochmals eine komplette Fugenexposition in der Molldominante am Beginn des zweiten Scherzoblattes, die sich abgesehen von einem Stimmentausch (Tenor als dritter, Baß als vierter Einsatz) als Transposition der ersten Exposition erweist, lediglich erweitert durch die Vorbereitung des Sopran-Einsatzes parallel zum Alteinsatz. Obwohl außergewöhnlich, wäre ein Anschluß an die erste Exposition zumindest denkbar, da der zweite Themendurchlauf in der ersten Exposition sich von d-moll (Alt) über a-moll und Engführung e-moll (Baß oder Tenor, lediglich 3 Takte ausgeführt) entwickelnd schließlich nach a-moll unter Berücksichtigung des Einsatzregisters der zweiten Exposition kadenziert, die Tonart dann aber nochmals über 5 Takte verschleiert.

[47] Dürr, *Reclams Musikführer Franz Schubert*, Kapitel Klaviermusik, S. 277.

[48] *Dokumente*, S. 422.

[49] Rezension vom 29. September 1827, *Dokumente*, S. 454.

[50] Ebd.

[51] Vgl. Kapitel II unter *Betrachtungen*.

[52] *Dokumente*, S. 591.

Verwendete Manuskripte und Faksimiles

Franz Schubert

- Fantasie in f-Moll D 940 für Klavier zu vier Händen. Entwurf in The Pierpont Morgan Library New York. Eigenhändige Reinschrift in der Musiksammlung der Österreichischen Nationalbibliothek. Faksimile Ausgabe. Erstveröffentlichung. Hrsg. von Hans-Joachim Hinrichsen. Nachwort von Günter Brosche, Tutzing 1991.

- Sonate H-Dur D 575, Autograph aus dem Besitz der Gesellschaft der Musikfreunde, Wien, A 252 (PhA 1171)

- Sonate a-moll D 784, Autograph aus dem Besitz der UB Lund, Slg. Taussig (PhA 1130)

- Sonate D-Dur D 850, Autograph aus dem Besitz der Österreichischen Nationalbibliothek, Wien, Mhs. 19490 (PhA 1005)

- Drei große Sonaten für das Pianoforte D 958, D 959 und D 960 (Frühe Fassungen). Faksimile nach den Autographen in der Wiener Stadt- und Landesbibliothek. Erstveröffentlichung. Begleitender Text und Kommentar von Ernst Hilmar, Tutzing 1987

- Drei Symphonie-Fragmente D 615, D 708A, D 936A. Faksimileerstdruck der Originalhandschriften. Herausgegeben von der Wiener Stadt- und Landesbibliothek, Nachwort von Ernst Hilmar, Kassel/Basel/Tours/London 1978

- Sinfonie in h-Moll "Die Unvollendete". Vollständiges Faksimile der autographen Partitur und der Entwürfe. Mit einem Nachwort von Walther Dürr und Christa Landon, hrsg. von Otto Biba, München/Salzburg 1978

Verwendete Druckausgaben

Franz Schubert

- Klaviersonaten, 3 Bände (Band I u. II hrsg. von Paul Mies, Band III hrsg. von Paul Badura-Skoda), München (Henle) o.J. (1971-1976)

- Complete Pianoforte Sonatas including the unfinished works. Edited, annotated and fingered by Howard Ferguson. Volume I-III, The Associated Board of the Royal Schools of Music, 1979

- Impromptus. Moments Musicaux, hrsg. von Walter Gieseking, München (Henle) o.J. (1974)

- Werke für Klavier zu vier Händen, 3 Bände, hrsg. von Willi Kahl, München (Henle) o.J. (1972-1987)

- Werke für Klavier zu vier Händen. NGA VII/1 Bd. 2 (D 812, 813, 818, 823), vorgelegt von Christa Landon, Kassel (Bärenreiter) 1978

- Werke für Klavier zu vier Händen. NGA VII/1 Bd. 5 - Ouvertüren, vorgelegt von Walburga Litschauer, Kassel (Bärenreiter) 1984

- Fantasie C-Dur "Wanderer-Fantasie" D 760, hrsg. von Paul Badura-Skoda, Wien (Wiener Urtext Edition - Schott/Universal Edition) 1965/1973

- Werke für Klavier zu zwei Händen, NGA VII/2 Bd. 5 - Klavierstücke 2 ("Wanderer-Fantasie", Impromptus, Klavierstücke D 916B/C), vorgelegt von Christa Landon, fertiggestellt von Walther Dürr, Kassel (Bärenreiter) 1984

Fantasy in c minor D 993 (D2 2E), Edited by Siegfried Muehlhaeuser, New York (Heinrichshofen Edition) o.J. (1967)

- Fantasie für Klavier (D 605A). Erstausgabe, hrsg. von Walther Dürr, Kassel (Bärenreiter) o.J. (1969)

- Fantasiefragment C-Dur D 605, AGA Supplement, 1897

- 2 Klavierstücke. C-Dur D 916B u. C-Moll D 916C. Erstdruck nach dem Autograph der Wiener Stadt- und Landesbibliothek, hrsg. von Otto Brusatti, Wien/München (Doblinger) 1978

- Drei Klavierstücke. Impromptus aus dem Nachlass (D 946), hrsg. von Paul Mies, München (Henle) o.J. (1976)

- Streichquartettsatz c-moll (D 703), AGA V/VI

- Symphonie E-Dur (D 729). Die von Schubert im Jahre 1821 vollständig entworfene Partitur-Skizze ausgeführt von Felix Weingartner, Wien (Universal Edition) 1934

- Sinfonie Nr.7 h-moll "Unvollendete" (D 756), Einführung und Analyse von Peter Andraschke, Mainz (Goldmann-Taschen-Partitur) 1982

- Symphony in B minor "Unfinished". An Authoritative Score. Schubert's Sketches. Commentary. Essays in History and Analysis, edited by Martin Chusid, New York 1971

Literatur

Aderhold, Werner: Das Streichquartett-Fragment c-moll D 703. In: Franz Schubert. Jahre der Krise 1818-1823. Bericht über das Symposion Kassel 30. September bis 1.Oktober 1982. Arnold Feil zum 60. Geburtstag am 2. Oktober 1985, hrsg. von Werner Aderhold, Walther Dürr und Walburga Litschauer, Kassel/Basel/London 1985, S. 57-71

Andraschke, Peter: Franz Schubert. Sinfonie Nr.7 h-moll "Unvollendete" (D 756), Einführung und Analyse, Mainz (Goldmann-Taschen-Partitur) 1982

Adorno, Theodor W.: Moment Musicaux. In: Gesammelte Schriften Bd. 17 (= Musikalische Schriften Bd. 4), Frankfurt/M 1982

Angermüller, Rudolph: Antonio Salieri. Sein Leben und seine weltlichen Werke unter besonderer Berücksichtigung seiner 'großen' Opern. Teil II,1 Vita und weltliche Werke, München 1974 (= Schriften zur Musik Bd. 17), (zit.: Angermüller, Salieri)

Arrau, Claudio: Leben mit der Musik. Aufgezeichnet von Joseph Horowitz, Bern/München/-Wien 1984

Berke, Dietrich und **Hanemann, Dorothea**: Zur formalen Organisation des Schlußsatzes aus Franz Schuberts Klaviertrio in Es-Dur op. 100 (D 929). In: Festschrift Arno Forchert, hrsg. von Gerhard Allroggen und Detlef Altenburg, Kassel/Basel/London 1986, S. 200-207

Biba, Otto: Franz Schubert in den musikalischen Abendunterhaltungen der Gesellschaft der Musikfreunde. In: Franz Grasberger und Othmar Wessely (Hrsg.), Schubert-Studien, Wien 1978, S. 7-31 (zit.: Biba, Abendunterhaltungen)

- Schubert's Position in Viennese Musical Life. In: 19th Century Music 3 1979/1980, S. 106-113 (zit.: Biba, Schubert's Position)

Bisogni, Fabio: Rossini e Schubert. In: Nuova Rivista Musicale Italiana 2 1969, S. 920-935

- Rilievi filologici sulle sonate giovanili di Franz Schubert (1815-1817). In: Nuova Rivista Musicale Italiana 2 1968, S. 453-472 (zit.: Bisogni, Sonate giovanili)

- Rilievi filologici sulle sonate delle maturità di Franz Schubert. In: Rivista Italiana di Musicologia 11 1976, S. 71-105 (zit.: Bisogni, Sonate della maturità)

Böhme, Franz M.: Geschichte des Tanzes in Deutschland. Beitrag zur deutschen Sitten-, Literatur- und Musikgeschichte. 2 Bde, Hildesheim/Wiesbaden 1967/1980

Brendel, Alfred: Nachdenken über Musik, München 1977

Brown, Maurice J.E.: Essays on Schubert, New York 1966 (zit.: Brown, Essays)

- Franz Schubert. Eine kritische Biographie, Wiesbaden 1969 (zit.: Brown, Schubert)

Brusatti, Otto: Schubert im Wiener Vormärz. Dokumente 1829-1848, Graz 1978 (zit.: Brusatti, Wiener Vormärz)

- Zwei unbekannte Klavierwerke Franz Schuberts. In: Franz Grasberger und Othmar Wessely (Hrsg.), Schubert-Studien, Wien 1978, S. 33-42 (zit.: Brusatti, Zwei unbekannte Klavierwerke)

Cahn, Peter: Carl Czernys erste Beschreibung der Sonatenform (1832). In: Musiktheorie 1 1986, S. 277-279

Carlton, Stephen Edward: Schubert's Working Methods. An Autograph Study with Particular Reference to the Piano Sonatas, University of Pittsburgh 1981 (zit.: Carlton, Schubert's Working Methods)

Cervone, Gabriele: Franz Schubert - le sonate per pianoforte degli anni 1815-1818 I. In: Nuova Rivista Musicale Italiana 17 1983, S. 398-425 (zit.: Cervone, Sonate I)

- Franz Schubert - le sonate per pianoforte degli anni 1815-1818 II. In: Nuova Rivista Musicale Italiana 18 1984, S. 10-51 (zit.: Cervone, Sonate II)

Chusid, Martin: Schubert's Cyclic Compositions of 1824. In: Acta musicologica 36 1964, S. 37-45

- Franz Schubert. Symphony in B minor "Unfinished". An Authoritative Score. Schubert's Sketches. Commentary. Essays in History and Analysis, New York 1971 (zit.: Chusid, Symphony in B minor)

- A Suggested Redating for Schubert's Piano Sonata in E^b, Opus 122. In: Otto Brusatti (Hrsg.), Schubert-Kongreß Wien 1978. Bericht, Graz 1979, S. 37-44 (zit.: Chusid, Redating)

- Cyclicism in Schubert's Piano Sonata in A Major (D 959). In: Piano Quaterly 27 1978/1979, S. 38-40 (zit.: Chusid, Cyclicism in D 959)

- Das "Orchestermäßige" in Schuberts früher Streicherkammermusik. In: Beiträge zur Aufführungspraxis Bd. 4, München/Salzburg 1981, S. 77-86 (zit.: Chusid, Das 'Orchestermäßige')

Cone, Edward T.: Schubert's Beethoven. In: Paul Henry Lang (Hrsg.), The creative World of Beethoven, New York 1970, S. 277-291

- Schubert's Unfinished Business. In: 19th Century Music 7, 1983/1984, S. 222-232

- Schubert's Promissory Note. An Exercise in Musical Hermeneutics. In: Walter Frisch (Hrsg.), Schubert. Critical and Analytical Studies, Lincoln and London 1986, S. 13-30 (zit.: Cone, Schubert's Promissory Note)

Coren, Daniel: Ambiguity in Schubert's Recapitulations. In: Musical Quaterly 60 1974, S. 568-582

Czerny, Carl: Über die Formen und den Bau jedes Tonstücks (1832). Abgedruckt in: Musiktheorie 1 1986, S. 261-276 (zit.: Czerny, Über die Formen)

Dahlhaus, Carl: Zur Problematik der musikalischen Gattungen im 19.Jahrhundert. In: Gattungen der Musik in Einzeldarstellungen. Gedenkschrift Leo Schrade, Bern/München 1973, S. 840-895 (zit.: Dahlhaus, Gattungen)

- Formprobleme in Schuberts frühen Streichquartetten. In: Otto Brusatti (Hrsg.), Schubert-Kongreß Wien 1978. Bericht, Graz 1979, S. 191-197 (zit.: Dahlhaus, Formprobleme)

- Die Sonatenform bei Schubert. Der erste Satz des G-Dur-Quartetts D 887. In: Musica 32 1978, S. 125-130 (zit.: Dahlhaus, Die Sonatenform bci Schubert)

- Franz Schubert und das "Zeitalter Beethovens und Rossinis". In: Franz Schubert. Jahre der Krise 1818-1823. Bericht über das Symposion Kassel 30. September bis 1. Oktober 1982. Arnold Feil zum 60. Geburtstag am 2. Oktober 1985, hrsg. von Werner Aderhold, Walther Dürr und Walburga Litschauer, Kassel/Basel/London 1985, S. 22-28

- Zur Theorie der Sonatenexposition. In: Musica 40 1986, S. 511-513

- Ludwig van Beethoven und seine Zeit, Laaber 1987 (zit.: Dahlhaus, Beethoven)

- Entwicklung und Abstraktion. In: Archiv für Musikwissenschaft 46 1989, S. 89-108

- Zum Taktbegriff der Wiener Klassik. In: Archiv für Musikwissenschaft 45 1988, S. 1-15 (zit.: Dahlhaus, Taktbegriff)

Danckwardt, Marianne: Funktionen von Harmonik und tonaler Anlage in Franz Schuberts Quartettsatz c-moll D 703. In: Archiv für Musikwissenschaft 40 1983, S. 50-60

Denny, Thomas Arthur: The Finale in the Instrumental Works of Franz Schubert, University of Rochester 1982 (zit.: Denny, The Finale)

Deutsch, Otto Erich: Schubert. Die Erinnerungen seiner Freunde, Leipzig 1957

- Schubert. Die Dokumente seines Lebens. Gesammelt und erläutert von Otto Erich Deutsch, Kassel/Basel/Paris/London/New York 1964 (= NGA Serie VIII: Supplement. Bd. 5), (zit.: Dokumente)

- Franz Schubert, Thematisches Verzeichnis seiner Werke in chronologischer Folge. Neuausgabe in deutscher Sprache, Kassel/Basel/Paris/London/New York 1978 (= NGA Serie VIII: Supplement. Bd. 4), (zit.: Deutsch-Verzeichnis)

Dibelius, Ulrich: Ein Musiker der Unöffentlichkeit. Schubert und das soziale Klima seiner Klang-Erfindung. In: H.K.Metzger und R.Riehn (Hrsg.), Musik-Konzepte Sonderband Franz Schubert, München 1979, S. 26-49 (zit.: Dibelius, Unöffentlichkeit)

Dürr, Walther: Wer vermag nach Beethoven noch etwas zu machen? Gedanken über die Beziehungen Schuberts zu Beethoven. In: H.K.Metzger und R.Riehn (Hrsg.), Musik-Konzepte Sonderband Franz Schubert, München 1979, S. 10-25 (zit.: Dürr, Wer vermag). Erstpublikation in: Beethoven-Jahrbuch 1973-1977, S. 47ff

- "Manier" und "Veränderung" in Kompositionen Franz Schuberts. In: Beiträge zur Aufführungspraxis Bd. 4, München/Salzburg 1981, S. 124-139

- Franz Schuberts Wanderjahre. Einführung in das Generalthema. In: Franz Schubert. Jahre der Krise 1818-1823. Bericht über das Symposion Kassel 30. September bis 1. Oktober 1982. Arnold Feil zum 60. Geburtstag am 2. Oktober 1985, hrsg. von Werner Aderhold, Walther Dürr und Walburga Litschauer, Kassel/Basel/London 1985, S. 11-21 (zit.: Dürr, Wanderjahre)

- Zwischen Romantik und Biedermeier: Franz Schubert. In: Georg Himmelheber, Kunst des Biedermeier 1815-1835, München 1988, S. 53-58 (zit.: Dürr, Zwischen Romantik und Biedermeier)

- Reclams Musikführer Franz Schubert. Von Walther Dürr und Arnold Feil unter Mitarbeit von Walburga Litschauer, Stuttgart 1991

Emmerig, Thomas: Besprechung zu W.Aderhold/W.Dürr/W.Litschauer (Hrsg.), Franz Schubert, Jahre der Krise 1818-1823. Bericht über das Symposion Kassel 1982. Arnold Feil zum 60. Geburtstag, Kassel/Basel/London 1985. In: Musiktheorie 2 1987, S. 285-286

Federhofer, Hellmut: Franz Schubert und die Tradition. In: Musikerziehung 32 1978/1979, S. 51-55

- Terzverwandte Akkorde und ihre Funktion in der Harmonik Franz Schuberts. In: Otto Brusatti (Hrsg.), Schubert-Kongreß Wien 1978. Bericht, Graz 1979, S. 61-70 (zit.: Federhofer, Terzverwandte Akkorde)

Feil, Arnold: Studien zu Schuberts Rhythmik, München 1966 (zit.: Feil, Schuberts Rhythmik)

- Reclams Musikführer Franz Schubert. Von Walther Dürr und Arnold Feil unter Mitarbeit von Walburga Litschauer, Stuttgart 1991

Flothuis, Marius: Franz Schubert, der Neuerer. In: Beiträge zur Aufführungspraxis Bd. 4, München/Salzburg 1981, S. 63-76 (zit.: Flothuis, Der Neuerer)

Frisius, Rudolf: Strukturelles bei Schubert. Anmerkungen über den Anfangssatz der G-Dur-Klaviersonate (D 894) und über seine Bearbeitung durch Dieter Schnebel. In: H.K.Metzger und R.Riehn (Hrsg.), Musik-Konzepte Sonderband Franz Schubert, München 1979, S. 250-267 (zit.: Frisius, Strukturelles bei Schubert)

Georgiades, Thrasybulos G.: Schubert, Musik und Lyrik, Göttingen 1967 (zit.: Georgiades, Musik und Lyrik)

Godel, Arthur: Zum Eigengesetz der Schubertschen Fantasien. In: Otto Brusatti (Hrsg.), Schubert-Kongreß Wien 1978. Bericht, Graz 1979, S. 199-206 (zit.: Godel, Fantasien)

- Schuberts letzte drei Klaviersonaten (D 958-960). Entstehungsgeschichte. Entwurf und Reinschrift. Werkanalyse, Baden-Baden 1985 (= Sammlung musikwissenschaftlicher Arbeiten Bd. 69), (zit.: Godel, Letzte Sonaten)

Goldschmidt, Harry: Die Frage der Periodisierung im Schaffen Schuberts. In: Beiträge zur Musikwissenschaft 1 1959 Heft 2, S. 2-28 (zit.: Goldschmidt, Periodisierung)

- Franz Schubert. Ein Lebensbild, Leipzig 1976 (zit.: Goldschmidt, Ein Lebensbild)

- Schubert und kein Ende. In: Beiträge zur Musikwissenschaft 25 1983 Heft 3/4, S. 288-292

Griffel, Michael L.: A Reappraisal of Schubert's Methods of Composition. In: Musical Quaterly 43 1977, S. 186-210

Gülke, Peter: Kantabilität und thematische Abhandlung. In: Beiträge zur Musikwissenschaft 12 1970, S. 252-272

- Neue Beiträge zur Kenntnis des Sinfoniker Schubert. Die Fragmente D 615, D 708A und D 936A. In: H.K.Metzger und R.Riehn (Hrsg.), Musik-Konzepte Sonderband Franz Schubert, München 1979, S. 187-220 (zit.: Gülke, Neue Beiträge)

- Zum Bilde des späten Schubert. Vorwiegend analytische Betrachtungen zum Streichquintett op. 163. In: H.K.Metzger und R.Riehn (Hrsg.), Musik-Konzepte Sonderband Franz Schubert, München 1979, S. 107-166 (zit.: Gülke, Zum Bilde des späten Schubert). Erstpublikation in: Deutsches Jahrbuch der Musikwissenschaft für 1973-1977, Leipzig 1978

- Musikalische Lyrik und instrumentale Großform. In: Otto Brusatti (Hrsg.), Schubert-Kongreß Wien 1978. Bericht, Graz 1979, S. 207-214 (zit.: Gülke, Musikalische Lyrik)

- Zwischen Ausgriff und Zurücknahme, Wagnis und Taktik. Die Fragmente D 615 und D 708A. In: Franz Schubert. Jahre der Krise 1818-1823. Bericht über das Symposion Kassel 30. September bis 1. Oktober 1982. Arnold Feil zum 60. Geburtstag am 2. Oktober 1985, hrsg. von Werner Aderhold, Walther Dürr und Walburga Litschauer, Kassel/Basel/London 1985, S. 48-56 (zit.: Gülke, Zwischen Ausgriff und Zurücknahme)

- Franz Schubert und seine Zeit, Laaber 1991

Haack, Helmut: Anton Weberns Schubert-Interpretation. In: Beiträge zur Aufführungspraxis Bd. 4, München/Salzburg 1981, S. 48-62

Hanemann, Dorothea (s.u. Berke, Dietrich und Hanemann, Dorothea)

Hanson, Alice M.: Die zensurierte Muse. Musikleben im Wiener Biedermeier, Wien/Köln 1987 (zit.: Hanson, Die zensurierte Muse)

Hegel, Georg Wilhelm Friedrich: Vorlesungen über die Ästhetik I-III (= Theorie-Werkausgabe in zwanzig Bänden Bde. 13-15), Frankfurt/M. 1970 (zit.: Hegel, Ästhetik)

Hildesheimer, Wolfgang: Mozart, Frankfurt/M. 1977

Hilmar, Ernst: Verzeichnis der Schubert-Handschriften in der Musiksammlung der Wiener Stadt- und Landesbibliothek, Kassel 1978 (= Catalogus musicus VIII), (zit.: Hilmar, Verzeichnis)

- Franz Schubert. Drei Symphonie-Fragmente D 615, D 708A, D 936A. Faksimile-Erstdruck der Original-handschriften. Hrsg. von der Wiener Stadt- und Landesbibliothek. Nachwort von Ernst Hilmar, Kassel/Basel/Tours/London 1978 (zit.: Hilmar, Drei Symphonie-Fragmente)

- Franz Schubert in seiner Zeit, Wien/Köln/Graz 1985 (zit.: Hilmar, Schubert)

- Franz Schubert. Drei große Sonaten für das Pianoforte D 958, D 959 und D 960 (Frühe Fassungen). Faksimile nach den Autographen in der Wiener Stadt- und Landesbibliothek. Erstveröffentlichung. Begleitender Text und Kommentar von Ernst Hilmar, Tutzing 1987 (zit.: Hilmar, Faksimile D 958-960, Begleitheft)

Himmelheber, Georg: Kunst des Biedermeier. In: ders. (Hrsg.), Kunst des Biedermeier 1815-1835, München 1988, S. 20-52

Hinrichsen, Hans Joachim: Die Sonatenform im Spätwerk Franz Schuberts. In: Archiv für Musikwissenschaft 45 1988, S. 16-49 (zit.: Hinrichsen, Spätwerk)

- Fantasie in f-Moll D 940 für Klavier zu vier Händen. Entwurf in The Pierpont Morgan Library New York. Eigenhändige Reinschrift in der Musiksammlung der Österreichischen Nationalbibliothek. Faksimile Ausgabe. Erstveröffentlichung. Hrsg. von Hans-Joachim Hinrichsen. Nachwort von Günter Brosche, Tutzing 1991.

Hollander, Hans: Das Selbstzitat in Schuberts Musik. In: Das Orchester 27 1979, S. 11-13 (zit.: Hollander, Selbstzitat)

Hoorickx, Reinhard van: Schubert's Reminiscences of his own works. In: The Musical Quaterly 40 1974, S. 373-388 (zit.: Hoorickx, Reminiscences)

- Old and new Schubert Problems. In: The Music Review 35 1974, S. 77-92 (zit.: Hoorickx, Schubert Problems)

- Schubert. Discoveries since 1970. In: The Music Review 42 1981, S. 220-250 (zit.: Hoorickx, Discoveries)

Hortschansky, Klaus: Nachahmung und 'Originalton' im Klavierspiel des 18. Jahrhunderts. In: Studien zur Instrumentalmusik. Lothar Hoffmann-Erbrecht zum 60. Geburtstag, hrsg. von Anke Bingmann, Klaus Hortschansky und Winfried Kirsch, Tutzing 1988 (= Frankfurter Beiträge zur Musikwissenschaft Bd. 20), (zit.: Hortschansky, Nachahmung und 'Originalton')

Hubig, Christoph: Ontologie des musikalischen Kunstwerks? In: H.Danuser, H. de la Motte-Haber, S. Leopold und N.Miller (Hrsg.), Das musikalische Kunstwerk. Geschichte, Ästhetik, Theorie, Festschrift Carl Dahlhaus, Laaber 1987, S. 85-90

Jeitteles, Ignaz: Aesthetisches Lexikon, Wien 1839 (Reprint: Hildesheim/New York 1978)

Kabisch, Thomas: Liszt und Schubert, München/Salzburg 1984 (= Berliner Musikwissenschaftliche Arbeiten Bd. 23)

Kämper, Dietrich: Die Klaviersonate nach Beethoven. Von Schubert bis Skrjabin, Darmstadt 1987 (zit.: Kämper, Nach Beethoven)

Kant, Immanuel: Kritik der Urteilskraft, Frankfurt 1974 (stw 57), (= Werkausgabe Bd. X, hrsg. von Wilhelm Weischedel),

Karallus, Manfred: Schuberts Traum. Und wie man ein Trauma bewältigt. In: Neue Zeitschrift für Musik 144 1983 Heft 12, S. 4-9 (zit.: Karallus, Schuberts Traum)

Keller, Hermann: Schuberts Verhältnis zur Sonatenform. In: Musica, Mens, Musici. Festschrift Walter Vetter, Leipzig 1970, S. 287-295

Kinderman, William: Der thematische Kontrast in Schuberts Instrumentalmusik und die Dichotomie von innerer und äußerer Erfahrung. In: Musiktheorie 3 1988, S. 157-170 (zit.: Kinderman, Der thematische Kontrast)

Klein, Rudolf: Schuberts Konzertstätten. In: Beiträge zur Aufführungspraxis Bd. 4, München/Salzburg 1981, S. 187-193

Koch, Heinrich Christoph: Versuch einer Anleitung zur Komposition, Teile I-III, Rudolstadt/Leipzig 1782-1783 (zit.: Koch, Anleitung)

Költzsch, Hans: Franz Schubert in seinen Klaviersonaten, Leipzig 1927 (Reprint: Hildesheim/New York 1976), (zit.: Költzsch, Klaviersonaten)

Komma, Karl Michael: Franz Schuberts Klaviersonate a-moll op. posth. 164 (D 537). In: Zeitschrift für Musiktheorie 3 1972 Heft 2, S. 2-15 (zit.: Komma, Op. posth. 164)

Kreutzer, Hans Joachim: Schubert und die literarische Situation seiner Zeit. In: Franz Schubert. Jahre der Krise 1818-1823. Bericht über das Symposion Kassel 30. September bis 1. Oktober 1982. Arnold Feil zum 60. Geburtstag am 2. Oktober 1985, hrsg. von Werner Aderhold, Walther Dürr und Walburga Litschauer, Kassel/Basel/London 1985, S. 29-38

Kühn, Clemens: Zur Themenbildung Franz Schuberts. Sechs Annäherungen. In: H.Danuser, H. de la Motte-Haber, S.Leopold und N.Miller (Hrsg.), Das musikalische Kunstwerk. Geschichte, Ästhetik, Theorie. Festschrift Carl Dahlhaus, Laaber 1987, S. 503-516 (zit.: Kühn, Themenbildung)

Langevin, Paul-Gilbert: Franz Schuberts symphonische Fragmente im Werden. Plädoyer für eine schöpferische Musikologie. In: Österreichische Musikzeitschrift 41 1986, S. 506-509

Larsen, Jens Peter: Sonatenform-Probleme. In: Festschrift Friedrich Blume, Kassel 1963, S. 221-230

Litschauer, Walburga: Neue Dokumente zum Schubert-Kreis, Wien 1986 (zit.: Litschauer, Neue Dokumente)

- Reclams Musikführer Franz Schubert. Von Walther Dürr und Arnold Feil unter Mitarbeit von Walburga Litschauer, Stuttgart 1991

Lück, Hartmut: Die symphonischen Fragmente Franz Schuberts. Zwischen wissenschaftlichem Eifer und Kommerzialisierung. In: Österreichische Musikzeitschrift 40 1985, S. 431-433

Mertin, Josef: Gedanken zu einem "Schubert-Instrument", dem Tafelklavier des Malers Rieder. In: Beiträge zur Aufführungspraxis Bd. 4, München/Salzburg 1981, S. 111-117 (zit.: Mertin, Tafelklavier)

Michelsen, Peter: Die "Aufbewahrung der Gefühle". Zur Musikauffassung Wilhelm Heinrich Wackenroders. In: H.Danuser, H. de la Motte-Haber, S.Leopold und N.Miller (Hrsg.), Das musikalische Kunstwerk. Geschichte, Ästhetik, Theorie. Festschrift Carl Dahlhaus, Laaber 1987, S. 51-66 (zit.: Michelsen, Die "Aufbewahrung der Gefühle")

Mies, Paul: Die Entwürfe Schuberts zu den letzten drei Klaviersonaten von 1828. In: Beiträge zur Musikwissenschaft 2 Heft 3/4 1961, S. 52-68 (zit.: Mies, Entwürfe)

Motte, Diether de la: Harmonielehre, Kassel 1978

Newman, William S.: The Sonata in the Classic Era. The Second Volume of a History of the Sonata Idea, Chapel Hill 1963 (zit.: Newman, Classic Era)

- The Sonata since Beethoven. The Third and Final Volume of a History of the Sonata Idea, Chapel Hill 1969 (zit.: Newman, Since Beethoven)

- Tempofreiheit in Schuberts Instrumentalmusik. In: Beiträge zur Aufführungspraxis Bd. 4, München/Salzburg 1981 (zit.: Newman, Tempofreiheit)

Noé, Günther von: Der Strukturwandel der zyklischen Sonatenform. In: Neue Zeitschrift für Musik 125 1964, S. 55-62

Pommeranz-Liedtke Gerhard: Moritz von Schwind. Maler und Poet, Wien/München 1974 (zit.: Pommeranz-Liedtke, Moritz von Schwind)

Ratner, Leonard G.: Classic Music. Expression, Form and Style, New York 1980 (zit.: Ratner, Classic Music)

Reed, John: Schubert's E flat piano sonata. A new date. In: The Musical Times 128 1987, S. 483-487 (zit.: Reed, A new date)

Riethmüller, Albrecht: Im Bann der Urfassung. Am Beispiel von Beethovens Streichquartett B-dur op. 130. In: Die Musikforschung 43 Heft 3 1990, S. 201-211

Riezler, Walter: Beethoven, Zürich ^{12}1983

- Schuberts Instrumentalmusik, Zürich 1967

Ritter, Joachim: Landschaft. Zur Funktion des Ästhetischen in der modernen Gesellschaft, Münster ^{2}1978 (= Schriften der Gesellschaft zur Förderung der Westfälischen Wilhelms-Universität zu Münster, Heft 54, 1963), (zit.: Ritter, Landschaft)

Ritzel, Fred: Die Entwicklung der "Sonatenform" im musiktheoretischen Schrifttum des 18. und 19. Jahrhunderts, Wiesbaden 1968 (= Neue Musikgeschichtliche Forschungen Bd. 1, hrsg. von Lothar Hoffmann-Erbrecht), (zit.: Ritzel, Sonatenform)

Rosen, Charles: Sonata Forms, London/New York 1980

- Der klassische Stil. Haydn. Mozart. Beethoven, München 1983 (englische Originalausgabe: The Classical Style. Haydn. Mozart. Beethoven, New York 1971), (zit.: Rosen, Der klassische Stil)

Salzer, Felix: Die Sonatenform bei Franz Schubert. In: Studien zur Musikwissenschaft Bd. 15, Wien 1928, S. 86-125

Schleuning, Peter: Die freie Fantasie. Ein Beitrag zur Erforschung der klassischen Klaviermusik, Göppingen 1973 (= Göppinger Akademische Beiträge Nr. 76), (zit.: Schleuning, Die freie Fantasie)

Schnebel, Dieter: Auf der Suche nach der befreiten Zeit. Erster Versuch über Schubert. In: H.K.Metzger und R.Riehn (Hrsg.), Musik-Konzepte Sonderband Franz Schubert, München 1979, S. 69-88 (zit.: Schnebel, Befreite Zeit)

- Klangräume-Zeitklänge. Zweiter Versuch über Schubert, In: H.K.Metzger und R.Riehn (Hrsg.), Musik-Konzepte Sonderband Franz Schubert, München 1979, S. 89-106 (zit.: Schnebel, Klangräume-Zeitklänge)

Schopenhauer, Arthur: Metaphysik des Schönen (1820). Philosophische Vorlesungen Teil III, hrsg. von Volker Spierling, München/Zürich 1985

Schreiber, Ulrich: Schicksal und Versöhnung. Zum Spätstil Franz Schuberts. In: Musica 30 1976, S. 289-294 (zit.: Schreiber, Schicksal und Versöhnung)

Schubart, Christian Friedrich Daniel: Ideen zu einer Ästhetik der Tonkunst, Wien 1806 (Reprint als: C.F.D.Schubart, Gesammelte Schriften und Schicksale V/VI, Hildesheim/New York 1972), (zit.: Schubart, Ästhetik)

Schumann, Robert: Gesammelte Schriften über Musik und Musiker, Bde. I-IV, Leipzig 1854 (zit.: Schumann, Gesammelte Schriften)

Schutte, Sabine: Der Ländler. Untersuchungen zur musikalischen Struktur ungeradtaktiger österreichischer Volkstänze, Strasbourg/Baden-Baden 1970 (zit.: Schutte, Der Ländler)

Schwarting, Heino: Komposition nach Vorbild. Vergleiche bei Schubert und Beethoven. In: Musica 38 1984, S. 130-138 (zit.: Schwarting, Komposition nach Vorbild)

Schwarz, Vera: Die ersten Interpreten Schubertscher Klaviermusik. In: Beiträge zur Aufführungspraxis Bd. 4, München/Salzburg 1981, S. 105-110 (zit.: Schwarz, Die ersten Interpreten)

Seidel, Elmar: Die Enharmonik in den harmonischen Großformen Franz Schuberts, Frankfurt/M. 1963 (zit.: E.Seidel, Enharmonik)

Seidel, Wilhelm: Schnell-Langsam-Schnell. Zur klassischen Theorie des instrumentalen Zyklus. In: Musiktheorie 1 1986, S. 205-216 (zit.: W.Seidel, Schnell-Langsam-Schnell)

- Zwischen Immanuel Kant und der musikalischen Klassik. Die Ästhetik des musikalischen Kunstwerks um 1800. In: H.Danuser, H. de la Motte-Haber, S.Leopold und N.Miller (Hrsg.), Das musikalische Kunstwerk. Geschichte, Ästhetik, Theorie. Festschrift Carl Dahlhaus, Laaber 1987, S. 67-84 (zit.: W.Seidel, Zwischen Immanuel Kant und der musikalischen Klassik).

Shamgar, Beth: Schubert's Mozart. Some reflections on the stylistic origins of the "Unfinished" symphony. In: Mitteilungen der internationalen Stiftung Mozarteum 33 1987/1-4, S. 84-104 (zit.: Shamgar, Schubert's Mozart)

- "Drei Klavierstücke" und "Allegro" a-moll von Schubert. Zwei vernachlässigte Klavierwerke von 1828. In: Die Musikforschung 44 1991 Heft 1, S. 49-56

Sittner, Hans: Biedermeiergrauen. Das Wienerische in der Musik Schuberts. In: Musica 29 1975, S. 485-487 (zit.: Sittner, Biedermeiergrauen)

- Das Wienerische in der Musik Schuberts. In: Beiträge zur Aufführungspraxis Bd. 4, S. 7-11 (zit.: Sittner, Das Wienerische)

Solomon, Maynard: Schubert and Beethoven. In: 19th Century Music 3 1979, S. 114-125

Steinbeck, Susanne: Die Ouvertüre in der Zeit von Beethoven bis Wagner. Probleme und Lösungen, München 1973 (= Freiburger Schriften zur Musikwissenschaft Bd. 3), (zit.: Steinbeck, Ouvertüre)

Szondi, Peter: Friedrich Schlegel und die romantische Ironie. In: Helmut Schanze (Hrsg.), Friedrich Schlegel und die Kunsttheorie seiner Zeit, Darmstadt 1985, S. 143-161

Taggart, James L.: Franz Schubert's Piano Sonatas. A Study of Performance Problems, State University of Iowa 1963 (zit.: Taggart, Performance Problems)

Temperley, Nicholas: Schubert and Beethoven's Eight-Six Chord. In: 19th Century Music 5 1981/1982, S. 142-154

Tovey, Donald Francis: Tonality in Schubert. In: Music and Letters 9 1928. S. 341-363

Truscott, Harold: The two versions of Schubert's op. 122. In: The Music Review 14 1953, S. 86-106 (zit.: Truscott, Two versions)

- Schubert's unfinished piano sonata in C major (1825), In: The Music Review 18 1957, S. 114-137 (zit.: Truscott, Schubert's unfinished piano sonata in C)

Tusa, Michael C.: When did Schubert revise his opus 122? In: The Music Review 45 1984, S. 209-219 (zit.: Tusa, Opus 122)

Uhde, Jürgen und **Wieland, Renate**: Denken und Spielen. Studien zu einer Theorie der musikalischen Darstellung, Kassel 1988

Vetter, Walter: Der Klassiker Schubert, 2 Bde., Leipzig 1953

Wackenroder, Wilhelm Heinrich: Werke und Briefe, hrsg. von Gerda Heinrich, München/Wien 1984

Webster, James: Schubert's Sonata Form and Brahm's First Maturity. In: 19th Century Music 2 1978/1979, S. 18-35 (zit.: Webster, Schubert's Sonata Form)

Weigmann, Otto: Schwind. Des Meisters Werke in 1265 Abbildungen. Stuttgart/Leipzig 1906

Whalples, Miriam: Style in Schubert's piano music from 1817 to 1818. In: The Music Review 35 1974, S. 260-280 (zit.: Whaples: Style in Schubert's piano music)

Wolff, Christoph: Schubert's 'Der Tod und das Mädchen': analytical and explanatory notes on the song D 531 and the quartet D 810. In: Eva Badura-Skoda und Peter Branscombe (Hrsg.), Schubert Studies, Cambridge 1982, S. 143-171 (zit.: Wolff, Der Tod und das Mädchen)

Zeman, Herbert: Franz Schuberts Teilhabe an der österreichischen literarischen Kultur seiner Zeit. In: Otto Brusatti (Hrsg.), Schubert-Kongreß Wien 1978. Bericht, Graz 1979, S. 285-304

Zürcher, Johann: Alte und neue Ergänzungen zu den fragmentarischen Sonatensätzen Schuberts. Notizen zum 3. Band der im Henle-Verlag erschienen neuen Urtextausgabe. In: Die Musikforschung 31 1978, S. 467-474 (zit.: Zürcher, Alte und neue Ergänzungen)

Register der Klavierwerke Schuberts